The Anti-Capitalist Chronicles

反資本主義

新自由主義の危機から〈真の自由〉へ

David Harvey
デヴィッド・ハーヴェイ

大屋定晴 監訳　中村好孝、新井田智幸、三崎和志 訳

作品社

反資本主義
――新自由主義の危機から〈真の自由〉へ

目次

第Ⅳ部　世界で何が起きているのか——新しい労働者階級、環境破壊、価値移転をめぐる地理的競争

第Ⅴ部　21世紀における疎外の諸相

反資本主義

——新自由主義の危機から〈真の自由〉へ

The Anti-Capitalist Chronicles

［凡例］

一、▼と番号は、原注の合印であり、原注は当該の見開きの左端に掲載した。

二、◆は、訳注の合印であり、訳注は当該の見開きの左端に掲載した。また、本文内の割注、原注内の〔　〕も訳注である。

三、本文中の〔　〕内は、訳者が補足した語句である。

四、引用文中の〈　〉内は、原著者ハーヴェイによる語句の補足であり、〈……〉は引用文の省略の意味である。また、引用文中の傍点は、特記されていないかぎり、引用した原著者によるものである。

五、その他の既訳書がある文献からの引用については、既訳書の翻訳を適宜参照したが、本文の文脈に即して変更を加えたものもある。

六、読者の読みやすさを考慮し、いくつかの章をまとめて部を設け、また小見出しも加え、改行も増やしている。また各章については、章番号を改めるとともに、そのタイトルも内容に即して変更している場合がある。

［はじめに］
新自由主義的資本主義のネオ・ファシズム的転回

ジョーダン・T・キャンプ

社会変革を期す人々との交流のなかから……

大いに光栄なことに、本書を皮切りに、クリスティーナ・ヘザートンとマニュ・カルカと私は共同編集者として「レッド・レター」叢書◆を世に送りだすことになる。北アメリカでの貧困層、労働者階級、そして略奪された人々の闘争に、何かしらの国際主義的観点から身を投じた知識人の著作が、このシリーズの目玉である。アントニオ・グラムシ◆に触発されたわれわれは、さまざまな作品を刊行するが、その執筆陣は、今、世に知られつつある急進的知識人、著述家、研究者、そして政治運動、社会運動のたゆまぬ宣伝

◆**「レッド・レター」叢書**　ニューヨークの文化・教育運動団体ピープルズ・フォーラムが、プルート・プレス社から二〇二〇年に刊行を始めた叢書。国際主義的見地から北アメリカの労働者階級運動と学術活動を結びつけ、失業者、略奪された人々、貧困層の闘争を促すべく資本主義・帝国主義・社会運動・社会理論の歴史研究書の刊行をめざすと謳っている。

◆**アントニオ・グラムシ**　イタリアのマルクス主義思想家、一八九一〜一九三七年。イタリア共産党創設者の一人。ムッソリーニ率いるイタリア・ファシズム政権に投獄され、その死の直前まで一一年間収監された。その獄中で執筆された「ノート」で展開された思想は後世に影響を与えた。

家である。われわれの出版意図は、社会主義への関心が高まるさなかにあって、教育機関での授業に採用されるとともに、労働者階級と社会主義運動での民衆教育における教材をも提供することだ。われわれの目標は、反帝国主義闘争と階級闘争とを政治的、知的課題の核心に位置づけることにある。

本書は、新自由主義的資本主義の危機と社会主義的左派の刷新をめぐる論争に一石を投じるものとして構想された。それは、ピープルズ・フォーラムでのさまざまな討論のなかで練り上げられた。ピープルズ・フォーラムは、運動家向けインキュベーター◆であり、ニューヨーク市内にある教育・文化活動スペースでもある。この活動のなかで、アメリカ各地や南半球の「発展途上」《グローバル・サウス》国全域の政治運動、社会運動と関わりあう幸運にわれわれは恵まれた。ブラジルの「土地なし農民運動」（MST）、南アフリカの小屋住み住民運動「アバーラリ・バセムジョンドーロ」、南アフリカ全国金属労働者組合（NUMSA）、北アメリカの「貧者の行進」運動、最低時給一五ドル引き上げ運動、そしてさまざまな反戦運動などである。これらの闘争のなかでわれわれが気づくのは、根本的社会変革のための新しい未来像の出現である。大いに誇らしいことに、われわれは、アメリカと世界の主要なマルクス主義者の何人かと共同作業に従事している。その一人が、デヴィッド・ハーヴェイである。

世界的に著名なマルクス主義理論家デヴィッド・ハーヴェイほどの明晰さと先見性とをもっている人はなかなかいない。そのベストセラー『新自由主義』の出版（原著二〇〇五年）以来、ハーヴェイは新自由主義的資本主義の展開だけでなく、◆それに対して立ち上がった急進的対抗潮流をも追いかけてきた。経済危機と階級闘争とネオ・ファシズム的反動が渦巻く今、ハーヴェイは、資本主義に対する社会主義的代替案《オルタナティブ》がいかにして可能になるかを示し、社会主義への移行が運動によっていかに組織されうるのか、そしていかに組織されなければならないのかを明らかにする。ハーヴェイは危機と可能性について熟考するが、それを示す本書は、旧著『新自由主義』の最新版であり、その二〇〇五年の出版時点から今日までにわたる時代を鋭く批評するものである。

資本主義体制内での新自由主義的反革命

いくつかの文献で新自由主義は死んだと宣告されている。これに対して本書は異論を唱える。新自由主義的プロジェクトは健在である。ただし重要なことだが、その正当性は失われてしまった。新自由主義は、かつてのようには人々の同意を意のままにすることができず、その生き残りのためにネオ・ファシズムとの連携を展開させた。したがってナショナリストや暴力的反動勢力の台頭は、資本主義の存続にとって副次的でも偶然的でもない。ハーヴェイが主張したように、このような暴力はその血塗られた発端からあったのである。[▼1]『新自由主義』での彼の議論によれば、アメリカ中央情報局（ＣＩＡ）に支援された一九七三年のチリのクーデターは、新自由主義的転換の決定的契機を記すことになった。その当時、アメリカ大統領であったリチャード・ニクソン◆はＣＩＡに対して、チリの「経済に悲鳴を上げさせろ」と命じ、民主的に選出された社会主義者のサルバドール・アジェンデ◆の「政権獲得」を妨害しようとした。民主主

◆インキュベーター　新規事業を育成するために、活動運営のためのサービスや資金調達アクセスなどを橋渡しする団体のこと。

◆ネオ・ファシズム　ファシズムとは、極右の国家主義的、全体主義的政治運動のこと。第二次世界大戦前のイタリアの政治運動の呼称に由来し、ドイツの国民社会主義《ナチズム》、日本の軍国主義も含む。社会的、経済的混乱のさなかに反共産主義・反社会主義・反自由主義を唱え、偏狭な民族主義・国粋主義・ナショナリズムを掲げて台頭。議会制民主主義や基本的人権を否定しつつ、権威主義的、軍事的独裁体制を志向した。資本主義経済体制は是認するが、国家による経済統制を強調し、対外的には侵略政策をとる。ファシズム国家が敗北した第二次世界大戦後も、外国人移民労働者に対する排斥運動などにより、同種の傾向の政治運動は存続した。この戦後の運動を「ネオ・ファシズム」と呼ぶ。

▼1　Jipson John and Jitheesh P.M., "'The Neoliberal Project is Alive but Has Lost its Legitimacy': An Interview with David Harvey," *The Wire*, February 16, 2019, https://thewire.in/economy/david-harvey-marxist-scholar-neo-liberalism (accessed May 12, 2020)〔二〇二〇年七月七日、訳者閲覧〕。

義勢力は軍事力によって暴力的に抑圧された。アメリカ政府が、ラテンアメリカ諸国のさまざまなクーデターを支持し、西半球の極右勢力を支援し、左派政治運動を抑圧する今この瞬間にあって、ハーヴェイの見識は、新自由主義国家の発展どころか、眼前の闘争を理解するうえでも決定的である。[2]

新自由主義国家の出現を考えるにあたって、アメリカと世界の階級闘争を無視することはできない。一九六〇年代と七〇年代、アフリカ、アジア、ラテンアメリカを民族解放闘争や社会主義闘争が席巻した。これらの闘争と結びつくかたちで、北アメリカとヨーロッパでは都市反乱が地理的に拡大した。私もかつて論じたことだが、たとえばベトナムの反帝国主義闘争と、一九六五年の〔アメリカの〕ワッツ暴動や一九六七年のデトロイト暴動は具体的につながっていた。これらの闘争のすべてによって、資本の主導権《ヘゲモニー》と国家は危機に陥った。この危機に対する国家と資本家勢力の政治的対応が、新たな歴史的、地理的状況を生みだした。新自由主義の台頭は、このグローバルな反乱状況という文脈を外しては理解されえないのである。[3]

『新自由主義』に記されているように、支配階級の利害が大衆の利害から切り離されたのは、この時期のことのように思われる。戦争体制と軍国主義に向けた財政支出の増額、たとえば大量投獄や監視体制整備は、新自由主義的正当性の危機の一因となった。この危機を解決するために、さまざまな資本主義国家が権威主義的政策と自由市場型解決策とを促進させた。新自由主義的転換が記されうるとすれば、それは、これらの措置があったからこそである。記憶すべきことだが、このグローバルな新自由主義的反革命は、政治闘争と階級闘争の所産であった。こうした闘争は別の結果をともなったかもしれなかったし、今なお別の結果をもたらしかねないのである。[4]

同意調達のネオ・ファシズム的転換

新自由主義国家の展開は、歴史的に特殊な常識《コモン・センス》の産出と並行した。イタリアのマルクス主義理論家アントニオ・グラムシと同様に、ハーヴェイは「常識」という概念を使って、「一般的にもたれる思い込みや信仰」が強制への同意を保障すると述べる。[5] 常識は、政治的、経済的問題をもたらすさまざまな要因を曖昧なものにするが、この曖昧化は、人種やジェンダー、セクシュアリティ、宗教、家族、自由、堕落、

◆**リチャード・ニクソン**　アメリカの政治家、一九一三〜九四年。共和党から立候補し、第三七代アメリカ大統領（一九六九〜七四年）。民主党本部盗聴侵入事件をめぐって司法妨害を行ない、議会での弾劾裁判を前に大統領を辞任した。

◆**サルバドール・アジェンデ**　チリの政治家、一九〇八〜七三年。チリ大統領（一九七〇〜七三年）を務め、自由選挙によって当選した世界初のマルクス主義者と言われた。一九七三年の軍事クーデターで死亡。

▼**2**　ニクソンの言葉は次の文献に引用されている。Peter Kornbluh, "Chile and the United States: Declassified Documents Relating to the Military Coup, September 11, 1973," National Security Archive Electronic Briefing Book no. 8, https://nsarchive2.gwu.edu//NSAEBB/NSAEBB8/nsaebb8i.htm (accessed May 12, 2020)〔二〇二〇年七月七日、訳者閲覧〕; David Harvey, *A Brief History of Neoliberalism* (Oxford: Oxford University Press, 2005), 7–9〔デヴィッド・ハーヴェイ『新自由主義——その歴史的展開と現在』渡辺治［監訳］、作品社、二〇〇七年、一九〜二〇頁〕。

▼**3**　David Harvey, *The Limits to Capital*, new edition (New York: Verso, 2006), x–xi; Vijay Prashad, *The Poorer Nations: A Possible History of the Global South* (New York: Verso, 2012), 5; Jordan T. Camp, *Incarcerating the Crisis: Freedom Struggles and the Rise of the Neoliberal State* (Oakland: University of California Press, 2016); Neil Smith, *Uneven Development: Nature, Capital, and the Production of Space*, third edition (Athens: University of Georgia Press, 2010), 240.

▼**4**　Giovanni Arrighi, *Adam Smith in Beijing: Lineages of the 21st Century* (New York: Verso, 2007), 154–5〔ジョヴァンニ・アリギ『北京のアダム・スミス——21世紀の諸系譜』、中山智香子［監訳］、作品社、二〇一一年、二一九〜二二一頁〕; Ruth Wilson Gilmore, *Golden Gulag: Prisons, Surplus, and Opposition in Globalizing California* (Berkeley: University of California Press, 2007); Jordan T. Camp, "The Bombs Explode at Home: Policing, Prisons, and Permanent War," *Social Justice* 44, no. 2–3 (2017): 21; Gillian Hart, "D/developments after the Meltdown," *Antipode* 41, no. S1 (2009): 117–41; Camp, *Incarcerating the Crisis*.

そして法と秩序などについてのナショナリズム的で文化主義的な語り《ナラティブ》を介することによって果たされる。この語りが動員されることで、ハーヴェイの言う「階級権力の回復」への同意が得られたのである。ハーヴェイの主張では、政治的問題が文化的語りによって隠蔽されると、解決困難になる。たとえば二〇〇五年にニューオーリンズに上陸したハリケーン・カトリーナは大規模な環境災害をもたらし、政府による組織的避難計画、緊急医療措置の展開、ならびに食料品と医薬品の配布を喫緊のものとした。〔ところが〕この事態は「法と秩序」に関する人種差別的危機として再構成され、政府による警察と軍事介入と銃の使用とによって解決された。このような再構成によって連邦政府資金は、生活支援には向かわず、抑圧措置と企業投資に流用されえたのである。これは階級〔権力〕を回復させる一つの明瞭なプロジェクトであった。▼6

ここ数十年、メディア、大学、シンクタンクを通じて新自由主義的常識が流布されている。この流布を迎え撃つために、アフリカ、アジア、南北アメリカ、そしてヨーロッパにわたるさまざまな反資本主義運動はハーヴェイの理論研究を活用した。こうした左派大衆運動が、チリからレバノン、ハイチにいたる一連の反緊縮抗議運動とともに明らかにしているのは、新自由主義はもはや大衆の同意を確保できない、ということである。現在の情勢は、グラムシが「権威の危機」と呼んだ事態を示している。あるいは「支配階級がその同意を失ってしまった」時期、つまり「もはや『指導』しておらず、既存の強制力を行使して『支配』しているだけ」の時期である。したがって「この結果として、大衆は伝統的イデオロギーから離れてしまい、かつて信じていたものをもはや信じなくなる」。このような時期は予測不能であるが、対抗勢力や活動家にとっては組織化のためのまたとない機会にもなる。▼7

新自由主義国家の正当性は損なわれてきたが、本書の主張によれば、その政治的プロジェクトはしごく健在である。旧著『新自由主義』の分析を現時点にあわせ改めるにあたって、ハーヴェイが提起するのは、ネオ・ファシズムとの連携なしでは新自由主義は今や存続不可能であるということだ。この主張の妥当性を確かめようとして彼が検証するのは、ジャイル・ボルソナロ◆大統領のブラジル極右政権である。同政権は、人種差別的、性差別的、反動的常識と暴力とを利用することによって、新自由主義的モデルを押しつけている。そこでハーヴェイが看取するのは、チリのアウグスト・ピノチェト◆体制との類似性である。ピノチェトが権力の座に就いたのは、CIAに支援された一九七三年のクーデターの後のことであった。ボルソナロはといえば、その政治活動において一貫して、一九七〇年代と八〇年代にブラジルを支配した軍事独裁政権を賞賛した。彼は、軍事独裁時代にジルマ・ルセフ◆元大統領を拷問した男性たちを公然と激賞した。ルセフ自身は二〇一六年に「議会クーデター」で弾劾された。ボルソナロは、貧民街《ファヴェーラ》での麻薬問題やギャング、犯罪に対する不安を利用して、ネオ・ファシズム的プロジェクトへの同意を勝ちとったが、

▼5 Antonio Gramsci, *Selections from the Prison Notebooks* (New York: International Publishers, 2003 [1971]), 323, 328〔アントニオ・グラムシ「哲学と文化史の研究への序論と着手のための覚え書 一、若干の予備的参照点」（原著一九三二〜三三年）、デイヴィド・フォガーチ編『グラムシ・リーダー』、東京グラムシ研究会［監修・訳］、御茶の水書房、一九九五年、四〇六、四一二頁所収〕。

▼6 Harvey, *A Brief History of Neoliberalism*, 39〔前掲ハーヴェイ『新自由主義』、六〇〜六一頁〕; Clyde Woods, *Development Drowned and Reborn: The Blues and Bourbon Restorations in Post-Katrina New Orleans*, ed. Jordan T. Camp and Laura Pulido (Athens: University of Georgia Press, 2017).

▼7 Gramsci, *Selections from the Prison Notebooks*, 275–6〔アントニオ・グラムシ「『唯物論の波』と『権威の危機』」（原著一九三〇年）、『グラムシ選集』第六巻、山崎功［監修］、合同出版、一九七八年、八五頁〕; Jordan T. Camp and Jennifer Greenburg, "Counterinsurgency Reexamined: Racism, Capitalism, and U.S. Military Doctrine," *Antipode* 52, no. 2 (2020): 430–51.

◆**ジャイル・ボルソナロ** ブラジルの極右政治家、一九五五年〜。二〇一八年の大統領選挙で当選し、ブラジル大統領（二〇一九〜二二年）を務めた。

◆**アウグスト・ピノチェト** チリの軍人・政治家、一九一五〜二〇〇六年。一九七三年の軍事クーデターを主導し、当時のアジェンデ大統領を死に追い込む。その後、チリ大統領（一九七四〜九〇年）を務め、軍事独裁体制を敷いた。

◆**ジルマ・ルセフ** ブラジルの政治家、一九四七年〜。左派の労働者党から立候補し、ブラジル大統領（二〇一一〜一六年）を務めた。ブラジル史上初めての女性大統領であったが、議会の弾劾裁判により罷免。

これは社会主義的左派に対する弾圧措置と、民主主義に対する攻撃とをあわせもつものである。ハーヴェイが示唆するように、ボルソナロは、ブラジルとラテンアメリカ地域における階級権力を回復するために、常識的な語りを利用する。[8]

ボルソナロの台頭は、資本主義と新自由主義国家が危機にあることの政治的表現である。つまり体制が以前と同じやり方では存続できないような危機が起きている。ブラジル「土地なし農民運動」の共同設立者で経済学者のジョアン・ペドロ・ステージレ◆が主張するように、グローバルな生産を統制する「国際的大企業と金融資本とが、今日の資本主義的生産様式を主導している」が、この危機の「特徴」は、その「資本主義的生産様式の本質が疑問視される」ということである。ステージレによれば、現在の危機が痛ましくも露呈させるのは、資本主義がその内的諸矛盾を解決できないという事態である。言い換えると、貧困化した大多数の人々の必要を満たすと同時に、自由に富も蓄積するということは資本には不可能なのである。民衆や国に資するプログラムを、資本はもはやもちあわせてはいない。ボルソナロ政府は、シカゴ学派の金融業者と、福音派キリスト教原理主義者と、軍部の一部保守派とのあいだの不安定な同盟関係を代表している。彼らは、国家の抑圧機構と抗議活動の犯罪化との全面活用に支えられながら、いわゆる自由市場型の問題解決策を押し進める。ステージレの主張によれば、ボルソナロのブラジルの新自由主義者たちは、チリの独裁政権を嚆矢とする政策を、新しい文脈において積極的に推進している。重要なことだが、二〇二〇年の極右ブラジル政権は、ドナルド・トランプ◆政権に支持されている。ラテンアメリカでトランプ政権が積極的に追求しているのは、アメリカのための、あからさまに攻撃的な帝国主義戦略である。[9]

反資本主義運動の課題

二〇一〇年、ハーヴェイは、ブラジル・ポルトアレグレ市での世界社会フォーラム◆で「反資本主義的移行の組織化」という講演を行なった。二〇〇七〜〇八年のグローバル金融危機ののちに生じた主導権《ヘゲモニー》の危機は、真にグローバルな反資本主義運動を構築する好機を示していると彼は論じた。ハーヴェイの提起によれば、レーニンの問いかけ◆——「何をなすべきか？」——に十全に答えるには、政治組織が形成されることで、国家権力が掌握され、「有害になるばかりの諸結果をともなう資本主義の絶えざる将来の危機」に対して代替的《オルタナティブ》な解決策が明示されえなければならない。「レーニンの問いかけは、その答えを求めてい

▼**8**　Vincent Bevins, "The Dirty Problems with Operation Carwash," *The Atlantic*, August 21, 2019, https://www.theatlantic.com/international/archive/2019/08/anti-corruption-crusadespaved-way-bolsonaro/596449/ (accessed May 12, 2020)〔二〇二〇年七月七日、訳者閲覧〕; The Intercept, Secret Brazil Archive, https://theintercept.com/series/secret-brazil-archive/ (accessed May 12, 2020)〔二〇二〇年七月七日、訳者閲覧〕; Jordan T. Camp, "The Rise of the Right in Latin America: An Interview with Stephanie Weatherbee Brito," The New Intellectuals, March 12, 2020, https://tpf.link/tni (accessed June 15, 2020)〔https://www.youtube.com/watch?v=3v77ohjVBbQ, 二〇二〇年七月二三日、訳者閲覧〕。

◆**ジョアン・ペドロ・ステージレ**　ブラジルのマルクス主義経済学者・活動家、一九五三年〜。ブラジルの大土地所有制を批判し、農地改革を主張。一九八四年に「土地なし農民運動」（ＭＳＴ）を設立。ＭＳＴは、パウロ・フレイレの対話型教育手法を取り入れつつ、合法的土地占拠運動を展開し、現在ブラジル最大の社会運動の一つとされる。

◆**ドナルド・トランプ**　アメリカの不動産実業家・政治家、一九四六年〜。不法移民や有色人種に対する差別や女性蔑視発言にもかかわらず、二〇一六年の大統領選挙で共和党から立候補し当選。第四五代アメリカ大統領（二〇一七〜二一年）となった。

▼**9**　João Pedro Stedile, "Contemporary Challenges for the Working Class and Peasantry in Brazil," *Monthly Review*, July 1, 2019, https://monthlyreview.org/2019/07/01/contemporary-challenges-for-the-working-class-and-peasantry-in-brazil/ (accessed May 12, 2020)〔二〇二〇年七月七日、訳者閲覧〕。

◆**世界社会フォーラム**　スイスのダボスで開催される「世界経済フォーラム」に対抗するため創設された社会運動団体、ＮＧＯ、ＮＰＯの国際集会。二〇〇一年に「もう一つの世界は可能だ」を合言葉にブラジル・ポルトアレグレで始まり、新自由主義、資本の支配、帝国主義への対抗を目的とする。

る」とハーヴェイはまとめた▼10。

この現下の問いに答えるために、「剰余の生産と分配」の両面管理という戦略目標を有した反資本主義運動を構築すべきだと、ハーヴェイは主張する。自分たちの問題の起源が「個別的、地域的なものではなく」体制的《システミック》で構造的なものだと理解されることで、闘争が急進的《ラディカル》になるにつれて、この運動の兆しも目に見えるものとなる。ハーヴェイの主張によれば、この情勢においてこそ「グラムシの著作で非常に重視された『有機的知識人』型の指導者――その過酷な体験を通じて、この世界を肌身で理解するに至ったが、その資本主義理解をより一般的なかたちで形成した独習者――には大いに語るべきことがある」。この関連で、ブラジル、インド、そして「発展途上」諸国全域の政治運動や社会運動から生まれる有機的知識人の声に耳を傾け学ぶことが絶対に必要だと、彼は提起する。ハーヴェイは次のように記している。

この場合〈……〉課題は、従属させられた《サバルタン》人々の声を増幅させ、人々の注意と関心を搾取と抑圧の環境に向かわせ、そして反資本主義的プログラムに向かう解決策を形成することにある▼11。

この反資本主義的プログラムを形成しようとする多大な奮闘の一角をなすのが、本書である。しかも、この奮闘が行なわれているのは、新自由主義の堕落が示されつつある瞬間のまっただ中においてである。この序文を書いているまさにこのとき、現下の新型コロナウイルス感染症のグローバルな大流行《パンデミック》がアメリカも世界も蹂躙している。アメリカの人々が本当に必要としているのは医療であり、非常時の安全用品であり、家賃や食料品や生存に必要な支払いのための連邦資金である。だが、トランプ政権の人種差別的、ナショナリスト的な語りによって危機は再定義されつつある。トランプ政権は、人々の命のためにはお金をまわさず、その代わりに国益のために国民は仕事を再開すべきだと語り、連邦政府資金は緊急医療活動ではなく、銀行と企業に流用されるべきだと主張している。これらの文化的構築物の目くらましから「政治的意味を抽出▼12」できるようにすべく、本書でもってハーヴェイは活動家の一助になろうとする。目下の危機の原因と結果を浮かび上がらせることで、ハーヴェイは「真の自然災害というものは存在しない」と指摘する。それどころかハーヴェイの主張によれば、人々が「この種の公衆衛生危機に無防備にも完全にさらされ」たのは、この四〇年間の新自由主義的政策のせいなのである。生存闘争は、これらの諸条件の克服にかかっているのであろう。[13]

目下のところ、危機に対する新自由主義的解決策の非合理性は、かつてないほどに強烈な様相を呈している。極右的イデオロギーの信奉者たちは、貧しい人々や病人や高齢者に自分の命を犠牲にして、いわば「お国」のために外に出て働けと唱える。資本が、貧窮化した大多数の人々にとって必要なものを満たしつつ、それと同時にこの危機に対する自由市場的解決策を追求するなどということは明らかに不可能である。貧しい者たち、労働者階級、略奪された人々は、その労働が不可欠《エッセンシャル》だと認識されているときでさえ、本質的《エッセンシャル》には使い捨て可能だとされてきた。ハーヴェイは警告する。

大規模な国家介入がなければ、失業率は一九三〇年代に匹敵するレベルにまで上がるのはほぼ間違

◆**レーニン**　ウラジーミル・レーニン、一八七〇～一九二四年。ロシアの革命家・政治家。一九一七年、世界初の社会主義革命であるロシア革命を主導。ソヴィエト連邦（一九二二～九一年に存在したソヴィエト社会主義共和国連邦、「ソ連」とも表記、現在はロシア連邦などが独立して解体）の初代指導者となる。なお、ソヴィエト連邦が一党制国家であったことから、中華人民共和国（中国）など第二次世界大戦後に成立した「社会主義」を掲げる多くの国家が、ソヴィエト連邦をモデルとし、一党制ないしは一党指導制をとった。

▼**10**　David Harvey, "Organizing for the Anti-Capitalist Transition," talk at the 2010 World Social Forum, Porto Alegre, Brazil, http://davidharvey.org/2009/12/organizingfor-the-anti-capitalist-transition/ (accessed May 12, 2020)〔二〇二〇年七月七日、訳者閲覧〕。

▼**11**　Ibid.

▼**12**　Harvey, *A Brief History of Neoliberalism*, 39〔前掲ハーヴェイ『新自由主義』、六一頁〕。

▼**13**　Harvey, "Anti-Capitalist Politics in a Time of Covid-19," chapter 18, this volume〔本書第17章〕。

いない。だが国家介入を行なうとなると、新自由主義的気質に逆らわなければならなくなる。

この状況は間違いなく、一つの危機に相当する。ハーヴェイが指摘するように、それは、新自由主義的気質とぶつかる前代未聞の機会をも提供する。このような取り組みにあたっては、民衆教育と政治動員によって社会主義的代替案《オルタナティブ》の可能性が示されなければならないであろう。ハーヴェイが教えるように、これは現代の反資本主義運動にとっての絶対的要請である。本書が、この闘争に関わるすべての人々に資するものになることを期待する。[14]

▼14 Ibid.〔同前〕; *New Frame* Editorial, "Coronavirus and the Crisis of Capitalism," *New Frame*, March 13, 2020, https://www.newframe.com/coronavirus-and-the-crisis-of-capitalism/ (accessed May 12, 2020)〔二〇二〇年七月七日、訳者閲覧〕。

［編者まえがき］
新たな社会主義的代替案《オルタナティブ》の討議のために

ジョーダン・T・キャンプ／
クリス・カルーソ

デヴィッド・ハーヴェイについて

デヴィッド・ハーヴェイは、マルクス主義地理学者の第一人者であり、資本主義に関する理論家である。彼は、本書において現状に介入しようとする。本書は、現代の論争状況と時事問題に時宜を得た考察を加え、それらに鋭く介入する。さらに反資本主義闘争とその連携が依然として過小評価されるなかにあって、本書は、そのさまざまな特徴に対する国際的なマルクス主義的分析枠組みを提示する。

資本主義の目下の危機や政治的可能性の岐路について論じようとしても、それにかなう人物はあまり見受けられない。『ライブラリー・ジャーナル』誌によって「二〇世紀後半、最も影響力ある地理学者の一人」と称されたデヴィッド・ハーヴェイは、都市研究分野の第一人者であり、ニューヨーク市立大学大学院の人類学・地球環境科学特別教授職にあり、二〇冊以上の書籍の著者でもある。

ハーヴェイは講演活動を国際的規模で行なっているが、それは大学や研究機関にとどまらず、路上生活者《ホームレス》のテント村、不法占拠されたビル、民衆教育学校、刑務所、活動家の集会などにも及ぶ。彼は高名な知識人として、世界中の数多《あまた》の社会運動と対話している。デヴィッド・ハーヴェイはケンブリッジ大学で博士号を取得し、ジョンズ・ホプキンス大学地理学教授、ロンドン・スクール・オブ・エコノミクスのミリバンド特別研究員、ならびにオックスフォード大学ハルフォード・マッキンダー地理学教授職を歴任した。

人文・社会科学で最も引用される著者の一人とも指摘される一方、ハーヴェイは二〇〇三年の『ニュー・インペリアリズム』◆の出版以降、一般読者向けの著作に重点的に取り組むようになり、それは『新自由主義』◆（二〇〇五年）、『資本の謎』◆（二〇一〇年）、『資本主義の終焉』◆（二〇一四年）、『経済的理性の狂気』◆（二〇一七年）などの本に結実している。

これらの出版物と並んで、彼は一〇年以上にわたって、インターネットを使ったオンライン空間の革新的活動家でもあった。ハーヴェイはツイッター［二〇二三年からエックス］（@profdavidharvey）で一二万人を超えるフォロワーを擁し、非常に活発に更新されるウェブサイト（davidharvey.org）も用いて、ソーシャルメディアでの存在感を示している。ピュー研究所［アメリカの調査機関］の人口統計学上級研究員コンラッド・ハケットはツイッターに、二〇一七年に最もフォローされた社会学者一覧というものを投稿したが、そこでデヴィッド・ハーヴェイは第四位に入っていた。ハケットはツイッターでのフォロー上位の経済学者の一覧もリンクしており、そこにおいてハーヴェイは第一五位であった。これは彼の幅広い影響力を示している。社会学者でも経済学者でもないにもかかわらず、二つの一覧に同時に掲載された人物はハーヴェイただ一人である。

本書の成り立ちとそのねらい

本書のきっかけは、隔月でのポッドキャスト［インターネット上での音声ファイルなどの公開方法の一つ］による音声配信とオンライン動画配信のシリーズ企画であるハーヴェイの「反資本主義年代記」（David Harvey's Anti-Capitalist Chronicles）であった。これはマルクス主義というレンズを通して現代資本主義を考察するというオンライン番組である。このポッドキャスト配信が可能となったのは、メディア企画やライブ企画を手がける非営利組織「デモクラシー・アット・ワーク」のおかげである。これらの企画は体制的《システミック》問題として資本主義を分析し、体制的《システミック》解決策を主張するものである。〔だが〕本書は、オンライン上のデジタル企画に触発されたデヴィッド・ハーヴェイの最初の著作というわけではない。二〇〇八年、ハーヴェイと共同編集者クリス・カルーソは、「デヴィッド・ハーヴェイとともにマルクス『資本論』を読む」(Reading Marx's Capital with David Harvey, http://davidharvey.org/reading-capital/)を製作した。これは無料のオンライン動画配信講座であった。ハーヴェイのオンライン講座とそれに付随して作成されたウェブサイトは、世界中の多くの視聴者を惹きつけ、二〇〇以上の国々で四五〇万回以上、視聴された。視聴者たちは、さまざまな活動に取り組みはじめ、たとえば世界中で何百もの『資本論』研究会が自主的に組織されたり、クラウドソーシング◆型の

◆**『ニュー・インペリアリズム』** David Harvey, *The New Imperialism* (Oxford: Oxford University Press, 2003), デヴィッド・ハーヴェイ『ニュー・インペリアリズム』、本橋哲也［訳］、青木書店、二〇〇五年。

◆**『新自由主義』** David Harvey, *A Brief History of Neoliberalism* (Oxford: Oxford University Press, 2005), デヴィッド・ハーヴェイ『新自由主義――その歴史的展開と現在』、渡辺治［監訳］、作品社、二〇〇七年。

◆**『資本の謎』** David Harvey, *The Enigma of Capital And the Crises of Capitalism* (London: Profile Books, 2010), デヴィッド・ハーヴェイ『資本の〈謎〉――世界金融恐慌と21世紀資本主義』、森田成也ほか［訳］、作品社、二〇一二年。

◆**『資本主義の終焉』** David Harvey, *Seventeen Contradictions and the End of Capitalism* (London: Profile Books, 2014), デヴィッド・ハーヴェイ『資本主義の終焉――資本の17の矛盾とグローバル経済の未来』、大屋定晴ほか［訳］、作品社、二〇一七年。

◆**『経済的理性の狂気』** David Harvey, *Marx, Capital and the Madness of Economic Reason* (London: Profile Books, 2017), デヴィッド・ハーヴェイ『経済的理性の狂気――グローバル経済の行方を〈資本論〉で読み解く』、大屋定晴［監訳］、作品社、二〇一九年。

◆**クラウドソーシング**　オンライン上の不特定多数の人の助力を募って、サービスやコンテンツを作成するプロセス。

自発的事業によって、ハーヴェイ教授の『資本論』第一巻講義は四五もの言語に翻訳されたりした。『資本論』講義は話題となったが、この成功は一九八九年の「ベルリンの壁」崩壊以降、下火となっていたマルクス研究への関心を復活させたと評されている。その後、高等教育機関でのオンライン公開講座（MOOC）が発展してきたが、オンライン配信講座「マルクス『資本論』を読む」はその先駆けであり、そこで示された教育活動上の技術革新は今では広範に見習われている。これらのオンライン講座をきっかけとして刊行されたのが、『〈資本論〉入門』◆（二〇一〇年）と『〈資本論〉第2巻・第3巻入門』◆（二〇一三年）であった。

この世の不正に懸念を抱く市井の人々や政治運動、社会運動にしてみれば、本書において提示される分析は、階級闘争の現状を解読するにあたって必要不可欠なものだ。会話調の文体で書かれた本書に接して気づかされるのは、それがハーヴェイの、より広範な著述活動全体に対する手頃な新規入門書になっていることである。デヴィッド・ハーヴェイの作品を初めて読む人にも、彼の著作に精通している人にも、おあつらえむきである。本書の最後には、各章に対応した「文献紹介」と、各主題に関する「検討課題」の二項目を設けている〔なお日本語版では、「検討課題」については各章表題の直後に箇条書きで訳出するかたちとし、「文献紹介」は各章末に［参考文献］として掲げた〕。オンライン講座「デヴィッド・ハーヴェイとともにマルクス『資本論』を読む」を中心にして、さまざまな研究会が自発的に取り組まれた。この世界的現象が起きたことを念頭に、われわれは本書を編纂したが、その意図は、正規の教育環境においてだけでなく、組織者、活動家その他の人々の民衆教育の現場においても、一つの教材手段として本書が使われることにある。

本書の全編にわたって、ハーヴェイは現代の諸問題を論じる。たとえば、経済における金融・貨幣権力の集中、新型コロナウイルス感染症（COVID-19）の世界的流行《パンデミック》、ゼネラルモーターズ〔アメリカの大手自動車会社〕の工場閉鎖、ブラジルや世界各地で台頭する新自由主義者とネオ・ファシストとの同盟関係、世界経済における中国の重要性、そして二酸化炭素排出と気候変動である。彼は、マルクス主義と社会主義の主要概念も取り上げている。そこには資本の起源とその発展、疎外、社会主義と「不自由」の問題、そして資本蓄積の地理学と地政学が含まれている。ハーヴェイは、新自由主義の危機を解消しようとするトランプ政権の試みとその挫折とを考察し、社会主義的代替案《オルタナティブ》の体系化の必要性を検討する。

暗く危険な今日という時代にあって、われわれは、居並ぶ反対勢力を深く分析し理解しなければならず、それとともに万人の必要を満たす社会変革のための明確な代替案《オルタナティブ》をも手にしなければならない。一世紀以上にわたり革命家のかがり火であったマルクス主義の伝統を刷新することに、ハーヴェイの研究活動は貢献してきた。われわれは今、生死をかけた喫緊の闘争に直面している。本書は、マルクス主義の伝統に再び灯をともすことで、われらの歩みを照らすものとなろう。

◆**『〈資本論〉入門』** David Harvey, *A Companion to Marx's Capital* (London: Verso, 2010), デヴィッド・ハーヴェイ『〈資本論〉入門』、森田成也・中村好孝［訳］、作品社、二〇一一年。

◆**『〈資本論〉第2巻・第3巻入門』** David Harvey, *A Companion to Marx's Capital, Volume 2* (London: Verso, 2013), デヴィッド・ハーヴェイ『〈資本論〉第2巻・第3巻入門』、森田成也・中村好孝［訳］、作品社、二〇一六年。

［序論］
グローバルな社会的騒乱

・抵抗運動の現在の高まりは、資本主義の矛盾について何を示しているのか？
・複利的成長の問題を理解することが重要なのは、なぜか？
・現下の危機のさなか、反資本主義的、社会主義的プログラムは、いかなる道筋を切り抜けるべきなのか？

抗議運動の続発

二〇一九年の秋になると世界各地で――サンティアゴから、ベイルート、バグダッド、テヘラン、パリ、キト、香港、インド、アルジェリア、スーダン、その他多くの地域で――政治闘争が噴出した。世界は慢性的に何かおかしいと示唆されている。この理由の一部として、民主的統治の失敗、あるいは支配的政治慣行からの一般的疎外に問題をさかのぼらせることもできる。もう一つよくある不満は支配的経済モデルの失敗に対してだ。このモデルによれば、われわれは十分な収入を得られる雇用を維持できるとされ、手頃な価格で食べ物を食卓に並べて、ワイシャツを着て、靴を履いて、携帯電話を手にしながら、車庫に自動車を置くことができるとされた。そして、この同じモデルによって、さまざまな集団的サービス（医療、教育、住宅、交通機関）も提供され、こうして適度に十分な日常生活の質が保障されると考えられた。

近年のチリでの出来事は象徴的だと思われる。それは問題の性格についてだけでなく、これに対する典型的な政治的対応という点でも象徴的だ。私は長らくチリの事態の推移に注目してきた。一九七三年にまでさかのぼれば、チリは新自由主義的転換の先駆けとなった一国であったからだ。この年、ピノチェト将軍が、民主的に選出された社会主義者のアジェンデ大統領を軍事クーデターで殺害すると、「シカゴ・ボーイズ」と呼ばれる経済学者たちを重用し、彼らはこの国に新自由主義的経済モデルを強制した。保守的な実業家でもあるチリのピニェラ◆大統領は、二〇一九年一〇月上旬の（イギリスの日刊経済紙）『フィナンシャル・タイムズ』とのインタビューで、チリという国を、健全な成長と力強い経済力と好調な経済指標を示す「オアシス」だと述べていた。彼の主張によれば、チリは絶好調で、他のラテンアメリカ諸国のお手本であった。そのおよそ三週間後、チリで深刻な暴動が起きたとのニュース速報が入った。問題の発端は、地下鉄料金の値上げであった。高校生たちが抗議のために路上に繰りだした（二〇〇六年の高校生たち◆が起こした事態もだいたい同じであった）。ピニェラは、心地よさそうな高級飲食店から、無法な暴徒と化した問題児どもを抑えこむと明言した。これは警察に対する暗黙の誘因となり、街頭に出た警察は、不平を表わす人々を暴力的に鎮圧した。警察はその職務を果したのである。さらに多くの人々が警察への抗議に加わった。三つの教会とともに、地下鉄の駅もいくつか焼き払われた。スーパーマーケットも襲撃され、非常事態が宣言された。軍隊が招集されると、何百万もの怒れる市民が、何もかもに対して平和的に抗議した。その矛先は軍隊の展開にも向かった（軍事独裁政権時代が終わってから、軍隊が路上に現われることはなかったのである）。ピニェラは遅ればせながら、市民の声を聴き、何事かしなければならぬことを認識した。彼は年金と社会保障を増額し、最低賃金を引き上げた。ピニェラは非常事態宣言を取り消し、治安部隊の撤退を要請した。すると、チリには新憲法が必要だという要求が出はじめた。既存の新自由主義的憲法は、軍事独裁政権時代に起草された。この憲法は、年金制度、医療機関、教育機関などの民営化を義務づけていた。憲法改正が必要であると最終的に合意され、改正方法に関する国民投票が二〇二〇年四月に行なわれると発議された（コロナウイルスのために最近、その延期が決まったのだが）◆。不安定な平和が、かの地に訪れたのである。

チリの出来事は孤立したものではない。同じようなことは、すでにエクアドルでも起きていた。国際通貨基金（ＩＭＦ）によって指示された構造調整プログラムは、燃料費補助の廃止と税金の新設をもたらした。こうして大衆的抗議運動が勃発した。先住民族は先行して動きだし、首都キトで一団となって行進した（一九九〇年代の再現であり、かつて社会主義者のラファエル・コレア◆を政権に導いたのもこうした抗議行動であった）。抗議運動は非常に大規模なものになる恐れがあり、政府はグアヤキルに退避し、抗議者の手にキトを委ねてしまうほどであった。最終的にモレノ◆大統領――その名前は「レーニン」だそうだが――がＩＭＦプログラムを破棄して、キトに戻って交渉することになった。

チリとエクアドルは二〇一九年の秋に混乱に陥った。まったく真逆のかたちで、ボリビアでも混乱が生

◆ピニェラ　セバスティアン・ピニェラ、一九四九年〜。チリの政治家。二度にわたりチリ大統領を務める（二〇一〇〜一四年／二〇一八年〜）。ピノチェト政権の流れを汲む国民革新党に所属。

◆二〇〇六年の高校生たち　チリでは、大学受験料の値上げをきっかけに、二〇〇六年四月から六月にかけて高校生を中心に大規模な抗議活動が発生した。同年五月三〇日には、チリ全土で七九万人の学生が全国ストライキとデモを行ない、教育民営化関連法の廃止、良質な公教育、通学費用の無償化などを要求した。

◆その延期が決まったのだが　その後、国民投票は二〇二〇年一〇月に実施され、選出された市民協議会に憲法起草を任せる方式での新憲法制定が圧倒的多数の賛成票で決まった。だが二〇二二年、新憲法案は否決された。

◆ラファエル・コレア　エクアドルの政治家、一九六三年〜。経済学者であり、左派政治家としてエクアドル大統領（二〇〇七〜一七年）を務めた。二〇二〇年現在、汚職問題を理由に参政権を停止され、ベルギーに滞在している。

◆モレノ　レニン・モレノ、一九五三年〜。エクアドルの政治家。ラファエル・コレア政権で副大統領を務めた後、エクアドル大統領（二〇一七年〜）に就任。その名は、父親が崇拝したレーニンからとられた。大統領当選後、右傾化し、親米路線をとった。

じた。組織的デモに支援された強力な右派勢力が、大統領エボ・モラレス◆が自分に有利になるように選挙結果を操作したと非難したのである。軍部の「主張」では、モラレスとその政府高官は逃亡し、国外亡命を求めたとのことである。大衆運動が路上に繰りだし、対立するグループが互いに衝突した。ボリビアは騒然となったまま六月に選挙が行なわれる（それも今や延期が決まった）◆。だが、この選挙ではモラレスの立候補は禁じられている（ブラジルでのボルソナロの選挙直前にルラ◆がそうなったのと同じだ）。

世界の反対側ではレバノンも混乱していた。不満を抱いた若者が街頭行動に打って出て、政府に対する大規模な抗議運動を繰り返していた。同じことはイラクのバグダッドでも起きたが、この場合には大規模デモのさなかに二〇〇〜三〇〇人が殺された。デモ参加者の大部分は、長年にわたって政治的に無視されてきたバグダッドの低所得貧困地域の出身者であった。テヘランでも同様の事態が起きている。フランスでは一年以上にわたって、黄色いベスト《ジレ・ジョーヌ》◆運動の抗議行動が続いている（ただ激しくはなくなりつつある）。この運動は最近では、年金改革に反対する反政府抗議活動と合流し、パリその他の主要都市を数日間閉鎖に追い込んだ。

市民の抗議は各地で続いている。はるか頭上の宇宙船から地球を見渡したとしよう。その際、あらゆる抗議地点が赤く点滅するとすれば、世界は全体として混乱していると断定されるのはほぼ間違いないであろう。労働者の抗議も激しくなっている。たとえばアメリカでは近年、最も起こりそうにもないような地域で教職員ストライキが急増しており（しかも、その多くは非公認ストライキ［労働組合の支部や分会などの下部組織が、上部組織の指示に反して行なうストライキ］であった）、二〇一九年九月のシカゴ〔の教員ストライキ〕で最高潮に達した。バングラデシュやインドではいくつか大きなストライキが発生し、中国でも大規模な労働運動が起きている（ただし中国の場合、その探知や追跡には困難がともなう）。

問題は新自由主義か、資本主義か

それでは、これらの抗議活動は全体として何をめざしているのか？　そこには何か共通点でもあるのか？　どの場合にも多種多様な関心が存在する。共通の特徴があるとすれば、大衆との約束を経済活動が果たせず、超富裕層を優遇するかたちで政治過程が歪められていると認識されている点であろう。上位一％所得層あるいは上位一〇％所得層にはうまくいっているが、大衆にとってはそうではない。そして大衆はこの事実を悟りつつあり、街頭に出て抗議活動を繰りひろげ、この政治経済的モデルが自分たちの基本的必要に応えていないと口にしている。

チリを見てみよう。上位一％所得層が富の約三分の一を支配している。ほぼあらゆる所で同じ問題が生じている。さまざまな問題の根底には格差拡大があるようであり、したがって下層階級ばかりか中間層もかなりの不快感をつのらせている。機能不全の経済とはいったい何なのか？　二、三の場合——実際、テ

◆**エボ・モラレス**　ボリビアの政治家、一九五九年～。左派政党「社会主義運動」を率い、二〇〇六年から四期にわたりボリビア大統領を務めたが、二〇一九年の事実上のクーデターで失脚し、一時亡命した。二〇二〇年の大統領選挙後に帰国。

◆**それも今や延期が決まった**　その後、ボリビア大統領選挙は、二〇二〇年一〇月に行なわれ、モラレス系の左派候補ルイス・アルセが当選した。

◆**ルラ**　ルイス・イナシオ・ルラ・ダシルヴァ、一九四五年～。ブラジルの政治家・労働組合活動家。左派の労働者党の有力政治家でブラジル大統領（二〇〇三～一一年）も務めた。汚職事件の嫌疑で、二〇一八年大統領選挙直前に一時収監。その後、再選を期すボルソナロを選挙で破り、二〇二三年、再び大統領に就任した。

◆**黄色いベスト運動（ジレ・ジョーヌ）**　二〇一八年下旬から労働者など低所得層を中心に起きたフランスの抗議運動。ガソリンへの炭素税課税に怒った地方の低所得層が、黄色いベストを着て抗議を行なったことから始まった。

ヘランやエクアドルやチリでは、暴動には同じようなきっかけがあった。すなわち燃料価格や交通費の上昇である。多くの人にとって都市を移動することは重要な行動であり、その移動費用も重要だ。この費用が法外なものになれば、とりわけ低所得層が大打撃を被る。したがって交通費や燃料費の上昇が気にならないわけがない。

興味深いのは、こうしたきっかけから問題が一般化し体制的《システミック》な規模へと発展することだ。抗議行動の根拠は、その当初は、交通費や食品価格からかもしれないし、場合によっては、都市サービスが利用できないとか、十分手頃な価格で住宅を入手できないとかからかもしれない。こうしたことは通例、初発の経済的根拠になる。しかし、抗議行動がこの点にとどまることはめったにない。抗議活動は急増し、たやすく一般大衆を巻き込むものとなる。この理由については二つの考え方がある。

一つ目の考え方は、資本蓄積の特殊形態に問題を帰するものだ。たとえば新自由主義である。問題は資本主義ではなく、その新自由主義的形態にあるというわけだ。企業部門にさえ、改革に同意し検討しようとする者がいるかもしれない。最近では、自分たちが効率性と収益性を重視しすぎており、自らの活動の社会的、環境的影響といった問題に取り組むことが今や重要なのだと一部の企業集団が認めている。ここで言われているのは次のようなものだ。

新自由主義的モデルがこの事態にまでわれわれを追い込んだのですが、もううんざりです。ですから進路を変え、資本蓄積自体のあり方を、より多くの人の賛同が得られるものにしなければいけません。

われわれには、より社会的責任に満ち、より公正であるような「良識ある資本主義《コンシャンス・キャピタリズム》」という形態が必要なのだと言われる。そして抗議運動が起こる動機の一つは社会的不平等の拡大への反対なのだから、これにも取り組まねばならないとの譲歩が示される。問題は資本の新自由主義的形態なのだ。

チリであれば、この主張の根拠はしごく明白である。なぜなら抗議活動と暴力行為が鎮静化していったのは、大統領と議会によって共同決定された国民投票の表決事項が、新自由主義的憲法に代わる新憲法の起草方式を問うものになったからだ。

資本主義の新自由主義的形態には深刻な問題があり、その是正は必要である。だが、新自由主義が決定的問題だということには私は賛同しかねる。まず世界には、新自由主義的資本主義が支配的になっていないうえに、そこでの経済モデルが大衆のためにもなっていない地域がいくつもある。つまり問題は資本主義なのであり、その特殊な新自由主義的モデルではない。私の考えでは今や、これこそが根本問題であるかもしれないと気づかれつつあり、こうした真相が意識されてきている。

運動は組織に転化しなければならない

現在の抗議運動の高まりは、新しい事柄などほとんど示していない。過去三〇年にわたり抗議運動は数多く目撃されたし、その多くは、とくに都市部での日常生活の質の悪化に関わっていた（ただし都市部だけというわけでもない）。労働者の抗議行動も存在した。しかも伝統的には、プロレタリアート◆や労働者階級の闘争は、反資本主義闘争と反資本主義理論の支えとされてきた。だがその一方で明らかなことだが、真に大衆的な運動の大半は、都市を基盤としており、その運動の発展論理も、この運動を動かす階級的、社会的構成分子も、プロレタリアートや労働者階級の闘争とは異なるものなのである。

たとえば二〇一三年のトルコでは、イスタンブール中心部のゲジ公園が撤去されて、ショッピングモールが建設されようとした。すると、この提案に対して抗議運動が発生した。事態の推移は、あまりにもよ

◆**プロレタリアート**　資本主義社会において、生産手段をもたず、生活のために自らの労働力を売って賃金を得る階級。賃金労働者階級、無産者階級とも。個々の賃金労働者は「プロレタリア」と言う。

くあるものであった。エルドアン◆大統領の命により、警察は抗議者を暴力的に襲撃した。さらに多くの人々が路上に出て、警察の暴力行為に抗議した。トルコ国外の人々が事態を知ることになったのは、イスタンブールだけでなく、それ以外のあらゆるトルコの大都市でも大規模な抗議運動が起きてからであった。その後、全国規模での大抗議運動が長期にわたって継続し、公共的協議の場や民主的統治が不在であるとの異議が唱えられた。この影響は今日にまで及ぶものとなった。

　その数週間後、ブラジルでも同じことが起きた。バス料金が値上げされると、サンパウロの学生たちが街頭抗議に打って出たのである。サンパウロ市長ではなくサンパウロ州知事の要請により警察が配備され、学生の抗議運動を暴力的に押しつぶした。するとただちに、学生を擁護する広範な大衆行動が立ち上がった（そのいくつかはブラック・ブロック◆・スタイルの無政府主義者《アナーキスト》によって組織された）。まもなく抗議行動は山火事のように広がり、ブラジル国内の一〇〇有余の都市に及んだ。リオデジャネイロでは、巨大な抗議行動が昼夜を問わず続けられた。抗議の対象は交通問題をはるかに超えるものとなった。人々の怒りは、ワールドカップとオリンピックのための新スタジアムやインフラ建設に莫大なお金が費やされていることに向かい、これに関連する汚職事件によって多くの抗議者が街頭に出ることになった。ブラジルといえばサッカーであり、それを楽しまない人はいないであろう。だが人々が理解できなかったのは、病院、学校、そして日常生活の質の改善に必要なあらゆるものが資金不足に陥っているのに、これらのインフラには多額のお金がかけられた、という事態なのである。

　似たような大きな集団行動には、これまでにも長い歴史がある。一般的には、これらの集団行動はそれほど長続きするものではない。ほとんどの行動はときに何の前兆もなく発生し、やがて収まり、人々からその記憶が忘れられ、そして再び勃発する。過去三〇年に大規模な運動が何度も起きているが、その数は次第に増えてきている。もしかすると、この運動のきっかけは、〔一九九九年に〕シアトルで世界貿易機関（WTO）閣僚会議を妨害した反グローバリゼーション運動にまでさかのぼるのかもしれない。当局にとって突如、予期せぬかたちで、ありとあらゆる人々がシアトルに殺到し抗議したのである。閣僚会議に参加するはずの代表団は、そこに出席できなかった。この出来事の後ずっと、G20、G8、あるいは国際通貨基金（IMF）総会や世界銀行総会は、その開催のたびに多くの抗議者のスクラムや座り込みにさらされることになった。さらに二〇一一年にはウォール・ストリート占拠運動◆も起き、世界各地でじつにさまざまな模倣的運動も起こった。これらの多種多様な大衆運動は繰り返し起きており、たいていの場合、波及効果が誘発された。世界のどこかで起きる抗議運動は、まったく異なる地域の抗議運動に弾みを与える。

しかし、これらの抗議活動は周期的に再発したとしても、そのいずれも持続できなかった。それらはまた、しばしば寸断された。大衆行動には、さまざまなグループが参加するが、それらは同じ街頭を占めていても、互いに協調することはめったにない。しかし、こうした事態も今や変わりつつあるのかもしれない。たとえばレバノンでは紛争と内戦の長く苦い歴史がある。この歴史を続けさせたのは、主に宗派勢力や宗教団体の相互対立であった。だが現在（二〇一九年）、長い年月を経て初めて、すべての宗派（とくに経済的展望を欠いた若者たち）が一堂に会し、レバノンの盗賊政治的、権威主義的、寡頭支配的統治と、とりわけ青年層の経済的機会の完全な欠落とに対して抗議しはじめた。言い換えれば、政治経済的モデルが機能しておらず、根本的に異なるものが必要であり、しかも宗派を超えて何か違うことを考えださなければならないと、宗派に関わりなく誰もが同意したのだ。対立しあってきたさまざまな宗派が初めて集まり、

◆**エルドアン**　レジェップ・タイイップ・エルドアン、一九五四年〜。トルコの政治家。イスラム的な伝統を重視する立場をとって、二〇〇三年からトルコ首相を務め、二〇一四年の初の直接選挙によって大統領に当選。二〇一七年には大統領に強権的権限を与える憲法改正に成功した。

◆**ブラック・ブロック**　街頭での抗議行動などにおける戦術の一つ。参加者は黒色の衣服などを着用して、個人の特定を困難にしたうえで示威活動を行なう。

◆**ウォール・ストリート占拠運動**　二〇一一年九月一七日、インターネット上での呼びかけを契機に、ニューヨーク市内で若者を中心に始まった運動。ニューヨーク証券取引所などのある「ウォール・ストリート」を占拠せよ」を合言葉に、財界利益を優先するアメリカ政府や金融業界を批判。「一％の金持ち、九九％の貧困層」などをスローガンに掲げた。運動は世界各地に広がったが、各国で占拠・デモ排除に警官隊が投入された。

相互対話に加わって、現行の政治経済的モデルに抗議し、ある種の代替案《オルタナティブ》の創出を要求した（だが、それが何なのかは正確には曖昧なままであった◆）。

このようなことを私が直接体験したのは、ボルソナロ当選後のブラジルであった。ボルソナロは新自由主義化に肩入れしながら、福音派キリスト教的な権威主義的極右政府を率いている。これに対抗する左派政党がブラジルにはいくつか存在する。最大勢力は労働者党で、かつては政権を掌握したこともある。しかし、いくつか小さく分裂した左派政党も何人かの政治的代表者を擁している。各政党には、国家助成を受けたシンクタンクが存在する。ブラジルの政党は、連邦議会議員を一人でも選出できれば、政策調査シンクタンクのための設置資金を一定額、獲得する。左派政党は六つもあり、かつては互いに良好なコミュニケーションがとれていなかった。実際、これらの政党は激しく対立することがしばしばであった。ところが二〇一九年春にブラジルを訪れてみると、この六党がすべて集まり、一週間にわたる政治状況の検討会議を開催したのである。その週末には、各党の政治指導者が一堂に会した合同市民集会が開催され、全員が共に演説し、壇上で互いに抱きあった。そして突如、一体的な左派政党の展望が垣間見えたのである。これが結成されれば、以前には見られなかったようなかたちで全員が連帯しあうかもしれない。チリでもまた同じような集会に参加した。さまざまな左翼諸党派が実際に集まり、新憲法制定の展望について共同討議を開始した。

したがって世界中の政治状況が右傾化していることが、左派の側に、より協調的な精神を呼び起こしているのであろう。今回は何かが違っているのかもしれない。ひょっとすると、近年の大衆行動は制度化され組織化され、持続的な力になりうるかもしれない。大衆行動と組織には大きな違いがある。この三〇年間にわたって、われわれが目撃したのはほぼ一瞬にして大衆行動が出現するその驚異的な力である。この理由の一部は、言うまでもなくソーシャルメディアのおかげである。アメリカにおいてさえ、大規模な女性差別抗議デモ「ウィメンズ・マーチ◆」、移民の権利擁護のための抗議運動、「黒人の命を軽んじるな《ブラック・ライヴズ・マター》」運動◆、そして「私も《ミー・トゥー》」運動◆などが見られた。これらの大衆行動は壮観であった。だが長期にわたって活動する組織は存在しないように思われる。今、目の当たりにしているのは、基本的経済モデルに誤りがあると感じているような、あらゆる人々が結集しはじめているという事態なのかもしれない。つまりこのモデルは根本的に改めなければならない。力強い経済成長をもたらすとか、上位一％所得層やら上位一〇％所得層に莫大な経済的利益をもたらすとかではなく、健康や福祉や良質な教育や適度な年金受給権その他を大衆に供するものとならなければならない。

資本の運動の中心的諸矛盾

これが何を意味するのかを私は考えようとしてきた。今日の資本の運動には、現実に対処されるべき中心的矛盾でも存在するのであろうか？　そして存在するのだとすれば、それはいったい何なのか？　明らかに深刻な問題の一つは社会的不平等の水準である。世界の国々のほぼすべてで、過去三〇年のあいだに社会的不平等の拡大が経験された。それは度を超したものになっていると、多くの人々が感じている。し

◆**曖昧なままであった**　その後、二〇二〇年八月にベイルート港爆発事故をきっかけにレバノンでは反政府デモが拡大し、当時の内閣が総辞職したが、宗派間での政治権力配分制もあるなか、二〇二二年初頭現在、政治的混乱が続いている。

◆**「ウィメンズ・マーチ」**　ドナルド・トランプの大統領就任翌日の二〇一七年一月二一日の抗議行動をきっかけに始まった、女性の権利要求運動。その日、女性蔑視発言を繰り返していたトランプ大統領に抗議して、アメリカ全土で少なくとも三〇〇万人以上がデモ行進に参加した。女性やＬＧＢＴＱの権利、環境、人種、労働者の権利などを求めている。

◆**黒人の命を軽んじるな（ブラック・ライヴズ・マター）運動**　二〇一二年、当時一七歳のアフリカ系アメリカ人トレイヴォン・マーティンが、自警団の白人男性に射殺された事件を発端に生まれた運動。現在では国際的な規模でアメリカ黒人コミュニティを組織する運動となり、二〇二〇年五月にはアフリカ系アメリカ人ジョージ・フロイドが警察によって殺害される事件が起こると、全米規模の抗議運動に発展した。

◆**私も（ミー・トゥー）運動**　セクシャルハラスメントや性的暴行の被害体験を告発する社会運動。

たがって何らかの運動が社会の不平等を大きく是正しようと挑まなければならないのであり、これによって、より良質な公共財と公共サービスとが大衆に提供されなければならないのである。これが第一の問題だ。

　第二の問題は気候変動問題であり、より一般的には環境劣化問題である。周知のことだが、気候変動は、ある種の集団的対策が必要な状況にまで至っている。この点は世界中の多くの人々にますます明らかになりつつある。アメリカ海洋大気庁の提示した過去八〇万年にわたる大気中の二酸化炭素濃度グラフ〔本書二一七頁参照〕は広範に流布されており、この政治的影響についても多大な議論が交わされてきた。社会的不平等と環境劣化という一見、対処しづらい深刻な問題が存在している。

　しかし資本が、その発展軌道において絶えず不合理で不公平になるばかりでなく、野蛮となり、そればかりか自滅さえしかねないと考える理由は他にも存在する。もしそうなら、別の経済秩序に資本を置き換えなければならないのは明らかだ。マルクス◆は、その当時イギリスで普及していた工場での労働条件（エンゲルス◆や工場監督官◆の報告書によって〔先駆的に〕明らかにされていたそれ）を非人間的でまったく受け入れられないと見なし、それに激怒した。これとまったく同じように、われわれもバングラデシュや中国の工場の現状を目の当たりにして、「こんなのは文明世界における生産組織のやり方ではない」と結論づけることもありうる。しかし別のやり方で生産を組織できる技術がすでにあるというのに、資本がこのやり方を続けているのはなぜなのか？

　そのうえ、今やさらなる要因も付け加わる。これはマルクスによっては取り組まれなかったが、現在では重要な論点となっている。資本は常に成長をめざす。しかも利潤追求に駆られることから資本は成長をめざさなければならない。健全な資本主義経済とは、プラスの利潤を誰もが手にする経済のことだ。結果として、一日の始まりにあった価値以上の価値が、一日の終わりには存在することになる。次いで、競争の「強制法則」という圧力のもとで、一日の終わりにある剰余価値は、さらに多くの価値を創出するために使われていく。資本主義的成長は複利的〔指数関数的〕成長である。今日、問題となっているのは複利的成長だ。世界経済の規模は約二五年ごとに倍増している。

マルクスの時代であれば、二五年で経済規模が倍増しても実際には問題にならなかった。しかし今はそうではない。一九九〇年恒常ドルで換算すると、一九五〇年に四兆ドル規模しかなかった経済は、二〇〇〇年時点では四〇兆ドル規模へと成長し、現在では八〇兆ドルになっている。これが続くと——これが続かねばならぬことを資本の運動法則は示唆するのだが——、われわれは二〇五〇年までに一六〇兆ドル、二〇七五年までに三二〇兆ドル、そして今世紀末には六四〇兆ドル規模の経済に直面せざるをえない。これが複利的成長だ。たとえ、それ自体、自明のこととして、無限成長という螺旋運動が達成不可能であるかのように見えるとしても、複利的成長はあらゆる制限と限界とに挑むのである。

マルクスはリチャード・プライス◆を引用したことがある。プライスは一七七二年にすでに複利◆に関する小論を執筆した人物だ。彼の計算によれば、イエス・キリスト生誕の日に一ペニー［一八世紀以来のイギリスの貨幣単位］を年五％複利で投資すると、一七七二年に至るまでに、この投資の価値にみあうには地球規模の球体で一五〇個もの金《きん》が必要になる。この一ペニーが単利◆で投資された場合には、一七七二年までにわずか七シリング

◆マルクス　カール・マルクス、一八一八〜八三年。ドイツ出身の思想家・革命家。社会運動・労働運動・政治運動に大きな影響を与え、その主著『資本論』は資本主義研究の古典とされる。

◆エンゲルス　フリードリヒ・エンゲルス、一八二〇〜九五年。ドイツの思想家・ジャーナリスト・実業家・革命家。『イギリスにおける労働者階級の状態』（一八四五年）などを著わし、マルクスと共に科学的社会主義を提唱した。

◆工場監督官　イギリスの一八三三年工場法で設置され、労働者保護のために工場の調査・摘発を担当した公的監督官。なお一九一一年に制定された日本の工場法は、現在の労働基準法の前身となった。

◆リチャード・プライス　イギリスのウェールズ出身の道徳哲学者・数学者、一七二三〜九一年。宗教的寛容やフランス革命への支持を表明するとともに、財政評論についても著わした。

◆複利　複利法でつく利子。複利法とは、利子計算の方式の一つで、元金によって生じた利子を次期の元金に組み入れる方式。元金だけでなく利子にも次期の利子がつくことになる。

◆単利　単利法でつく利子。単利法も利子計算の一つで、最初の元金だけに利子をつける方式のこと。

の価値にしかならず、小さな変化しか起こらない。マルクスは、複利の長期化は不可能であると強調した。だが抽象的な意味での資本の運動法則は、限界のない永続的な資本蓄積をともなっている。この複利的成長が、克服しがたい限界に達する可能性は、マルクスの執筆当時には目に見える問題ではなかった。とにもかくにも、これほど長く資本が存続しつづけるなどというのは想像しがたいと、マルクスは思っていたのかもしれない。

一九七〇年以降、貨幣供給と信用貨幣はグローバルな指数関数的増大を果たしたが、この事態が立証するのは、複利的な成長軌道がその根底にあるということであり、資本の支配下にあるグローバル市場での価値の生産、流通、消費および実現が重大な支障を引き起こしている、ということでもある。八〇兆ドルもの貨幣が現在、利用可能なのだが、現実には資本は高利益の投資機会を見つけづらくなっている（この貨幣の多くは投資ファンドから動かせなくなっている）。そして投資機会を見つけるには、資本は、できるだけ多くの労働者を、できるだけ激しく搾取しなければならない。こうして初めて、貨幣創造での交換価値の大規模創出が正しかったと実証される。貨幣資本が高利益を上げるように投資できるのは、いかなる分野で、どのような方法によるのかは、一つの死活問題だ。とくに無限に蓄積できる資本が一種類しかなく、それが貨幣資本なのだから、なおさらである。世界政府が介入するか、少なくとも世界中の多様な多国政府間での強力な協調関係がなければ、環境劣化と社会的不平等という二つの重要問題に莫大な投資資金がふりむけられる可能性はゼロに近い。

世界貨幣が金《きん》によって制約されていた時代には、貨幣は無限に蓄積できなかった。入手できる金の量には限りがあり、その多くはすでに地上に掘り出されていた。しかし金本位制が一九七一年に放棄されると、世界の貨幣供給は金という基盤から解放された。それ以来、このように貨幣供給は途方もなく増大する。それは世界の中央銀行の決定次第となる。この筆頭にアメリカ連邦準備制度理事会があるが、なぜならアメリカ・ドルが世界の準備通貨であり、国際取引の大半がドル建て契約で行なわれるからだ。経済的困難に陥ると、連邦準備制度理事会が、より多額の貨幣を印刷するだけで、流通貨幣量が複利的に増大する。

　しかしその一方で、この貨幣で何をして、どうやって利益になるように投資するのかが問題になる。われわれの経験によれば、この問題に対処するために世界経済でじつにさまざまな解決策が取られてきた。たとえばマルクスの言う実現問題がある。このすべての貨幣が再投資されて、より多くの利潤を生みだすような市場は、いったいどうすれば見つけだせるのか？　この利潤をもたらすのはどこか？　そして、こうなると社会問題や環境問題はどうなるのか？　支配的な政治経済的モデルの失敗は明らかであり、政治的抗議活動も急増している。だがその一方で、グローバル資本主義経済に対する既存の経済管理体制の内外で基本的諸問題にどう取り組むのか――この問題は現時点でほとんど考察されていない。グローバル経済に現われている巨大な不均衡は大規模な見直しを必要とする。しかし見方を変えれば、資本はあまりにも途方もなく大規模で莫大なものになっているがゆえに、資本は存続不可能になっている。現行の成長軌道をたどるかぎり、今の姿のままで資本は存続できない。一方では、資本がなければ、われわれは何もできないのだが、他方で資本は自滅に向かっている。これが核心的難問である。

社会主義的、反資本主義的プログラムの「きわどい道筋」

　資本主義体制には多くの矛盾があり、あるものは他のものよりも顕著だ。明らかな優先事項は、信じがたいほどの階級的、社会的不平等にあり、環境条件の崩壊にある。しかしその一方で「大きすぎて潰せないが、巨大すぎて存続できない」という矛盾が生じる。この基本的矛盾に挑まないかぎり、社会的不平等にも環境劣化問題にも対処できない。一方では、世界の人々の役に立っているものは守らなければならないし、あまりに大きくて物事の基盤となっているゆえに潰せないと思われるものは維持しなければならない。他方で、資本はあまりにも巨大なものとなっているために、資本の存続にあたっては地政学的紛争が必ず惹起され、世界中ですでに荒れ狂っている無数の小さな戦争や国内紛争が地球規模の大火へと変貌しかねないのだが、この事態には対決しなければならない。この維持と対決のはざまのきわどい道筋を、社会主義的、反資本主義的プログラムは切り抜けなければならない。

これが問題の核心だ。マルクスの時代に資本主義が突如、崩壊したとしても、世界の人々の大半は依然として自力で生活し再生産できたであろう。彼らは、自らの生活地域で無理なく自給自足でき、生活や再生産に必要なものを調達した。世界経済や世界市場での進行中の出来事とは無関係に、何かしらの朝食が食卓に並べられたのである。現時点では、世界の多数の地域がもはやこうではない。アメリカやヨーロッパの多くの国々、日本の人々の大半が、そして今では中国、インド、インドネシア、ラテンアメリカに住むますます多くの人々が、資本流通を介した食品配送に依存するようになっている。マルクスの時代であれば、資本流通の破壊〔途絶〕に影響されるのは世界人口の一〇%程度であった。ただし逆に残りの多くの人々は、飢餓、干ばつ、疫病その他の環境破壊にさらされた。一八四八年のヨーロッパ資本主義の危機は、その一部は凶作によって、もう一部は鉄道事業融資を中心とした投機の崩壊によってもたらされた。飢餓とは、自然の力によって引き起こされると言われるものだが、しかし一八四八年以降、世界市場で取引を行なう資本のおかげで、それは、ほぼありえないものとなった。飢餓が起こるとすれば、その根本原因は必ずや、社会的、政治的な資本主義的統治・分配機構の過失にあるであろう（飢餓の直接的なきっかけは別にして、である）。現在、世界人口の多くが資本流通に依存することによって、食料調達やその供給を確保したり、日常生活の維持に必要な燃料やエネルギーを入手したり、基本的な必要生産条件の調整のための精巧なコミュニケーション組織設備を維持したりしている。

現在の資本は、日常生活の再生産にあまりに深く関わっているがために潰せないのかもしれない。資本流通が大規模かつ長期にわたり続けられなくなると、この経済的帰結や社会的影響や社会的代償は破滅的なものになるであろうし、世界人口の大部分にとって致命的なものとなる可能性がある。たしかにアンデス高地の先住民や農民は見事に生き残るかもしれない。だが資本の流れが長期間停止した場合、おそらく世界人口の三分の二は数週間以内に飢餓の脅威にさらされ、燃料と光を奪われ、その一方で移動もできなくなり、自らの存在条件を効率よく再生産する能力もほぼすべて喪失するであろう。はなはだしい蓄積活動は厳格に規制されるとしても、資本流通に対する持続的、長期的な攻撃や資本流通の破壊は、いかなるものも認められない。資本主義は一夜にして破壊され、燃え尽きてしまい、その灰塵のうえに何か異なるものが即座にうちたてられると、昔の革命家であれば夢想したかもしれない。だが、このような革命的打倒が起こりうる時代が、かつてはあったと思われるにしても、今日にあっては、この種の夢想は不可能である。多くの人々が飢えることのないように、ある種の商品流通が、したがって貨幣資本の流通が、かなりの期間、続けられなければならない。現在、資本が大きすぎて潰せないのではないかと言われかねないのは、この意味においてなのだ。マルクスが述べたように、人間は自分で自分の歴史をつくりたがるかもしれないが、自分の選んだ事情のもとで歴史をつくることは決してできない◆。これらの諸事情によって規定される政治運動の目標は、既存の商品連鎖とその流れの多くを維持しながら社会化することにあり、またおそらくは徐々にこの多くを改善させながら人間的必要に適合させていくことにある。マルクスは、パリ・コミューン◆についての論評で次のように述べた。

自分自身の解放をなしとげ、それとともに、現在の社会がそれ自身の経済的作用因によって抗しがたくめざしている、あのより高度な形態をつくりだすためには、労働者階級は長期の闘争を経過し、環境と人間とをつくりかえる一連の歴史的過程を経過しなければならないのだが、このことを労働者階級自身が自覚している。◆彼らは実現すべき理想を何ももっていない。彼らのなすべきことは、崩壊しつつある古いブルジョア社会そのものにはらまれている新しい社会の諸要素を解き放つことである。◆

◆**人間は……できない**　カール・マルクス「ルイ・ボナパルトのブリュメール一八日」(原著一八五二年)、『マルクス＝エンゲルス全集』第八巻、大内兵衛・細川嘉六［監訳］、大月書店、一九六二年、一〇七頁。

◆**パリ・コミューン**　普仏戦争で、プロシア（現ドイツ）にフランスが敗北した直後、一八七一年三月一八日から五月二八日までフランスのパリに成立した、労働者階級中心の革命的自治政府。プロシア軍に包囲され、フランス支配階級の率いるヴェルサイユ政府軍によって暴力的に鎮圧された。

既存の社会に潜むものを明らかにし、社会主義的代替案《オルタナティブ》への平和的移行を見つけだすことが課題なのだ。革命とは長期の過程であって、一つの出来事ではないのである。

[参考文献]

・David Harvey, *A Brief History of Neoliberalism* (Oxford: Oxford University Press, 2005), Chapter 1［デヴィッド・ハーヴェイ『新自由主義』（渡辺治［監訳］、作品社、二〇〇七年）、第一章「自由とはこういうこと……」］。

・David Harvey, *Rebel Cities: From the Right to the City to the Urban Revolution* (London: Verso, 2012), Chapter 5［デヴィッド・ハーヴェイ『反乱する都市』（森田成也ほか［訳］、作品社、二〇一三年）、第五章「反資本主義闘争のために都市を取り返す」］。

・Karl Marx, "Address of the General Council of the International Working Men's Association on the Civil War in France, 1871," in: Karl Marx and V. I. Lenin, *Civil War in France: The Paris Commune* (New York: International Publishers, 1988 [1871]), 36-85［カール・マルクス「フランスにおける内乱」（『マルクス＝エンゲルス全集』第一七巻、大内兵衛・細川嘉六［監訳］、大月書店、一九六六年、二九三〜三四四頁／『マルクス・コレクションⅥ　フランスの内乱・ゴータ綱領批判・時局論（上）』、辰巳伸知ほか［訳］、筑摩書房、二〇〇五年、一〜六六頁）］。

◆ブルジョア　近代資本主義社会で資本家階級に属する人。また生産手段を有する人。階級全体をさして「ブルジョアジー」とも表記される。

◆自分自身の解放……解き放つことである　カール・マルクス「フランスにおける内乱」（原著一八七一年）、『マルクス＝エンゲルス全集』第一七巻、大内兵衛・細川嘉六［監訳］、大月書店、一九六六年、三二〇頁。

第Ⅰ部
新自由主義の歴史的展開とそのシステムの矛盾

［第1章］

新自由主義の歴史

・二〇〇七〜〇八年の金融システムの崩壊は、何が原因であったのか？
・マーガレット・サッチャーは「ほかに選択肢《オルタナティブ》はない」と述べたが、この発言は何を意味していたのか？
・新自由主義は、二〇〇七〜〇八年に終わったのであろうか？

一九七〇年代以降のアメリカの新自由主義化

二〇〇五年に『新自由主義』という本を私は著わした。拙著の宣伝は好きではない。むしろ重要なのは、この本の出版以降、何が起きたかを振り返ることだ。一九七〇年代に政治的および経済的権力が動員されたが、その目的は、法人資本家階級内部に蓄積活動を、したがって富と権力を最大限確保することにあった。これが『新自由主義』の主要テーマである。

一九七〇年代、法人資本家階級は脅威を感じていた。というのも反企業的立法が次々と実現されたからである。環境保護規制、消費者保護、そして労働安全衛生といったものが、この種の争点であった。のちに最高裁判所判事となったルイス・パウエル◆が送った有名な覚書がある。その主旨は「行き過ぎた事態」についてであった。

反資本主義的な発言《レトリック》が、あまりにも度を越しています。われわれは反撃しなければなりません。そのための動員をかけなければなりません。

するとビジネス・ラウンドテーブル◆、アメリカ商工会議所、あるいは当時運用または新設されえた一群の右翼系シンクタンクなど、あらゆる団体が提携し、反資本主義的な発言潮流を反転させようとした。実際、反資本主義的発言は、きわめて強力なものになりかけていた。

この反転がどのように生じたかが『新自由主義』の主要テーマであった。私見では、新自由主義とは一貫して、一つの階級プロジェクトと定義される。少数のエリート階級に、より多くの富と権力とを蓄積させる一つのプロジェクトなのだ。この状況にわれわれは何年も前から置かれている。実際、きわめて少人数からなる一階級の手へと向かう富と権力の蓄積過程は、かつてないほどに進行している。

私は、しばしば次のような質問を受ける。

新自由主義は二〇〇七〜〇八年〔の金融危機〕でもって終わったのでしょうか？　あれこそ新自由主義の危機ではないですか？　もしそうなら、われわれは今どういう状況にあるのでしょう？

◆**ルイス・パウエル**　アメリカの弁護士・法律専門家、一九〇七〜九八年。アメリカの連邦最高裁判所判事を務めた（一九七二〜八七年）。表現・言論の自由を自然人と同様に企業にも認めることで、企業の政治献金を合憲としたベロッティ事件の最高裁判決を主導した。

◆**ビジネス・ラウンドテーブル**　アメリカ最大規模の経済団体の一つ。一九七二年に結成された。同国主要企業の最高経営責任者らが集い、公共政策について提言を行なっている。

なるほど、これは政治的に真面目に検討すべき問題の一つだ。しかし、この検討のためにはプロジェクトとしての新自由主義がどのように機能したかを、われわれは多少理解しなければならない。たとえば私の認識では、新自由主義は、資本家階級という少数のエリートと大企業によるプロジェクトではあるが、その一方で、堅固な大衆的支持基盤をも必要とした。一九七〇年代以降、アメリカでは共和党を乗っ取る試みが行なわれた。この少人数エリートのプロジェクトのために大衆的基盤の獲得が試みられた。この大衆的基盤は主に宗教右派からなっており、一九七〇年代以降、彼らはますます政治化した。

理論的正当化も考えだされようとした。たとえば一九七〇年代に団結した資本家たちが詳細に検討したものとも思えないが、彼らの手元にあるとわかったのが、マネタリズム◆とか、サプライサイド経済学◆とか呼称される経済学説であった。この学説には格好良く、次のように記されている。

さて、われわれはダイナミックに変わらなければなりません。経済への国家介入をやめさせなければなりません。もっと自由な市場をつくりださなければなりません。とくに労働組合の力は削がなければなりません。

したがってサプライサイド経済学は、うってつけの経済理論として登場し、新自由主義的プロジェクトの土台になったのである。

結論的に、供給《サプライ》条件の管理によって経済は運営されるべきだと言われるのだが、この運営上、最も重要なのは、言うまでもなく労働力の供給条件であった。一九七〇年代の労働運動は強すぎた。労働者には強力な労働組合があり、ヨーロッパ諸国にもイギリスにも労働者政党や社会民主主義政党があり、アメリカの民主党でさえ大手労働組合には頭が上がらなかった。新自由主義の初期段階は、労働組合の力や「大手労働組合」の抑制をめざした。あらゆる手段によって政治状況を再構成することで、労働運動の弱体化が図られた。

この目的のために、企業エリートが政治権力を獲得するある種の手練手管が必要とされた。それは選挙にお金《かね》をかけることであった。一九七〇年代には選挙につぎこむお金が多額すぎるとの議論が数多く交わされた――「これは正当化されるべき事態なのか?」と。この頃、アメリカ最高裁判所の判決がいくつか下された。簡単に言えば、選挙のお金は必要だが控えめであるべき、という状況が変わり、あらゆる選挙が全面的貨幣化へと開放されていったのである。結局、お金を出すことは言論の自由のあり方の一つだとして、最高裁判所によって判断され擁護された。したがって政治に対するお金の自由な流入は何人によってもさまたげられてはならない。こうして大企業と資産家は政治活動を支配できた。

彼らはまたメディアをも支配しなければならなかった。そこでメディア支配を効率的に果たすために、企業管理や所有権を合併・集中させはじめた。ある時期になると、彼らは大学も攻略しなければならなくなった。しかし一九七〇年代前半には、学生運動はあまりにも反企業的で反戦的であり、大学もあまりにリベラル寄りであったため、その実現は不可能であった。マンハッタン研究所、全米経済研究所、オーリン財団、ヘリテージ財団など、さまざまなシンクタンクによって大学を包囲することが試みられた。これらの団体は大資本からの資金支援を一様に受けた。こうしたシンクタンクによって絶え間なく垂れ流された出版物やら議論やらは、労働運動に反対し、親企業的な姿勢を示し、市場の自由を擁護し、はるかに熾烈な競争に市場をさらすべきだと訴えた。こうした状況が一九七〇年代以降に広まっていき、かなりの成功をおさめたプロジェクトとなったのである。

◆マネタリズム　マクロ経済の変動において、貨幣供給量《マネーサプライ》、およびその供給を行なう中央銀行の役割など、経済の貨幣的《マネタリー》な側面を重視する経済学の一派のこと。主唱者に、ノーベル経済学賞受賞者のミルトン・フリードマンなどがいる。

◆サプライサイド経済学　マクロ経済学研究の一派。生産性の停滞、資本不足、過少貯蓄といった供給面（サプライサイド）の分析に主眼を置き、供給力強化によって経済成長の達成を主張した。

一九九〇年代アメリカ民主党政権下での新自由主義の昂進

一九九〇年代に至る頃には、労働運動はほぼ無力化された。企業に対する規制機関もほとんど解体された。ビル・クリントン◆政権下の民主党は新自由主義政治の代行機関となった。クリントンが政権獲得した際の公約は、医療制度の進歩的改革であり、人々の生活条件の改善であった。しかし彼が最終的にアメリカにもたらしたのは北米自由貿易協定（ＮＡＦＴＡ）◆であり、これは労働者を攻撃する協定であった。協定署名の際、その場には大手労働組合の代表者はいなかった。民主党は、大手労働組合というその伝統的支持基盤から遠ざかり、その新たな権力基盤として世界市民的《コスモポリタン》な都市部の専門職エリート層を涵養しはじめた。

クリントンは北米自由貿易協定をもたらし、周知の福祉制度改革◆を行なった。彼がもたらしたのは、多くの黒人青年層を犯罪者あつかいする収監措置であった。また彼はさまざまな金融規制を撤廃した。その一環にあったグラス＝スティーガル法◆という、一九三〇年代に施行された重要な法律も廃止した。クリントンこそ、新自由主義的プロジェクトの主要工作員であった。大西洋の反対側では、トニー・ブレア◆が同じような新自由主義的役割を果たした。ブレアの言葉によれば、われわれは財界《ビジネス》と敵対するのではなく、協調しなければならなかった。

一九九〇年代までは新自由主義的プロジェクトはかなり順調に機能した。社会的不平等に関する資料に目を向ければ、経済協力開発機構（ＯＥＣＤ）の主要加盟国のほぼすべて――イギリス、アメリカ、多くのヨーロッパ諸国――で社会的不平等が大幅に拡大していることがわかる。社会的不平等の増大は、トマ・ピケティ◆の著書『21世紀の資本』◆に記されている。ちなみにこの本は、実際には「資本」については何も語っていないのだが、一九七〇年代以降、資本主義のもとで社会的不平等がますます大きくなってきたことについては論じられている。

これは大成功をおさめた政治的プロジェクトと言われるかもしれない。労働運動はその力を奪われた。環境保護規制は実施されなかった。金融規制は緩和された。だからこそチリにおける社会主義者アジェンデの大統領選出と一九七三年のピノチェトによる新自由主義的反革命が思いだされる。われわれの生きてきた時代全体は、マーガレット・サッチャー◆とロナルド・レーガン◆によってイギリスとアメリカでまずは導かれ、その後、別の人物たちによって世界各地で引き継がれたのである。

◆ビル・クリントン　アメリカの政治家、一九四六年〜。民主党から大統領選挙に立候補し、レーガン政権の後継であったジョージ・H・W・ブッシュ大統領（共和党）の再選を阻み当選。第四二代アメリカ大統領（一九九三〜二〇〇一年）を務めた。しかしその政策は、レーガン政権の新自由主義路線の継承であったと言われる。

◆北米自由貿易協定（NAFTA）　アメリカ・カナダ・メキシコ三ヵ国による自由貿易圏を生みだした国際協定。一九九四年に発効。これによって競争にさらされた一部アメリカ製造業では雇用が喪失し、また加盟国での環境規制の緩和が促された。二〇二〇年、アメリカ・メキシコ・カナダ協定発効にともない失効した。

◆福祉制度改革　一九九六年、クリントン政権のもとで制定された福祉改革法によって、一九三五年以来の要扶養児童家庭扶助（AFDC）制度は、貧困家庭一時扶助（TANF）制度へと再編された。すでに一九七〇年代、AFDCに就労義務が導入されたが、TANF再編によって、受給者に対する生涯受給期限が設定され、就労義務や婚姻外妊娠制限などに応じない場合、給付停止などの制裁措置がとられた。その内実は、社会保障給付のかわりに受給者に就労を義務づける「ワークフェア」型制度であり、福祉受給者や貧困者に「自己責任」を強いるものであった。

◆グラス＝スティーガル法　銀行業務と証券業務の分離を命じた一九三三年銀行法。

◆トニー・ブレア　イギリスの政治家、一九五三年〜。労働党に所属し、サッチャーの所属した保守党を総選挙で破って、イギリス首相（一九九七〜二〇〇七年）を務める。「第三の道」路線を掲げたが、その姿勢は事実上、新自由主義政策の継続であり、さらにはアメリカに追随して二〇〇三年からのイラク戦争に参戦した。

◆トマ・ピケティ　フランスの経済学者、一九七一年〜。経済的不平等の専門家であり、統計にもとづくその歴史比較研究で広く知られる。

◆『21世紀の資本』　トマ・ピケティ『21世紀の資本』（原著二〇一三年）、山形浩生・守岡桜・森本正史［訳］、みすず書房、二〇一四年。

自己責任論の内面化

拙著『新自由主義』で私はこのすべてを調べ上げて、二〇〇〇年直後の自分たちの状況について語ろうとした。成功した新自由主義的プロジェクトはそれ自体順調であった。実行可能な対案はほぼないように思われた。「ほかに選択肢《オルタナティブ》はない」(There is no alternative)――マーガレット・サッチャーには、この〔一文の各単語の頭文字をとって〕「TINA」と略される有名な一言があった。サッチャーの見方によれば、彼女自身は経済変革にたずさわっていただけではなかった。彼女は、人々の考え方や経済文化全体を変革しようとした。そこで宣伝されたのが、個人主義、自己責任、自己改善といった考え方であった。われわれは、まさに自らの企業家となり、自分自身に投資すべきものなのである。

それゆえ、もし貧困に陥ったとしたら、その理由は自分自身に適切な投資をしなかったからだ。もし貧困に陥ったなら、それは自分の責任だ。体制《システム》のせいではなく、自分のせいなのだ。〔借金の担保に〕自宅を差し押さえられて失ったとしても、それは体制の過失ではなく、自分自身の過失なのだ。そこにあるのは、この「自立」という発想であった。一九九〇年代に近づくと、この考え方は支配的になっていった。しかしながら、そこには非常に根深いものがある。これは『新自由主義』でかなり強調した点の一つだ。かつて一九六〇年代に見られたのは、きわめて強力な大衆運動が個人の解放と自由、さらには社会正義を求める姿であった。一九六八年世代◆の運動――この時期の運動をそう呼びたければだが――は資本そのものに敵対した。これに対する資本の応答は次のような言葉であった。

> われわれは皆さんの個人の解放を認めます。それを大切にしています。ですから、われわれは何事をなすにも個人の自由を中心に置くでしょう。とくに市場での自由です。結果として、皆さんは市場における選択という大きな自由を手にすることになります。ただしその取引の見返りとして、社会正

義はお忘れいただくことになります。

これは悪魔の取引であった。一九六八年世代はこの取引を、一九七〇～八〇年代にレーガンやサッチャーと交わし、一九九〇年代のクリントン政権期まで続けたのである。一九九〇年代になる頃には、多くの人々は、何か問題にぶつかると、それは自分のせいだと考えはじめていた。だから実際、この体制はしごく順調であった。成功した企業家や超富裕層にとってはしごく順調であったのである。超富裕層は豊かになるばかりであった。企業の最高経営責任者（CEO）の稼ぎと従業員の個人的稼ぎとの格差も広がるばかりであった。

二〇〇七～〇八年の金融危機と新自由主義

その後、ご存知のように訪れたのが、二〇〇七～〇八年のあの巨大な〔金融〕危機であった。あたかも

◆**マーガレット・サッチャー**　イギリスの政治家、一九二五～二〇一三年。保守党を率いて、イギリス首相（一九七九～九〇年）を務めた。イギリスを福祉国家から転換させる新自由主義化を推進し、その強硬姿勢から「鉄の女」と呼ばれた。

◆**ロナルド・レーガン**　アメリカの俳優・政治家、一九一一～二〇〇四年。共和党から立候補して、第四〇代アメリカ大統領（一九八一～八九年）を務めた。サプライサイド経済学にもとづく経済政策「レーガノミクス」を掲げる一方、反労働者的政治姿勢をとった。

◆**一九六八年世代**　一九六八年、アメリカはベトナム戦争の泥沼に陥り、社会主義国チェコスロヴァキアの自由化政策（「プラハの春」）は同盟国ソヴィエト連邦主導の軍事侵攻によって挫折した。そのさなか、フランスでは労働者のストライキとともに学生の街頭占拠が一ヵ月にわたって続発し、時のド・ゴール政権を批判する「五月革命」が起きた。これに象徴される当時の政治運動に関わった若者世代を「一九六八年世代」と呼ぶ。資本主義国・社会主義国双方の既存秩序を批判し、自由・平等・参加、開かれた多様な社会の実現などを求め、大学の民主化、ベトナム反戦、性の解放などを主張した。

システム障害が発生したかのようであった。私見では、この重大時期に至って、自分たちの周囲で今まさに起こりつつある事態が理解されたのである。一九九〇年代から二〇〇〇年代中頃にかけてまでは、この体制が少なくとも機能しうるものだと人々は思い込んでいた。ところが二〇〇七～〇八年になると、この体制は機能不全だと認識された。これに加えて、恩恵を受けつづけてきたのが超富裕層であったのだと、あらゆる人々が気づきはじめた。二〇〇七～〇八年にアメリカ政府は銀行業界を救済し、ウォール・ストリート◆を救済し、彼らにすべてを与えた。ウォール・ストリートの銀行業者は、世界の金融システムを破壊したにもかかわらず、二〇〇八年には全体として三〇〇億ドル以上の賞与を手にしていた。ここに至って、超富裕層がこの体制を操作していると、あらゆる人々が口にしたのである。そこで、当初からあった新自由主義体制それ自体に対する攻撃が目撃されはじめる。

だが、その次が大問題だ。つまり資本の権力は本当に攻撃の標的になったのか？　あるいは、この攻撃はどうにかして巧みに回避されて、新自由主義は継続したのか？　いずれであろうか？　私の主張は、二〇〇七～〇八年に新自由主義は終焉しなかった、というものである。失われたのは、その正当性であり、とりわけその政治的正当性であった。新自由主義体制に対する不満は存在した。そしてこの不満は深まったし、深まりつづけている。言い換えれば人々は、自分たちの身が置かれている経済体制全体から疎外されはじめた。だが同時に、この体制自体は変わらなかった。

じつのところ、二〇〇七～〇八年以降、誰よりも多くの利益を得たのは富裕層であった。彼らは「良い危機は無駄にしてはいけない◆」という原則を生かしたのであり、しかも実際、自分たちの利益のために生かしたのである。イギリスとアメリカの統計資料を検証すれば気づくことだが、二〇〇八年以来、上位一％所得層は自らの富と権力を一四％ないし一五％増大させたのであり、もしかするとこの増大率は二〇％になるかもしれない。その一方で、これ以外の人々は変わらないか、むしろ損失を被っている。新自由主義的プロジェクトはまだ終わってはいない。実際には、これは続けられている。ただし、かつてのように新自由主義が正当なものだとは、もはや見なされなくなっている状況下で続けられている。新自由主義的プロジェクトのためには、その正当性の新たなあり方が見いだされなければならなかった。私見では、この点にこそ注意しなければならない。

二〇〇七〜〇八年に起きたのは、この〔正当性の〕崩壊であった。〔実際にはまず〕住宅市場が崩壊した。アメリカでは約七〇〇万世帯が自宅を失った。こうしたことが起これば、自宅を奪われた人々の側に大衆運動が起こると予想されるかもしれない。彼らが街頭に出て抗議するものと期待されるかもしれない。こういったことは多少は起こった。だが全般的に見れば、二〇〇七〜〇八年に自宅を失った人々は自分たち自身を責めたのである。一九八〇年代以降に構築された新自由主義的文化は、自己資本投資や自己改善などを目標としたが、この文化によって人々は自責の念に駆られ、問題を内面化させた。メディアその他の場所にいる大勢の人々が犠牲者を、やたらと重ねて責めたてたのは言うまでもない。

さて犠牲者が責めたてられる場合、「自分は本当に責められるべき存在なのか」と問う声が密かに残るのが常である。そして彼らは不快感や劣等感を覚える。このため、二〇〇七〜〇八年の影響を受けた人々は一人残らず不安定な状態に陥った。彼らが目にしたのは、銀行家には応対し、銀行業界の傷の手当てをする政府であった。しかし自分たちを救いだしてくれる人に巡り会うことはなかった。それどころか彼らは、公的支給に対する緊縮政策の激化にさらされ、不健全な落伍者だという敵意に直面した。それでは何のための緊縮政策なのか？　銀行家の負債清算のためか？　それとも超富裕層にお金をつかませるためか？　こうして犠牲者には何かがおかしいという疑念が残されたのである。

この疑念から人々は次のように問うた。

◆**ウォール・ストリート**　アメリカ財界・金融業界をさす比喩。ニューヨーク市マンハッタンの南端部、ニューヨーク証券取引所のあるウォール・ストリート近辺に金融関連企業本社が軒を連ねたことに由来する。

◆**「良い危機は無駄にしてはいけない」**　第二次世界大戦時のイギリス首相ウィンストン・チャーチル（一八七四〜一九六五年）の言葉。

このような大規模崩壊を引き起こした金融システムのどこがおかしかったのか？　そして、この崩壊が世界規模に広がった理由とは何か？

これに対する、よくある答えはこうだ。

金融システムはとても複雑なものです。これらの金融手段、たとえばクレジット・デフォルト・スワップや債務担保証券などを全部理解することなどできません。

あまりに複雑すぎて、君のような一介の人間には理解できないのだ。

金融システムは非常に複雑です。専門家以外は誰にも理解できません。

そうすると人々は口にする。

では、それを理解することができるのが専門家だけなら、どうして専門家はひどい間違いを犯したのか？　何が起こるのかを専門家が理解できず、結局、誤ってしまったのは、なぜなのか？

バッキンガム宮殿ではすばらしいお茶会がよく開かれる。この会の一つで、他ならぬイギリス女王（エリザベス二世）が一群の経済学者たちと一緒に座り、明らかに経済学者の方を向いて次のように語られたのは、まことにすばらしい瞬間であった。

どうして恐慌の到来をお気づきにならなかったのですか？

経済学者たちは何と返せばよいのか、わからなかった。彼らは経済学会の会合を招集し、いくつかの答えを考えだそうとした。結果として、次のお茶会に経済学者たちは赴くことができた。女王陛下とお茶を飲みながら、彼らは「間違いは理解しておりました」と述べた。彼らが考えだした唯一の答えは、次の一言であった。

ただし体制的《システミック》・危険性《リスク》を理解しておりませんでした。

さて、これは驚くべき告白である。一つの体制《システム》があり、その体制に危険性《リスク》があり、さらに偶発的な危険性ではなく、体制的《システミック》・危険性《リスク》があるというのだ。そうであれば、多くの人がそれに注意を払っていると考えられたであろう。ところが経済学者も理論家も専門家も誰一人、さまざまな危険性が体制内で増大していることに注意を払っていないことが判明した。この危険性がついに危機／恐慌を引き起こしてようやく、その存在に万人が驚いたというのである。ところで、これは知的能力の怠慢であり、想像力の怠慢であった。そして、この体制自体に真の問題があり、これを是正すべきであるということでもあった。私見では、われわれがようやく立ったこの次元こそが、二〇〇七～〇八年を経た帰結である。ここにおいて過去の誤りをどのように考えはじめればよいのかが問われるのだ。さらには、政府の政策によって超富裕層が優遇されつづけており、それに関連する出来事も実際に正当化されてきたが、こうしたことについてどのように考えるべきなのかも、問われることになる。それでは、これらの問いから、どのような答えが出てくる

◆クレジット・デフォルト・スワップ　貸付債権や公社債などの債務不履行時に損失を補償する一種の保険契約。デリバティブ取引の一種とされ、ＣＤＳと略称される。

◆債務担保証券　貸付債権や公社債などから構成される金銭債権を担保として発行される証券化商品。ＣＤＯとも略称される。

のであろうか？

［参考文献］

・David Harvey, *A Brief History of Neoliberalism* (Oxford: Oxford University Press, 2005)［デヴィッド・ハーヴェイ『新自由主義』（渡辺治［監訳］、作品社、二〇〇七年）］。

・Daniel Yergin and Joseph Stanislaw, *The Commanding Heights: The Battle for the World Economy* (New York: Simon & Schuster, 1998)［ダニエル・ヤーギン、ジョゼフ・スタニスロー『市場対国家――世界を作り変える歴史的攻防』（上・下巻、山岡洋一［訳］、日経ビジネス人文庫、日本経済新聞社、二〇〇一年）］。

・Lewis F. Powell Jr. to Eugene Sydnor, "Attack on American Free Enterprise System," August 23, 1971, Internet Archive, http://bit.ly/PowellMemo (accessed May 12, 2020).〔このウェブページでルイス・パウエルの一九七一年の覚書が閲覧できる。なお次のウェブサイトから覚書のコピーがダウンロード可能となっている。Washington & Lee University School of Law Scholarly Commons, https://scholarlycommons.law.wlu.edu/powellmemo/1, 二〇二二年四月八日、訳者閲覧。〕

［第2章］新自由主義の諸矛盾

・資本が賃金を常に削減せざるをえないとするなら、市場はどこから生まれるのか？
・二〇〇七～〇八年の金融危機について非難されたのは誰であったか？
・二〇〇七～〇八年の金融危機のあと、国家は人々ではなく、銀行を救済した。この危機のあと、政治的正当性はどのように修復されたのか？

需要の縮小と債務の増大

私は、マルクスの著作『資本論』というレンズを通じて、新自由主義的プロジェクトを分析した。見極めたかったのは、新自由主義的プロジェクトの中心的矛盾である。マルクスの研究のなかで指摘される諸矛盾にはさまざまな様相があるが、それを概観する簡単なやり方がある。『資本論』第一巻においてマルクスは、技術変化も頻繁で利潤追求も活発な一つの社会を想定し、そこで起こる出来事を分析する。彼が分析するのは、生産における労働力搾取にもとづく「剰余価値生産」である。したがって一九七〇年代にはじまった労働力の抑圧は、『資本論』第一巻でマルクスが展開した分析に合致している。

非常に大きな権力が資本家にあると仮定すれば、資本家は労働者の搾取を強化し、こうしてその利益率を最大化できる。これが、マルクスによって『資本論』第一巻の終わりで述べられている事態だ。利益率の最大化は賃金の削減にかかっている。拙著『新自由主義』ではいくつか重要な統計グラフを提示したが、その一つでは、国民所得に占める賃金の割合が一九七〇年代以降徐々に低下したことが示されている。生産性が向上しても、実質賃金は増大しない。『資本論』第一巻の予測によれば、人口の大部分は絶えず貧困化し、失業者も増加し、使い捨て可能な人口〔相対的過剰人口〕が創出され、労働力人口内部での不安定雇用がますます大きくなる。これが『資本論』第一巻から得られる分析結果である。

しかし『資本論』第二巻を読むと、別の筋立てもあるということがわかる。その理由は、マルクスの考察課題が、資本の流通、これと関連する需要と供給、そして体制の自己再生産の際の均衡維持のあり方にあるからだ。均衡を保つためには、賃金率は安定させなければならない。ごく単純な言い方をすれば、労働力が絶えず削減され、賃金が下がりつづける場合、「市場はどこにあるのか、市場はどうなるのか」が大問題になる。したがってマルクスは、こう語りだす。『資本論』第一巻の筋立てに従うと、市場での困難に資本家はぶつかる。というのも資本家が労働者への支払いを渋れば渋るほど、市場は縮小するからである。これは新自由主義的局面や新自由主義時代の中心的矛盾の一つである。「市場はどこから来るのか」という矛盾だ。

これに対する解決策もいくつかある。その一つは地理的拡張を駆使するというものである。かつて中国、ロシア、東ヨーロッパの旧ソヴィエト圏諸国◆をグローバル資本主義体制に統合することで、新たな巨大市場と可能性が切り開かれた。この問題に対して解決策をこしらえるには他にも多くの方策がある。だが数あるなかでも最も重要な解決策は、人々にクレジットカードを所持させることであった。人々に借金をさせよう。負債超過状態に人々を駆りたてよう。高水準の債務を絶えずつくりだそう、というわけである。言葉を換えれば、家を買うお金《かね》が労働者にないのであれば、住宅購入資金を労働者に貸しつける。こうすると労働者にお金を貸しつけたがゆえに、住宅市場の相場が上昇する。一九九〇年代になると、収入源が次第に細っていく人々に対して、多額のお金がますます貸しつけられた。これが二〇〇七～〇八年の危機の根源の一つであった。ついには住宅ローンの返済能力や収入の有無とは無関係に、ほぼすべての人に信用供与が広げられた。住宅価格が上昇しているあいだは、これは問題にならなかった。〔お金を貸した側である〕抵当権者が〔その借り手の返済が滞り〕困難に陥ったとしても、抵当権者〔または彼らの銀行〕が〔住宅価格の上昇とともに値上がりした抵当権を〕売り払えば、常に利益を手にできたのである。

しかし主要な問題は、賃金が低下している状況で、いかに需要側《デマンドサイド》を操作できるかであった。すでに示したように、落差を埋める方法の一つは、信用制度の拡張だ。ここでの数値には実際かなり驚かされる。一九七〇年には資本主義社会――〔西側欧米諸国などの〕典型的な資本主義社会――の総債務残高は比較的控えめであった。そして債務の大部分も累積しなかった。ここで借りたら、そこで返すといった類いであった。したがって一九七〇年代には純債務残高はさほど急速には伸びなかった。

ところが一九七〇年代以降になると、純債務残高は国内総生産（GDP）に比して増大しはじめた。そして今や〔二〇一六年時点で〕世界の総債務残高は、世界の財・サービス総生産高の約二二五％に相当する状況に至っている。もちろん、これは単なる数値でしかない。それだけでは、この数値が置かれている文脈はわかりづらい。だが、ここにあるのはおそらく次のような事情だ。すなわち、一九八〇年を振り返るとメキシコは債務問題に巻き込まれたが、その債務残高はメキシコの国内総生産の約八〇％ないしは九〇％でしかなかった。したがって当時であれば、債務残高が八〇％または九〇％であれば、対処しなければならない危機的状況だと実際に見なされた。しかし今では、その当時の三倍から四倍の債務を世界は抱えているのに、誰も気にとめていないらしい。したがって、この期間に目にしたことの一つは債務の増

◆東ヨーロッパの旧ソヴィエト圏諸国　東ドイツ・ポーランド・ハンガリーなど、一九五五～九一年にかけて存在したソヴィエト連邦を中心とする軍事同盟「ワルシャワ条約機構」加盟諸国をさす。

大というわけなのである。

国家をめぐる現実とイデオロギー

一九八〇年代の出来事で理解するのが非常に重要だと思われるもう一つの点は、強力な国家《ステイト》を欠いては新自由主義的プロジェクトは存続できないということである。現在、これはイデオロギー的には、かなり複雑な事態をもたらしている。なぜなら新自由主義をめざす発言《レトリック》の多くは次のようなものだからだ。

国家を消し去れ。国家を追い払え。国家には問題があるのだから、国家介入は一掃しなければならない。

ロナルド・レーガンの有名な言葉だが、「政府は解決策ではない」、「政府が問題なのだ」。

だが国家は、消え失せはしなかった。国家の機能は、かつては医療、教育、広範な社会サービスなど、福祉制度を創設することであったが、それが資本の支援へと切り替わったのである。国家は資本を支援し、ときには資本を助成さえする積極的主体となった。一九八〇年代以降、われわれが目にするのは、資本の支援のために国家がじつにさまざまな駆け引きを行なっているその姿である。

最近の例で言えば、アマゾン〔国際電子商取引などを手がけるアメリカの情報関連技術多国籍企業〕が第二本社の設置を決定した際、各地の地方自治体や市当局に入札を募ったことがある。「見返りは何ですか」とアマゾンは尋ねたのだ。ここに世界で最も裕福な企業の一つがあるのだから、ようするに運営助成金が必要だと言うのである。ニュージャージー州その他が、あれやこれやと提供しようとした。企業が事業を行なうのに、公的財源から助成金が支払われることは今やありふれたことである。ニューヨーク市とニューヨーク州もあらゆる手立てで誘致しようとしたが、ここでは地元住民が反発し、アマゾンは撤退を余儀なくされた。だが、こうなる方が異常なのだ。

フォックスコン◆はというと、ウィスコンシン州での工場建設に同意したが、こちらは同州政府から四〇億ドル相当の報奨金を与えられた。州政府は四〇億ドルを、教育や医療や人々に必要なものに投じるかわりに、フォックスコンに提供したのである。そして州は「これで雇用が創出される」と主張したのだが、実際の雇用創出はそれほど多いわけでもない。しかも計算してみれば、おそらく一求人あたり約二〇万ドルが企業助成金として供与されているとわかる。州当局は人々を助けず、法人企業を助けるようになり、しかもそのための手段は選ばない。税制措置、直接助成、インフラ整備、活動制約となる規制の回避などである。

こうしたことを実現するには、強い州／国家《ステイト》が必要となる。弱い国家であってはならない。拙著『新自由主義』で述べたことの一つは、新自由主義と新保守主義の同盟関係の出現であった。一九九〇年代に「ネオコン」と呼ばれた人々〔アメリカ新保守主義者〕が政府内に一つの強力な派閥を形成した。ブッシュ・ジュニア◆政権においてネオコンは権力を握った。この政権の重点は、ドナルド・ラムズフェルド◆やディック・チェイニー◆に代表される新保守主義者の倫理観を、新自由主義者の経済原則と結びつけることにあった。そして、ネオコンたちは強力な国家を支持したが、それは軍事国家であった。そして、この国家が資本による新自由主義的プロジェクトをも支援するはずであった。

◆**フォックスコン**　台湾に本社を構える世界最大の電子機器受託生産企業グループ。

◆**ブッシュ・ジュニア**　ジョージ・ウォーカー・ブッシュ、一九四六年〜。共和党に所属し、テキサス州知事を経て、第四三代アメリカ大統領（二〇〇一〜〇九年）となった。父親のジョージ・H・W・ブッシュも大統領であったことから、区別のためブッシュ・ジュニアとも呼ばれる。

◆**ドナルド・ラムズフェルド**　アメリカの政治家、一九三二〜二〇二一年。ブッシュ・ジュニア政権の国防長官（二〇〇一〜〇六年）。二〇〇三年に起きたイラク戦争では強硬な攻撃論を主張した。

◆**ディック・チェイニー**　アメリカの政治家、一九四一年〜。共和党の下院議員、国防長官などを歴任し、ブッシュ・ジュニア政権で副大統領（二〇〇一〜〇九年）を務めた。

そこにたまたま起きたのが、この軍事国家の〔二〇〇三～一一年の〕イラク戦争への突入である。それは悲惨なものとなった。だがここでのポイントは、新自由主義的プロジェクトが強力な新保守主義国家と噛みあった、ということである。この同盟関係は、きわめて重要であり、新自由主義がその大衆的正当性を失うにつれて強化された。

大資本に対するこの国家支援は、二〇〇七～〇八年の際も消え去らなかった。ブッシュ政権時代には、さまざまな理由から新保守主義的プロジェクトの正当性は失われていったが、直接的な原因はイラク戦争であった。イラク戦争に巻き込んだのはネオコンであった。海外での〔軍事的〕冒険に人々を引きずり込んだのは彼らであった。ブッシュ政権の終わり頃になると、ネオコンと新自由主義の同盟関係は崩れてしまった。ネオコンは本当におしまいであった。コンドリーザ・ライスやラムズフェルドといった主要関係者は政治の舞台裏へと消えていった。こうしてブッシュ時代の新自由主義的政策にネオコン運動がもたらした正当性は消失した。そして二〇〇七～〇八年の危機が訪れたのである。国家は断固とした姿勢でもって大資本を救済しなければならなかった。これが二〇〇七～〇八年の大騒ぎであった。

◆

新保守主義的プロジェクトの灰燼のなかから強力な国家権力が動員されたが、これによってアメリカ国内は危機を脱した。この事態は、強力な国家介入に反対する新自由主義的主張とはイデオロギー的に矛盾したかもしれない。だが国家は資本のかわりに介入する以外に選択肢はなかったのである。ところが、これは国民を代表して介入するものではなかった。銀行と金融機関を支援するか、人々を支援するか――この選択肢を前にして、金融機関の支援が明確に選びとられた。これが新自由主義的な政治ゲームの決定的ルールの一つとして浮かび上がり、それが情け容赦なく、その後何年間も続けられたのである。

二〇〇七～〇八年の危機の解決手段には、差し押さえの脅威に瀕した住宅所有者に対して大規模な助成金を提供することもありえたかもしれない。これなら住宅差し押さえの大規模な動きもなかったであろう。これを実施しても金融システムは救われたであろう。金融システムを救済しつつ、人々に対してはその住宅の喪失を強いることもなかったのである。それでは、この明白な解決策が試みられなかったのはなぜなのか？

人々が自宅を失うようにしむけることは、資本の観点からすれば実際には莫大な儲《もう》けの種であった。というのも、差し押さえられた住宅が莫大な数にのぼれば、あらゆるヘッジファンド◆・グループや未公開株式投資運用《プライベート・エクイティ》企業◆グループがほとんど二束三文でこれらの住宅を買い占めることができ、のちのち住宅市場が復活すると大儲けできるかもしれないからだ。実際、現在アメリカで最大手の土地所有者の一つは未公開株式投資運用《プライベート・エクイティ》企業であるブラックストーンである。同社は、差し押さえ住宅をできるかぎり丸々買い占めて、投機事業に活用して、きわめて高い利益を上げた。住宅市場の破局から大儲けしたのである。ブラックストーンの代表スティーブン・シュワルツマン◆は、ほぼ一夜にして世界の大富豪に仲間入りした。

資本の免罪工作

このすべてが二〇〇七～〇八年にまったく明白となった。国家は人々の要求には応じなかった。国家は

◆コンドリーザ・ライス　アメリカの政治家・政治学者、一九五四年～。ブッシュ・ジュニア政権の国家安全保障問題担当大統領補佐官（二〇〇一～〇五年）、国務長官（二〇〇五～〇九年）を歴任した。

◆ヘッジファンド　富裕層や機関投資家から資金を集め、株式・債券・商品・金融派生商品などに分散投資して、高い運用利益を得ようとする投資運用機関のこと。

◆未公開株式投資運用（プライベート・エクイティ）企業　投資家から集めた資金を、主に未公開株式に投資し、企業価値を上昇させてから株式を売却して利益を得ようとする投資企業。プライベート・エクイティ・ファンドとも言う。

◆スティーブン・シュワルツマン　アメリカの実業家、一九四七年～。ブラックストーンの共同創業者・最高経営責任者。ドナルド・トランプの古くからの友人で、二〇一七年にはトランプ政権の大統領戦略政策フォーラムの議長も一時務めた。

大資本の要求に応じたのである。信頼できるネオコン運動ももはや存在しなかった。

それでは、政治的正当性はどこから来ることになっていたのか？　二〇〇七～〇八年の余波のなかで正当性はいかに構築されることになっていたのか？　この問いから、われわれは最近の出来事の手がかりの一つを手にすることになる。先に述べたように、二〇〇七～〇八年に人々はおいてきぼりにされた。自分たちは誰も助けてくれないし、自分たちの状況を誰も気にかけてもくれないと人々は感じていた。多くの地域社会《コミュニティ》を破壊し、多数の人々からまともな雇用機会を奪い去った、この三〇年にわたる産業の空洞化はその結末を迎えたのである。人々は疎外されたのであり、疎外された人々はしごく不安定になる傾向にある。彼らの一部は不機嫌がちとなり、別の一部は落ち込みがちとなる。この帰結の一端が薬物中毒症とアルコール依存症だ。オピオイド［鎮痛・陶酔作用のある合成麻酔薬］乱用の蔓延《パンデミック》も当たり前となり、自殺率も上昇した。アメリカの多くの地域で平均寿命も現実に下がっているのだから、人々の生活状況はかなり悪い。全体として人々は不当に扱われていると感じている。

ここに至って「この事態全体の責任は誰にあるのか」という疑問が問われはじめる。大資本家と彼らに従うマスコミ業界が最も避けたかったのは、資本主義と資本家を人々が非難しはじめることである。こうした事態は一九六八年、六九年に実際に起きた。人々は資本と企業を非難しはじめた。結果、資本に対する反対運動が生じたのである。

二〇一一年になると当然のように、ウォール・ストリート占拠運動が起こった。この運動は現われるや資本と企業とを名指しで非難した。人々は考えはじめた。

あれ？　何かおかしいよね。銀行家には特権でもあるのかな？　実際、多くの犯罪行為を彼らがしでかしたにもかかわらず、その誰一人として刑務所に送られていないのは、そのおかげなの？

下っ端の小悪党がわずかばかり投獄されたが、これとは対照的に大銀行家が刑務所送りとなった国は、世界でただ一ヵ国アイスランドだけだ。

占拠運動は上位一%所得層を名指しして問題があると声を上げたが、この際ウォール・ストリートは実際かなりの不安感を抱いていた。その頃まで資本に首尾よく支配されていた大機関が一斉に、占拠運動の主張に代わるさまざまな説明を即席でこしらえた。「問題は移民にある」とか、「怠惰な福祉受給者にある」（しばしば遠回しな人種差別的表現である）とか、「中国との不公正な貿易にある」とか、あるいは「問題は、自分自身に対して適切に配慮も投資もしてこなかった人々にある」とか、である。オピオイドの蔓延は、個人的意思の悲劇的な過失だと描かれた。

こうした噂や不満が、主流報道機関のなかから、そして極右やオルタナ右翼◆に支配された団体の多くから聞こえはじめた。この時点になると、そうした右派勢力は突如、ティーパーティー運動◆を通じて後押しされるようになる。そしてコーク兄弟◆や大資本のいくつかの派閥も右派勢力支援のために莫大な資金を流し込んで、選挙活動を買収したり、州政府および連邦政府を支配したりした。

これは一九七〇年代の傾向の継続なのであり、必然的に、資本主義的階級権力は一つの政治的プロジェクトを中心に強化された。しかし今回、非難されるべきは、あらゆる問題の原因としての移民であり、外国との競争であり、世界市場の状況であり、過度な抑圧的規制などである。何もかも非難せよ！　ただし資本だけは別だ！

◆オルタナ右翼　アメリカの主流保守主義への代替案《オルタナティブ》として出現した右翼思想。その支持者は、二〇一六年の大統領選挙でドナルド・トランプを支持し、白人至上主義・反フェミニズム・反多文化主義（移民排斥）を主張する傾向にある。

◆ティーパーティー運動　二〇〇九年からアメリカではじまった保守派の大衆運動。当時のバラク・オバマ民主党政権のもとでの自動車産業や金融機関の救済を批判しつつ、これと並行して医療保険制度改革などにも「大きな政府」路線だとして反対した。

◆コーク兄弟　未公開企業コーク・インダストリーズの所有者であるチャールズ・コーク（一九三五年〜）とデヴィッド・コーク（一九四〇〜二〇一九年）のこと。

最後に登場したのが、偏執的で不安定で反社会性パーソナリティを少々抱えたドナルド・トランプである。だが彼が実行したことに目を向けてみよう。トランプは最大限の規制緩和を実行した。彼はアメリカ環境保護庁を機能不全にした（これは一九七〇年代以来、大資本家たちが企ててきたことの一つである）。彼の行なった税制改革は、上位一％所得層やら大企業やら債券保有者やらにはほぼあらゆるものを与え、庶民にはほぼ一銭も与えなかった。鉱物資源開発の規制緩和、連邦政府所有地の開放、そしてその他の一切合切が確実になった。これは一連の純粋な新自由主義的政策である。新自由主義的戦略の例外は関税戦争だけであり、そしておそらく反移民政策もこれに当たるのかもしれない。経済の観点からすると、トランプは新自由主義の福音に基本的に従っている。

しかし、この経済政策はどのように納得させられるのか？　どのように正当化されるのか？　トランプは、反移民感情を煽るナショナリスト的発言《レトリック》によって、それを正当化しようとする。これは資本の進展を可能にする古典的手法だ。われわれが知っているように、コーク兄弟はその財力にものを言わせて選挙政治を支配し、ブライトバート◆やフォックス・ニュース◆その他すべてを通じてメディアも支配している。そして彼らは、この新自由主義的プロジェクト――ただし関税戦争と反移民政策を例外とするそれ――を臆することなく追求しつづけている。

しかしながら現時点の資本家階級は、一九七〇年代の昔ほどには強固でもないし統一されてもいない。資本家階級の一部は、新自由主義的経済モデルには何らかの明白な過誤があると見ている。そしてトランプの目標のいくつかの側面――たとえば関税政策、反自由貿易政策、反移民政策など――は必ずしもコーク兄弟のお望みのものではない。これは資本家階級全体の望みではない。現在、資本家階級自身が少々げんなりしている状況にあるわけだが、二〇〇七～〇八年の危機対応は、この「資本以外の誰かを非難する」運動の台頭に直接関連していたことが理解できるであろう。この運動は当時、資本家階級の側の必死の手立てであった。これまでのところ、それは成功している。しかし、それが脆く不安定であることもまた明らかである。そして不安定な人々、とりわけ疎外された人々は、いくつもの異なる政治的方向に進む可能性がある。

［参考文献］
・David Harvey, *A Companion to Marx's Capital, Volume 2* (London and New York: Verso, 2013)［デヴィッド・ハーヴェイ『〈資本論〉第2巻・第3巻入門』(森田成也・中村好孝［訳］、作品社、二〇一六年)］。
・James Mann, *Rise of the Vulcans: The History of Bush's War Cabinet* (New York: Viking, 2004)［ジェームズ・マン『ウルカヌスの群像――ブッシュ政権とイラク戦争』(渡辺昭夫［監訳］、共同通信社、二〇〇四年)］。
・Karl Marx, *Capital: A Critique of Political Economy, Volume I* (London: Penguin Classics, 1990 [1867]), Chapter 32［カール・マルクス「資本論　第一部」、第二四章第七節「資本主義的蓄積の歴史的傾向」(『マルクス＝エンゲルス全集』第二三巻、大内兵衛・細川嘉六［監訳］、大月書店、一九六五年、九九三～九九六頁／『新版　資本論』第一巻（第一～四分冊）、新日本出版社、二〇一九～二〇年、一三二八～三四頁)］。

◆**ブライトバート**　アメリカのブライトバート・ニュース・ネットワークのこと。トランプ政権の首席戦略官も務めたスティーブン・バノンらによって設立された、ラジオ放送局兼オンライン・ニュースサイト。オルタナ右翼の代表的メディアであり、デマや陰謀論、意図的に誤った行動に仕向ける情報を発信していると批判される。

◆**フォックス・ニュース**　アメリカ最大手のニュース専門放送局の一つ。一九九六年に、ルパート・マードックらによって設立された。その報道姿勢は、他の報道機関の「リベラル偏向」に対抗する「中立」報道だと自称するが、政治的には共和党寄りだと言われている。

[第3章]

権力の金融化

・ゴールドマン・サックスの最高経営責任者ロイド・ブランクファインが、ゴールドマン・サックスは「神の仕事をしている」と発言した際、その含意は何であったか？
・金融活動は価値生産的なのか？

金融活動の非生産性と貨幣の無限増大の可能性

ここまで述べてきた歴史全体にわたって重要だと思われ、それ自体が検討に値する一つの特徴がある。そこに立ち戻ることにしよう。つまり、あらゆるものの絶えざる金融化であり、金融権力の途方もない増大である。これにはいくつか興味深い点がある。歴史的には、金融はしばしば寄生的機能と見なされ、何か生産するものではないとされていたからだ。一九七〇年代まで国民経済計算に金融活動は算入されなかった。それは国内総生産（ＧＤＰ）推計の対象ではなかった。金融は生産的活動というよりも、交換取引としてしか見られなかったからである。しかし金融権力が膨張するに従ってわれわれが目にするのは、金融業者の側が、自分が生産的な存在であり、したがってその行ないを国民経済計算に算入すべきだと倦むことなく売り込もうとするその姿である。ご想像のとおり、ヨーロッパ連合からの離脱を控えたイギリスでは、これは重大問題になっている。というのもロンドンのシティ［イングランド銀行や証券取引所のある金融地区］はイギリス経済にとって生産的であるはずだからだ。シティの機能には誰もがこだわっている。一九七〇年に戻れば、シティの機能は生産的なものとは分類されなかったであろう。これは流通上の取引活動に分類され、それゆえ何かを直接生産するものとは見られなかったであろう。イギリスは自動車や物品を生産したのであって、金融関連業は重要ではなかった。しかしゴールドマン・サックス［アメリカ最大手の金融企業グループ］の元会長ロイド・ブランクファイン◆は、〔二〇〇九年の『サンデー・タイムズ』紙とのインタビューで〕ゴールドマンは「神の仕事」をしているばかりか、実際、アメリカ経済の最も生産的な部門の一つであると強く主張した。彼が言うには、ゴールドマン・サックスの従業員は世界で最も生産的な労働者の一員なのだ。

ここから提起される興味深い問題は、金融サービスの価値というものについてである。われわれは皆、金融サービスだけで生活できるのであろうか？　金融サービスは、食べることも、身に着けることも、そこに住むこともできない。したがって金融サービスがたいがい寄生的であるというのは、実際にはかなり説得力のある主張だ。金融サービスが寄生的で非生産的なものとして分類される（これがウォール・ストリート占拠運動の議論《レトリック》の共通テーマでもあった）のであれば、こうしたサービスは政治的にも経済的にも特権的地位を失うであろう。しかし今のところゴールドマン・サックスは、同社が非常に生産的であり、そのため同社抜きのニューヨークの存続の試みは経済的惨事を招くことになろうとさえ主張している。同社の活動に対する制限規制は、雇用と成長に否定的影響を与える。金融サービス業のさらなる規制緩和は、ニューヨークでは長年にわたる扇動活動の焦点である。二〇〇七～〇八年の恐慌の直前、当時のニュー

◆ロイド・ブランクファイン　アメリカの実業家、一九五四年～。弁護士から転職してゴールドマン・サックスに入社。二〇〇六年から一八年にかけて、同社の最高経営責任者を務めた。

ヨーク市長マイケル・ブルームバーグ◆は、ニューヨークの金融サービス規制をいっそう緩和して、ロンドンとの競争力を高めるべきだと強い圧力をかけていた。さらなる規制緩和によって、すでにあるはずの潜在的生産能力が発揮されるはずだ。生産能力は、この規制機構全体によって足を引っ張られて抑え込まれていると言われた。さて恐慌が起こると、ドッド・フランク金融改革法という規制がかけられた。そして、今や何が見られるのか？　ドッド・フランク法を骨抜きにし、金融サービス規制をいっそう緩和するという今般の明け透けなキャンペーンである。ゴールドマン・サックスの元役員を雇ってアメリカ財務省の運営を任せるという伝統を守ったトランプ政権は、このキャンペーンに嬉々として同調している。

金融業は価値生産的なのか？　もしそうなら、どうして価値生産的なのか？　私の考えでは、ここには非常に興味深い一つの機能が存在する。これを理解するには、マルクスにまで戻らなければならない。資本は、常に成長をめざすものであり、しかも常に複利的成長をめざす。三％の複利的成長が幸せの基準であるらしい。しかし複利的成長は指数関数的な成長曲線をつくりだし、これは急激なものとなる。チェスの発明家についての有名な物語がある。彼はその功で、王様から褒美を贈られることになった。チェスの発明家は次のように答えた。

　チェス盤の最初の一マスに一粒の米をお与えください。そのうえで一マスごとにその米粒を倍にしてお与えください。

王様は同意した。何も問題がないと考えたからだ。ところが三四番目のマス目にたどり着く頃には、世界には一粒の米も残っていなかった。これが複利的計算である。一から二、二から四、四から八、八から一六、一六から三二、三二から六四へと、どんどん続いていく。この軌跡をひたすらたどる。一七五〇年頃から資本は年率約三％の複利で成長してきた。歴史的に検証すると、平均的には三％をやや下回る。なぜなら一九三〇年代に起きたような不況期が成長の道筋を妨げたからだ。しかし、仮に三％の複利的成長率だとしよう。マルクスの執筆した時代には、あらゆるものを三％の複利で成長させたとしても、この成長は西ヨーロッパとイギリス、そしておそらくアメリカ東海岸でしか起こらなかった。これなら大したものではない。だが現在でも三％の複利的成長率が続いているとすれば、大問題である。現実問題として、この複利的成長率をどのように吸収するかが問われることになる。絶えず増えつづけていく貨幣の投資機会が見つからなければならないし、しかもこの機会も継続的に拡張しなければならない。

現在、世界の国内総生産は八〇兆ドル近くである。したがって次の二五年間に少なくとも年利三％であれば、さらに八〇兆ドルが生みだされるはずなのだが、この増えた分の新たな投資機会が今の時点で見つからなければならない。二〇〇〇年の時点に戻れば四〇兆ドルの吸収だけで済んだ。今から二〇年たったら約一六〇兆ドルについて語ることになるであろう。世界経済は、二〇年かそこらでその規模を倍増させなければならない。このような異常な拡大はどのような姿をとりうるのか？　物理的に経済は拡大できるのか？　過去四〇～五〇年にわたる経済拡大の物理的側面を見てみよう。旧ソヴィエト圏諸国がまるごと資本主義体制に組み込まれ、中国も資本主義体制に加わった。インドネシアやインドのように、かつてはかなり不活発で資本主義的開発もあまり進まなかった国々も、今ではその多くがグローバルな資本主義経済の拡大に完全に統合されている。複利での物理的成長は、環境その他の理由を考えれば、破滅的なものになる可能性がある。

これについて私がよく言及する話題は、中国のセメント消費量だ〔本書一二一頁参照〕。二〇一二年からの二年間で中国のセメント消費量は、過去一〇〇年間のアメリカの消費量の二倍であった。もし、これが複利的成長の物理的意味であるとすれば、これは未来の大惨事となろう。六〇年後、われわれはセメントで首を締めることになろう。だから、この体制の拡大の行方は、実際、本質的問題なのだ。この体制は商

◆**マイケル・ブルームバーグ**　アメリカの実業家・政治家、一九四二年～。大手情報サービス会社ブルームバーグの創業者で、ニューヨーク市長（二〇〇二～一三年）も務めた。二〇二〇年、アメリカ大統領選挙の民主党候補者指名選挙にも立候補したが撤退。

品の生産・消費の観点から拡大できるのか？　それは生産的活動と剰余価値生産の観点から拡大できるのか？　貨幣権力の観点から拡大できるのか？　これらのうち原理上、無制限な唯一の選択肢は貨幣だけである。貨幣であれば、世界の貨幣供給量の桁を変えるだけで済む。

量的緩和と格差の拡大

この事態を事実上、実現しているのが、世界各国の中央銀行による量的緩和である。一九七〇年代以降、世界の貨幣供給量は指数関数的に増大した。このような拡大は原理的には無限に続けることができる。しかし、手にする貨幣がますます世界で増えていくとなると、今度は次の問題が生じる。つまり、この貨幣は何に使われ、何を買えるのか？　この新規の貨幣がまるごと現実の投資活動に費やされるというのは困難である。二〇〇七〜〇八年のあと、何倍もの貨幣でもって銀行が救済されたが、その際、期待されたのは、この貨幣の多くが生産的活動の増大に向かうというものであった。だが生産的活動に向かったのは、そのわずか二割未満でしかなかった。残りは、株式の買い戻しや、株式市場での資産価値への投資活動、あるいは天然資源資産（たとえば土地不動産）の購入に使われたのである。したがって、生産的なものには向かわなかった。それは主に金融商品に向かい、土地不動産価値での投機活動に向かった。ここには興味深いものがある。二〇〇七〜〇八年の恐慌は不動産市場ではじまったのだが、この恐慌に対する対応策の一つは、主要不動産市場の投機活動を再生させ加速させたのである。中国では、不動産市場において常軌を逸した活動が数多く行なわれた。二〇〇八年の中国の輸出産業危機以降、中国の成長の約一五％は住宅建設関連なのである。サンフランシスコ連邦準備銀行の人間は、かつて次のように発言した。

アメリカには、家を建築して、それを物でいっぱいにすることで、危機から脱出するという長い歴史がある。

そこで世界各地の主要大都市圏すべての不動産市場を調べてみれば、不動産価値が途方もなく急騰しているとわかる。住民の大部分にとって、手頃な価格の生活の場がまったく残されていないほどだ。まさに今、年収五万ドルで生活をやりくりする人が、ニューヨーク市内で住居を見つけようとするとしよう。――考えるまでもない。住める場所などないのである。手頃な価格の住宅は、実際、供給危機に陥っており、しかもこれは広範囲に及んでいる。

これは異常事態だ。金融面では、二〇〇七～〇八年から事態は急回復しているが、物質面での「好転」はほとんど見られない。現在、世界の一部地域で好転が見られるが、全般的に見れば、最近の金融拡大の大部分は実際、不釣合なかたちで富裕層の手に渡っている。

このことはとくに量的緩和政策に当てはまる。つまり各国中央銀行（アメリカ連邦準備銀行、イングランド銀行、ヨーロッパ中央銀行、および日本銀行）が、市中銀行の保有する住宅ローンや社債といった債券を買い上げるのである。中央銀行は現金を支払う。これによって経済流動性（自由な貨幣）が増大する一方、住宅ローンや社債が〔中央銀行の側で〕実質的に保管される。さもなければ、これらの債券によって市中銀行の活動は圧迫されたであろう。これが量的緩和だ。この政策は二〇〇七～〇八年以降の主要対策の一つであった。世界の中央銀行が、グローバルな貨幣供給を増大させた。しかし、この追加貨幣は必ずしも生産的活動に流入しなかった。そうなるかわりに貨幣の大部分は資産価値の購入に流れたのである。

一般に受け入れられている大方の見方によれば、量的緩和は基本的に上層階級には利益をもたらしたが、下層階級を犠牲にした。〔だが〕イングランド銀行が行なった詳細な研究が示したのは、量的緩和はそれ相応に上層階級よりも下層階級に多くの恩恵をもたらした、ということであった。〔しかし〕この意味を初めて理解できるのは、この研究論文の最後の箇所においてである。五年平均で下位一〇％にあたる所得層は、〔一世帯あたり〕およそ三〇〇〇ポンド〔二〇二一年一月二〇日のレートで、約四二万五〇〇〇円〕を余分に受けとった。上位一〇％所得層は、およそ三二万五〇〇〇ポンド〔二〇二一年一月二〇日のレートで、約四六〇〇万円〕多く受けとった。ところが改善率は下層階級の方が上層階級よりも高かったというのである。これは実際には、下位一〇％所得層がじつはどれほど貧しいかについて解説している。一〇ドルの利益率が一〇％である場合と、一〇〇万ドルの利益率が五％である場合であれば、そのどちらを選ぶであろう？　これが起きたことの実態だ。上層階級は、自分たちの膨大な富と権力を大幅に増大させたが、その一方で下位一〇％所得層は、この量的緩和を通じてコーヒーを週に二〜三杯増やす余裕ができたというわけだ。しかし、報告書の表題は、「実際には貧困層は富裕層よりも相対的に多くの恩恵を得た」というものであった。この増加率と増加量との違いは非常に重要である。大企業の利益率は比較的低いかもしれない。だがエクソン〔アメリカの総合エネルギー企業〕であろうと何であろうと、こうした大企業と、マンハッタンの高騰する家賃と配達費の支払いに四苦八苦しているような家族向け飲食店とを比較してみればよい。比較すれば、大企業の絶対的利益が莫大な額であることがわかるであろう。

生産から乖離する投資運用

この莫大な利益の運用における相対的変化は、事態の金融的側面がますます重要になっていることを示している。ここで社会的不平等が増大する。事態の金融的側面は、企業の機能のあり方にさえ結びついている。たとえばゼネラルモーターズは自動車製造会社だと考えられている。しかし同社の最も成功した部門の一つはゼネラルモーターズ金融会社（ＧＭＡＣ）であった。この会社は実際には、自動車の購入資金の貸付を目的としている。それはあまりにも大規模なものとなり大成功をおさめたため、ついには一つの独立した金融企業になった。大手自動車会社の多くは、自動車製造よりも、金融業務から多額のお金《かね》を稼ぐ。最近、私は航空会社の関連資料を調べたのだが、そこでも次のことがわかる。航空会社は、燃料価格のヘッジ取引◆を行なったり、同様のことをいじくりまわしたりしており、航空会社がこの金融操作から稼ぐ額は、どこかに人々を現実に空輸して得る利益額を超えているのだ。多くの製造企業が金融操作に関わっている。これを行なうかどうかは良好な利益率の見通しがあるか否かである。だが、ということは、あちらこちらと資金を運用して、あちらとこちらのあいだで生じる利益率と収入を最大化するために、企業には事情通となって機敏に行動してもらわなければならないし、的確な情報を入手してもらわなければならない。多くの企業責任者が、技術畑の専門家ではなく、金融工学の専門家から登用されるようになっている。政府や地方自治体もよく金融取引を手助けする。一例を挙げれば銀行は、連邦準備制度から一・五％の金利で借り入れるや一転して、そのお金を三％の利率で公庫に貸しつけることもできる。こうすることで銀行はひたすら金を稼ぐ。しかし、これがごく一般的になったのは二〇〇七〜〇八年の後のことだ。連邦準備制度からの貨幣がまるごと金融システムに投入されたが、生産的活動にはほとんど使われなかった。この貨幣は大部分、金融システムにおける駆け引きに流入したのである。これには資産購入も含まれている。いわゆる「土地争奪」が世界中で起きている。私が読んだ報告には、ハーバード大学基金がラテンアメリカでの土地購入や借地契約に深く関わりつつあるというものがあった。他の大学基金には、地価が急騰中のアフリカに深く関与しているものもある。

　したがって、われわれが手がけつつあるこの投機的経済については、生産的活動としての正当化が困難だ。しかし今日、異様に複雑な金融システムを理解することもかなり困難だ。この背後で、ある独特な投資家階級（ヘッジファンドや未公開株式投資《プライベート・エクイティ》運用基金など）の台頭が見られるのであり、その階級の唯一の関心事は、いかなる政治的、社会的、経済的制約も受けることなく、あらゆる手段で高利益率を手にすることにある。

　これらの投資家のなかで主要なものが年金基金だ。年金基金はそこに座って「利益率は高い方がよい」と言うと、今度は外に出て、次のように自問する。

◆ヘッジ取引　買い方の値下がり損や、売り方の値上がり損を防ぐため、先物取引などで逆の空売り・空買いをする保険的操作。

利益率が高いのは、どの分野であろう？　アフリカでの土地争奪か？

報道によれば、私の加入している年金基金「教職員保険年金協会」（TIAA）は、ラテンアメリカの土地争奪に関与している。個人的には気に入らない事態であり、私は抗議した。ところが、これに対して経営陣は次のように言ってきた。

年金基金の受託者責任◆とは、できるかぎり最高の利益率を上げることです。そして、この最高の利益率がラテンアメリカの土地争奪によって実現するのであれば、われわれはそれをしなければなりません。

さらに彼らは続けた。

さもなければ、われわれは受託者責任を果たしていないと非難されかねません。

まさに今われわれは、常軌を逸した経済をこしらえている。この経済は、完全に金融化されているがために生産のことを忘却するほどであり、これと同時に、絶えず債務を負わせつづけることで未来を差し押さえるか、支払い不能状態に陥るかとなる。

信用制度の健全化か、投機的運用か

マルクスの見解によれば、金融部門のなかには必ず寄生的要素が存在するが、建設的要素もないわけではない。われわれが金融制度を必要とするのは、商品売買における多様な回転期間全体を円滑なものにするためである。多くの金融機能は、資本の流れを調整するのに、きわめて有効で便利なものである。たとえば少額の貯蓄・融資機関である互助会組織がかつては存在した。こうしたところに地域住民は、お金を預けて低利の利息を得ることができたのだが、このお金は、地域社会の誰かが住宅を購入するために貸しだされたのである。大半の人々は、これが信用制度の慈善的活用だと認めるであろう。信用制度のおかげで人々は、一定額の資金を集団的に工面して、必要な事業（病院建設など）を実施できた。信用制度には建設的な側面が存在する。だが、やがて信用制度の常軌を逸した投機的側面によって、たとえば投機目的でブラジルの土地が買収される。国家は投機的側面については介入し管理すべきであり、その一方で慈善的側面は促進すべきなのだ。しかし当然のことだが、資本家は投機的側面を好む。この側面が高利益率をもたらす場合には、とくにそうだ。資本家は、国家による規制管理や介入を廃止しようとする。現在、彼らは金融制度のさらなる規制緩和を実現しようと企てており、したがって私見では、金融サービス業での実情やその生産性といった問題をめぐって大きな闘いがまさに行なわれようとしている。アメリカの次の〔二〇二〇年の〕選挙が提起するのは、この問題になるであろうし、大金を稼ぐ人々の期待が何であるかは、もうすでにおわかりであろう。そしてトランプは、こうした人々にお望みのものを嬉々として提供している。

ゴールドマン・サックスの従業員は非生産的労働者である。このことは高らかに言明しておかなければならない。こうした従業員についてせいぜい言えるのは、彼らは非生産的ではあるが必要ではある、ということくらいである。不要なものと一緒に大事なものまで捨ててはならない。資本主義の枠組みのなかでは、的確に規制された健全な信用制度が求められる。信用制度は、十分かつ適切な社会的機能と社会的必要のための公益的信用供与事業として組織され、規制されなければならない。たとえば教育などの物的、社会的インフラといった未来の恩恵につながる長期的事業に投資するためには、この制度は必須である。

◆受託者責任　資産運用に関わる人（受託者）が、その任務遂行上、負うべき責任と義務。

言い換えれば、未来のあり方を支え、未来に資金を提供するには、適切な信用制度や信用機関が存在しなければならない。このことに間違いはない。ただしゴールドマン・サックスは不要だ。一九九〇年代以降、ゴールドマン・サックスは歴代アメリカ財務長官を輩出してきた。それゆえアメリカの経済政策を動かしてきたのは事実上、ゴールドマン・サックスなのだが、それは誰の利益のためであったか？　ゴールドマン・サックス自身である。そして、これこそが新自由主義的プロジェクトの核心なのだ。ウォール・ストリート占拠運動の議論《レトリック》は復活させなければならない。それは、信用制度内部の寄生的な投機的要素を浮き彫りにする。大事なのは、金融制度において何が生産的であり何が生産的でないかを理解することだ。これは実践的問題であるだけでなく、理論的で知的な課題でもある。

融資と債務は、未来の労働に対する請求権である。債務を抱えた学生たちは、このことを理解している。彼らは、一人あたり一〇万ドルの債務を抱えており、その完済のために一〇年、一五年を費やして働かなければならない。返済が終わってようやく、自分自身の人生と呼べるものを彼らは手にできるのだ。これが学生たちの未来の労働の姿である。それはまた集団としてのわれわれの未来でもある。われわれが入り込みつつあるのは、債務奴隷状況、あるいは負債懲役状況であり、そこでは非常に多くの人々が莫大な額の債務を抱える。立ち返れば、これは先に〔本書第2章で〕述べたこととつながっている。賃金が相対的に下落しつづけてきたがゆえに、需要を維持するためにも信用を使わざるをえなかった。資本主義体制は、信用制度の拡大と膨張とによって存続する。信用への依存度は深まらざるをえない。信用の成長が資本の成長となる。これが現在の難問である。このような状況が永遠に続くことなど明らかに不可能なのだが、資本の存続のためには続けざるをえない。これに対してどうすればよいのかについては、今後の章で取り上げることにしよう。

〔参考文献〕

・David Harvey, *Marx, Capital and the Madness of Economic Reason* (London: Profile Books, 2017)
〔デヴィッド・ハーヴェイ『経済的理性の狂気――グローバル経済の行方を〈資本論〉で読み解く』（大

屋定晴［監訳］、作品社、二〇一九年）」。

［第4章］
権威主義的転換

・ボルソナロのようなネオ・ファシストの周囲で、金融業者やブラジル株式市場が活況を呈したのはなぜか？
・あなたの住むところで、新自由主義的経済学と右翼ポピュリズムとの同盟関係は、どのようなかたちで現われてきているのか？

極右ポピュリズム運動と新自由主義者の同盟

貧しい者は貧しいままで金持ちはさらに裕福になるという事実は、レナード・コーエンの歌にあるとおり、誰もが知っていることであり、さらに「そのように事は進んでいく」。だが誰もがこれを知っているのなら、「誰も」それに対処しないのはなぜであろう？

私にとって興味深い問題は「われわれの現在の情勢について実際、誰もが知っていることは何か」である。たとえば二〇一八年一〇月七日のブラジル大統領選挙の結果を考えてみよう。何が起こったのかというと、選挙の第一回投票でジャイル・ボルソナロと呼ばれる男が得票の四六％を得た。これは世論調査の予測よりも一〇％も高い結果であり、そのため彼は予想よりもはるかに善戦した。彼に対抗して二位に入ったのは、得票の約二九％を獲得した労働者党の候補者であり、残りは一連の他の候補者に分散した。それゆえ決選投票が必要になったが、明白になったのは、選挙の第二回投票でボルソナロが勝利する可能性が高い、ということであった。

今となれば、この選挙結果については興味深い点がいくつもある。というのも、ボルソナロは、いかがわしく偏狭で不可解な右翼候補であるからだ。まず、この選挙結果はブラジル証券取引所での大高騰を引き起こした。選挙の翌日、株価は六％も上昇した。新興市場諸国が全般的に窮地にあった時期に、ブラジル通貨レアルの価値は世界市場で三％も高くなった。ボルソナロの立場に対する民間企業の反応はきわめて好意的であった。大問題はその理由である。何しろボルソナロの経歴には、とくに企業寄りであったことを示すものは何もなかったのだ。下院議員としての彼は、何をするかわからないような極右の独断的人物であった。彼は汚職根絶を主な政策に掲げて選挙に立候補しており、このことは多くの政治家だけでなく、多くの企業にとっても脅威になるかもしれなかった。

汚職の根絶、またはワシントン界隈での言い方である「問題解決」は最近、政治的策略になりかけつつある。しかしながら汚職問題に対処することと、対立相手に対する追及手段として汚職問題を利用することとは大きくかけ離れている。ブラジルでは方々に数多くの汚職問題があるのは確かなようだ。だが、それが右派の追及ではなく、左派の弱体化のために実質的に利用されているのは間違いない。〔左派の労働者党に所属した当時の〕ジルマ・ルセフ大統領は、〔二〇一六年に〕大統領を罷免されたが、これは軽微な汚職容疑のせいであった。ルセフが統計資料を操作したというだけのものであった。個人的な汚職事件ではなかったのである。追及した側〔大統領弾劾裁判を主導した当時のブラジル下院議長〕の方が結局、汚職のために刑務所に収監され、ルセフ

◆貧しい者は……「そのように事は進んでいく」　カナダの歌手で詩人のレナード・コーエン（一九三四〜二〇一六年）の曲「誰もが知っている」（Everybody knows）の一節。

の代行となった新大統領に関しても賄賂要求めいたことを語る音声記録が公開された。だが誰も彼を追及しなかった。おそらく彼が保守政治家であったからであろう。そのうえ彼は、汚職のかどで〔労働者党から二〇一八年のブラジル大統領選に出馬する予定であった元大統領の〕ルラの投獄をたくらんだ。この汚職事件◆は控え目に言っても疑わしいものであった。だから、きわめて明らかなことに、ボルソナロが訴えたのは、労働者党と左派の腐敗の追及なのである。だが、こうしたことは近年、世界中で起こっている。たとえば中国政府は現在、大規模な反腐敗運動を行なっている。とくに地方政治レベルで中国に汚職事件があることは確かである。だが、この運動が腐敗の根本原因に実際に対処するものか、それとも政治的敵対者に対するものなのかは定かではない。

　ボルソナロはまた、一九七〇年代と八〇年代のブラジル軍事独裁政権に対して称賛を表明した。彼の言葉によれば、軍は安全（ある限られた意味での安全）を保障した。これこそが住民の安全を確保し、とりわけ都市部の貧民街《ファヴェーラ》での犯罪行為の暴走を抑え込むために必要とされるはずのものだと、ボルソナロは主張した。こうした場所では麻薬取引や暴力団が支配していると思われていたのである。彼は、これらの問題に対処するために必要ならば軍隊を呼び戻すと述べた。さらに麻薬組織と犯罪に対処するために超法規的手段に訴えたフィリピンのドゥテルテ◆大統領を公然と称賛した。麻薬の売人に出くわしたら、射殺してしまえばおしまい、というわけだ。とにかくボルソナロとはこういう人物なのである。挙げ句の果てに彼は女性蔑視《ミソジニー》発言やら、有色人種や女性を卑劣にけなす、ありとあらゆることを口にしたと報じられた。アメリカでいえば、トランプ大統領によくある類いの発言だ。このことからボルソナロのあだ名は「熱帯地方のトランプ」となった。この政治方針を踏まえたうえで、ボルソナロはついに選出されたのである。

　だとすると問題はこうなる。ボルソナロの背後で、あらゆる金融業者やブラジルの株式市場が活況を呈して「すばらしい！　これがわれわれの期待であり、われわれに必須◆のものなのだ」と叫んだのは、なぜなのか？　さてボルソナロには一人の経済顧問がいた。パウロ・ゲデスという名のシカゴ大学で教育を受けた経済学者である。よく注意しておこう。シカゴだ！　思いだしてほしい。社会主義者の大統領サルバドール・アジェンデが失脚させられた一九七三年のチリのクーデターのあと、ピノチェト将軍にシカゴ・ボーイズを提供した、あのシカゴだ。そしてチリ経済はシカゴ学派的経済理論の観点から見直されたのである。新自由主義化の第一波でシカゴ・ボーイズが非常に重要になったのはこの時であり、ピノチェトのクーデターによってラテンアメリカでの新自由主義化は解き放たれた。およそ四〇年経った今、われわれの眼前にいるこのシカゴ学派の経済学者は、民営化、緊縮財政、均衡予算に賛同し、貧困層のための社会福祉制度を、とくに労働者党が創設した一大福祉制度を削減すると公言している。この制度はボルサ・ファミリアと呼ばれ、子供の通学を条件に低所得層に補助金を給付するというものであった。これによってブラジルの下層階級にかなりの購買力がもたらされた。ゲデスは年金改革にも賛同している。ブラジルの国民年金制度は寛大すぎるとされ、制限すべきものだとされる。ゲデスは、あらゆる国有資産の民営化にも支持を表明した。ようするに、彼は古典的な新自由主義的プログラムに賛意を示している。株式市場が祝ったのはこれである。彼らは個人的にはボルソナロについてはどうでもよかった。彼らが気にしていたのは、ゲデスが財務大臣になり、その新自由主義的政策を実施することであった。ゲデスが財務大臣［省庁統合で実際には経済大臣］の職に就いた際、ピノチェトのチリの歩みをたどると彼は表明した。

以上について不穏に感じられるのは、一方では新自由主義的経済学があり、他方では右翼ポピュリズム◆があり、この両者のあいだに同盟関係が生まれつつあるように見えることだ。この見解は、いくつかの比

◆この汚職事件　ルラは二〇一八年、大統領選直前に不正資金疑惑で有罪判決を受けて、収監された。だが二〇一九年、この事件を主導した裁判官、検察官の通信記録が報道機関によって暴露され、判決以前から、ルラの立候補の阻止を政治的目的としていたことが明らかとなった。同年、ブラジル最高裁の決定でルラは釈放され、二〇二一年、司法管轄権違反を理由に、有罪判決そのものが無効とされた。

◆ドゥテルテ　ロドリゴ・ロア・ドゥテルテ、一九四五年〜。フィリピンの政治家。ダバオ市長を務めたのちフィリピン大統領（二〇一六〜二二年）。犯罪組織に対して超法規的殺人措置を口にするなど、過激な発言で知られる。

◆パウロ・ゲデス　ブラジルの経済学者、一九四九年〜。ブラジル経済大臣（二〇一九〜二二年）を務めた。

較事例によっても裏づけられる。二〇一三年からドイツに生まれた右翼政党を取り上げてみよう。その政治姿勢は、移民反対、外国人嫌悪、そしてナショナリストというものであった。この政党は、二〇一三年にはほとんど何もない状態であったが、そこから今では連邦議会の第三勢力にまで成長した。同党は、ある種の経済計画を示さなければならなかった。それを尋ねられると、彼らはただ「秩序《オルド》自由主義」とだけ答えた。「秩序《オルド》自由主義」とはドイツ版新自由主義である。このドイツ版は自由市場イデオロギーだけに依拠するものではない。それは国家主導型の自由市場をめざすものである。実際、国家主導型自由市場は、当初からドイツ版新自由主義の核心であっただけでなく、一般的にヨーロッパ版の新自由主義の核心をもなしていた。言うまでもないが実際問題として、新自由主義的イデオロギーを採用する大方の国は、国家支援を大いに頼りにしている。いずれにせよ右派ナショナリスト政党「ドイツのための選択肢」は、その経済政策がドイツ版新自由主義であると宣言したのである。

ここに極右ポピュリズム的政治運動の二つの明白な実例がある。これらは、いわゆるネオ・ファシスト的なものを（ドイツの場合にはナチス〔第二次世界大戦を引き起こしたドイツのファシズム政党「国民社会主義ドイツ労働者党」の略称〕の宣伝戦略《プロパガンダ》でさえも）受け入れつつ、新自由主義を擁護する。これらの代替的《オルタナティブ》なポピュリズム的右翼運動と新自由主義的プロジェクトとに同盟関係が生まれつつあるかのように見えはじめる。これはまさに今、アメリカで起きていることではないか？

たしかにトランプは極右的代替案《オルタナティブ》を明言している。シャーロッツビルの事件◆で目の当たりにしたように、トランプは白人至上主義やネオナチ〔ナチス的思想復興運動〕の影響を拒みはしない。彼は、スティーブン・バノン◆のオルタナ右翼的政策を否定しない。トランプがまた新自由主義の永続化に熱心だとすればどの程度なのか？この永続化とのつながりは不安定かもしれないが、それでもつながってはいる。

政治姿勢に表われる資本家階級

新自由主義は、常に上層階級と資本家階級のプロジェクトであり、主に上層階級の富と権力を維持し最大限強化するプロジェクトである。そしてこれが新自由主義の歴史全体にわたる目標なのであって、結果として富裕層は必然的に裕福となり、その一方で貧困層は停滞するか損失を被るかとなる。以上の私見が正しいとすれば、新自由主義的プロジェクトの成功は否定できない。新自由主義的政策が追求された所であれば、どこであろうと社会的不平等が拡大したという証拠を考慮すれば、否定できないのである。この歴史は、まさに検討されなければならない。

現代においては階級構造は明確には定義しがたい。労働者階級という概念に目を向けると、とくにそうだ。なぜなら臨時雇用の数も多く、サービス部門雇用も大きく増えたからである。工場というものも、少なくともアメリカには昔のようなかたちで存在するわけではない。工場は全面的に中国に移転してしまった。先進資本主義諸国では労働者階級は解体され、じつにバラバラな姿に分断された。

◆ポピュリズム　代表制民主主義において、有権者を「エリート」と「大衆」という二つの対立集団に分けたうえで、「大衆」の権利こそ尊重されるべきだと主張する政治思想。ただし「エリート」と「大衆」の定義は曖昧で、このためその「エリート」支配批判が、政治経済的な民主的革新に向かう場合もあれば、民族主義的、国粋主義的権威体制の追求に利用される場合もある。それゆえ左翼ポピュリズムも右翼ポピュリズムも存在しうる。日本では「大衆迎合」「衆愚政治」「扇動政治」「反知性主義」などの意味で使われることが多い。

◆シャーロッツビルの事件　二〇一七年八月にアメリカ・バージニア州シャーロッツビルで白人至上主義者を含むオルタナ右翼の全国集会が開かれ、これに抗議するデモ隊に自動車が突っ込み、死者が出る事件が発生した。しかし、この事件についてトランプは「双方に責任がある」と述べ、白人至上主義を非難しなかった。

◆スティーブン・バノン　アメリカのメディア経営者・投資銀行家、一九五三年～。ブライトバート・ニュースを運営し、オルタナ右翼系メディア運動を展開。トランプ政権下で一時、首席戦略官も務めた。

しかし資本家階級とは何かを明らかにすることには何の問題もない。彼らが何者で、何に従事しているのかは周知のことである。例としてコーク兄弟を取り上げてみよう。さてコーク兄弟は自分たちの階級的地位とその産業帝国を相続でもって受け継いだ。コーク・インダストリーズは巨大民間企業である。それはアメリカでも最大規模の企業の一つだ。化学品企業であり素材産業企業でもある。今では、使われているもののほぼすべてに、コーク兄弟の製品が組み込まれていると言われる。

それゆえ彼らの企業は、きわめて広範な産業的利害関係と関わっている。この企業は莫大な利益を上げ、コーク兄弟自身も非常に裕福である。コーク兄弟がこだわる政治とは、どのようなものか？　それに答えると、彼らはいろいろな意味で古典的な新自由主義者だ。コーク兄弟は自由市場と自由貿易を信奉している。彼らは、新自由主義者のなかでもリバタリアニズム◆側にあるそれに等しい。彼らは国家の側には財政再建を求める。国家介入はお望みではない。彼らは国家規制など国家介入は望まないが、いくらか進歩的立場にあるという意味でも、その思想信条に忠実である。適切な移民の受け入れは正当だとする。たとえば刑務所改革を認めており、関税措置は良い考えではないと信じている。トランプと中国との紛争をめぐって、彼らはトランプを攻撃したのである。

これらのうち最初の二つである移民と刑務所改革は、労働市場の規制緩和と開放とに大きく関係する。当然だが資本家階級にしてみれば、これは常に大きな関心事である。自由で開かれた労働市場があるべきなのだ。だが、さまざまな制約条件のため多くの元受刑者が労働力として復帰できないのだが、この事実は労働力人口の一定の硬直化に他ならない。これはコーク兄弟としては好ましくなかった。したがって彼らは、上述のように自由市場と自由貿易に傾倒する一方、一見進歩的な立場もとっている。早い段階からコーク兄弟はティーパーティー運動を資金援助してきた。彼らは共和党を熱烈に支持し、この支持によって彼ら自身の利益をも得た。コーク兄弟の一人▼[1]は、この直近の五年間は、コーク・インダストリーズにとっても、自分たちの個人的利益にとっても、これまでで最高であったと言ってはばからなかった。

五年間と彼らが述べたことは興味深い。なぜなら五年というのは、トランプの当選時点から——過去に

――さかのぼるのであって、言うまでもないがオバマ◆政権の末期にも言い及ぶものだからだ。この頃には、連邦議会の全立法手続きを共和党が支配しており、行政権の規制介入をほぼすべて止めることができたのである。共和党議員は、あらゆる予算拡大を阻止できた。これらの年月のあいだに債務期限の延長停止、均衡予算、そして減税といった問題が、三権分立における重要課題になった。この種の多くのことが、さらなる政府規制（たとえば環境規制）の導入を妨害した。コーク兄弟にとっては、これはまったく結構なことであった。オバマのできる唯一のことは、行政命令による立法化であった。これは共和党に支配された連邦議会によって全面的に批判された。たとえばオバマは連邦政府公有地での資源採掘禁止やその種の措置をとったが、これは大統領権限を超えるものだと言われた。オバマは、移民・資源採掘・環境などに関して一連の規制命令を出したが、これらはコーク兄弟のお気に召さなかった。だが大統領令でできることは、大統領令で取り消すこともできる。それゆえトランプが政権に就くと最初に行なったことの一つは、オバマの大統領令のほぼすべてを取り消すことであった。コーク兄弟にとっては、すばらしい事態だ。たとえば気候変動についてはもはや語られることがない。アメリカ環境保護庁はその話題に言及することさえ許されなかった。連邦政府公有地での資源掘削規制も緩和された。北極圏での掘削がはじまり、海洋沿岸での掘削もはじまった。基本的に、あらゆる金融規制機関は大統領令によって徐々に骨抜きにされ、当然ながら、移民行政に関する大統領令も施行された。

コーク兄弟について言えば、過去五年間の政治はきわめて彼らに有利であった。ただし刑務所改革と

◆リバタリアニズム　経済的自由を擁護するだけでなく、個人的自由も重視して、他者の身体や正当な私的所有物を侵害しないかぎり、すべての個人的行動は基本的に自由だと主張する思想的立場のこと。自由至上主義や自由意志論とも訳される。

▼1　兄弟の一人であるデヴィッド・コークは、二〇一九年八月に亡くなった。

◆オバマ　バラク・オバマ、一九六一年〜。アメリカの政治家・弁護士。民主党に所属し、イリノイ州選出連邦上院議員を経て、アフリカ系アメリカ人として初めて大統領に当選。第四四代アメリカ大統領（二〇〇九〜一七年）を務めた。

移民という彼らの関心の高い二つの国内問題は別である。また彼らはトランプの関税政策にもうろたえた。とにかくこの関税政策も新自由主義的戦略の一部をなしていない。だが概して言えばコーク兄弟は共和党支配の議会とトランプ政権から大金を稼ぎだした。兄弟のもつ大規模な政治活動委員会は、ここしばらく活発である。彼らは共和党の選挙運動に一億ドルを投入し、議会両院の支配を維持させた。ただし彼らは何人かの保守的な民主党政治家も支援することで、一部派閥による民主党内の左傾化を食い止めるのにも一役買った。

コーク兄弟は新自由主義的プロジェクトの熱烈な支持者である。共和党の候補者であっても、移民改革に強く反対したり、トランプ政権の推進する関税戦争を支持したりする候補をコーク兄弟が支援することはない。コーク兄弟のリバタリアニズム的政治観からしても、そして一般的に事業利益の観点からしても、関税戦争も移民規制も良い考えではない。これらの政策は、商品やサービスの自由な流れも、また労働力の自由な流れも阻害する。トランプの関税推進に対する支持は共和党だけでなく、民主党からも同じくらいある。関税問題は超党派の支持を得て、メキシコやカナダとのあいだで解決された。これがアメリカの側から見てどの程度の成功であったか、いろいろ噂されているが、実際には、さほど成功したわけではないし、さほどすばらしくもない。将来の多くの新貿易協定についても噂がある。韓国との新関税協定がすでに締結されており、ヨーロッパ各国との関税協定も今、徐々にできあがりつつあり、おそらくその完成をわれわれは目にするはずだ。拘束力ある強力な関税協定が予定されていない地域は中国である。したがってトランプが中国を狙い撃ちにするのは明らかだし、この動きはある程度、業界や民主党の一部にも認められるかもしれない。だが多くのアメリカ企業も農家も対中国関税は望んでいない。

トランプ政権は、おそらく選挙上の理由から関税問題については手控えつつある。しかしトランプ政権が強行に推進した分野の一つは税制改革であった。二〇一七年の税制改革は企業にはたいへんな贈り物となった。この贈り物のおかげで、たとえばコーク・インダストリーズは莫大な利益を得ることになり、しかもその恩恵は会社だけでなく、この会社と結びつく裕福な個人にも及んだ。この分野もまた資本家階級の階級利害とトランプ政治とがごく明確に重なるものの一つだ。

この全体像を見てみよう。コーク兄弟は税制改革と税制優遇措置に関心がある。彼らはこれを実現した。コーク兄弟は、あらゆるものの規制緩和に関心を寄せる。彼らはこれも実現し、それは環境規制から金融規制にまで及ぶ。彼らが欲したものは大方実現した。これはまさにブラジルで今、進行中の政治だ。それはまたポーランドやハンガリー、そしてモディ◆政権下のインドでも見られる類いの政治だ。極右勢力は、対抗運動の弾圧強化を後押しすると同時に、新自由主義的プロジェクトと、社会における富の集積・集中とを支持する点で一つにまとまるのである。

結果として、コーク兄弟らは刻々と豊かになる。しかし、その一方で彼らは自分の富の一部を使って、巨大な慈善事業を立ち上げる。こうして富裕層は自分の富を正当化する。ニューヨーク市の自然史博物館を訪れ、恐竜展示室に立つなら、そこはコーク兄弟が寄付した場所だ。子供たちが恐竜〔の化石〕を見ると、コーク兄弟の後援だとわかる。これは、コーク兄弟が善良な市民であるという良い広報活動になる。彼らはこの手のものを支援しているからだ。リンカーン・センター〔ニューヨーク市内の総合芸術施設〕に行き、そこのコーク講堂でバレエを鑑賞しよう、というわけだ。

富裕層は、この巨大な慈善事業を行なうことで、大衆の支持と意識とを涵養し、一定の公共文化を、また特定の考え方や知識を発展させるのである。

「ウォール・ストリートの党」の二大分派——大衆動員機構の模索

ここまで資本家階級の象徴的人物としてコーク兄弟を取り上げてきた。今日にあって資本家階級を定義

◆モディ　ナレンドラ・モディ、一九五〇年～。インド人民党を率いて、二〇一四年からインド首相を務める。モディノミクスと呼ばれる経済政策・経済改革を実行する一方、ヒンドゥー教至上主義者として知られる。

し、その正体を示すのに、さしたる困難はないと私は考える。コーク兄弟に注目すればよい。しかしマイケル・ブルームバーグも注目されるかもしれない。ここが面白いところだ。資本家階級は均質ではない。彼らはこぞって自由市場、自由貿易、規制からの自由、民営化、財政再建などを支持するかもしれない。それゆえ以上の点について彼らはまったく変わりがない。しかし、この次の段になると、それぞれ独自の関心を抱いている。

たとえばコーク兄弟は環境規制を嫌がる。彼らは気候変動についての議論を拒否し阻止している。ドナルド・トランプは環境保護庁の責任者に右派の些末な人物を任命したが、この人物は環境保護を嫌い、同庁を死に体にしようとしている。こうした事実や、気候変動に関するドナルド・トランプの発言はコーク兄弟を大いに満足させる。ロナルド・レーガン以来、環境保護庁の機能不全化戦術がとられてきた。環境保護庁の廃止は大事《おおごと》になるかもしれないが、その牙を抜くのは簡単だ。その一方でマイケル・ブルームバーグは気候変動問題を真面目に受けとめている。それゆえマイケル・ブルームバーグは〔アメリカ連邦議会議員等を改選した〕二〇一八年の中間選挙で、炭素排出量削減政策と環境規制とを支持した民主党候補者の支援のために、およそ一億ドルをつぎ込んだと言われる。

新自由主義と資本家階級について語る際、資本家階級は皆同じだと言っているわけではない。彼らのあいだには違いがある。ブルームバーグは環境規制には賛成するが、金融規制には反対する。コーク兄弟はどちらの規制にも反対する。低所得層への必需品支援に連邦政府活動の大部分を割り当てることにはブルームバーグは賛同せず、この点ではコーク兄弟も彼に同意する。ブルームバーグは気候変動や銃規制をめぐってコーク兄弟その他大勢と意見を異にするのだが、資本主義支持という原理については彼らと一致する。

比較的少数の超富裕層や企業がアメリカの政治を効率よく動かしている。アメリカには政党が一つしかないように見えることがしばしばである。二つの派閥からなる同一政党が存在するのだ。これを「ウォール・ストリートの党」と呼ぼう。同党の半分はコーク兄弟とその仲間によって資金を提供されて運営されており、これが共和党側となる。残りの半分はマイケル・ブルームバーグやトム・スタイヤー◆やジョージ・ソロス◆やその仲間から資金を受けとっており、これが民主党側となる。二つの分派は資本家階級からの資金調達に依存している。両者とも新自由主義的プロジェクト全般を幅広く支持しているが、明白な違いもあり、とりわけ気候変動とその管理をめぐって異なっている。いずれの分派も高等教育を支援しているが、そこで念頭に置かれる教育像は違っている。一方の分派は、新自由主義的教育、企業家教育、能力主義にもとづく学校での企業家精神の涵養などだ。他方の分派は、社会的責任と自立の涵養である。両分派とも社会的、文化的事業を支援するが、これまた違う類いのそれだ。どちらも限定された多文化主義には同意する。両分派とも女性の権利問題（ただし、さほど深い意味ではないそれ）やゲイの権利問題（やはり、さほど深い意味ではないそれ）といった限定的な社会問題には支援を寄せる傾向にある。

経済的権力構造が政治に介入してきているが、今や極右民族ナショナリズム運動、さらにはネオナチ的政治運動に対応すべき状況に陥っている。ブラジルの場合、新軍事独裁政治への傾向は財界から一定の支持を得ているが、大企業が必ずしも与しているわけでもない。財界は右翼政治運動への政治支援を続けている。だが一九八〇年代と九〇年代のように従来の新自由主義的手段によって、あるいは二〇〇〇年代に出現した権威主義的政治手段の支援によって、ネオ・ファシズム的政治運動が不要となれば、その支持を投げだす準備もできているらしい。私はあえてファシズムという用語を使っているが、それは次のことを思いだすためだ。フランコ◆、ヒトラー◆、ムッソリーニ◆もこぞって大企業と一定の関係を築き、長らく大企

◆**トム・スタイヤー**　アメリカの投資家、一九五七年～。大手ヘッジファンドを経営しつつ環境問題NPOを設立。二〇二〇年、アメリカ大統領選挙の民主党候補者指名選挙に立候補したが撤退。

◆**ジョージ・ソロス**　ハンガリー出身のユダヤ系の投資家・慈善家、一九三〇年～。「ソロス・ファンド・マネジメント」を設立し、イギリス・ポンドをめぐる通貨投機などで巨額の財を築いた。

◆**フランコ**　フランシスコ・フランコ、一八九二～一九七五年。スペインの軍人・政治家。一九三六～三九年のスペイン市民戦争で、ナチス・ドイツの支援を受けて勝利し、独裁政権を確立。第二次世界大戦では中立の立場をとり、亡くなるまで、反自由主義・反マルクス主義の長期独裁体制を敷いた。

業と緊密に協力したのだが、その一方でそれぞれ独自銘柄の「社会主義」――国民社会主義《ナチズム》――を発展させたのである。

私は、この種の動向が不可避だと主張しているわけではない。だが次のようには主張しておこう。新自由主義的プロジェクトが危機に直面して、その正当性を失いつつあるという前兆が見られるのであり、新自由主義的プロジェクトを追求する財界人たちは、自分たちを支援してくれる大衆動員機構を探し求めている。グローバルな寡頭制が支配しているが、これは極度に集権的で、その支配者の数もきわめて少ない。たとえば富の分配に関するオックスファム〔貧困と不正の根絶を掲げて活動する国際NGO〕の直近の報告では、〔世界的富豪の〕八人で動かせる資産が、恵まれない世界人口下位五〇%の資産合計と同じだと書かれている。二〇年前であれば、同じ規模での富と権力を有する上位には三四〇人分の個人名が記載された。新自由主義的プロジェクトは、資本家階級の富と権力とを絶えず集中させるというその目標追求にあたって、いわば成功しすぎたのである。

今日、この富の集中が妥当とされ正当化されるのはどのようにしてか、そしてこれが維持されるのはどのようにしてか――これらは、直視すべき大問題である。新自由主義的経済学とネオ・ファシズム的政治形態のあいだに同盟関係があると推定されるのだが、この事態をわれわれは見すごすのか？　このような同盟関係は厄介なかたちで世界中に出現しはじめている。ブラジルのボルソナロ現象は現実なのだ。フィリピンのドゥテルテ、トルコのエルドアン、ハンガリーのオルバーン◆、インドのモディを見てみよう。これらの面子を見れば、危険な状況であるのは明らかである。リベラルな支配層、たとえばマイケル・ブルームバーグの民主党は、この政治的展開に抵抗できるほど強いものではない。新自由主義者とネオ・ファシストとの同盟関係が優勢になりつつあるが、これに対抗するには大衆的反対運動が必要になる。だが、このためには、直面する問題の根深い本質と一連の妥当な解決策とが万人に理解されなければならない。

［参考文献］

・Jane Mayer, *Dark Money: The Hidden History of the Billionaires Behind the Rise of the Radical Right* (New York: Doubleday, 2016)［ジェイン・メイヤー『ダーク・マネー――巧妙に洗脳される米国民』（伏見威蕃［訳］、東洋経済新報社、二〇一七年）］。

・Juan Gabriel Valdés, *Pinochet's Economists: The Chicago School of Economics in Chile* (Cambridge: Cambridge University Press, 1995).

◆**ヒトラー**　アドルフ・ヒトラー、一八八九～一九四五年。国民社会主義ドイツ労働者党《ナチス》の指導者。総選挙を通じて一九三三年にドイツ首相になると、法改正などによって個人独裁体制を構築。一九三九年に第二次世界大戦を引き起こし、ユダヤ人などに対する組織的虐殺「ホロコースト」を主導。ドイツ敗戦直前の一九四五年に自殺。

◆**ムッソリーニ**　ベニート・ムッソリーニ、一八八三～一九四五年。イタリア社会党で活動したのち、新たな政治思想「結束主義《ファシズム》」を構築。一九二二年、イタリア首相になると、ファシスト党による一党制国家を確立。第二次世界大戦でドイツ・日本と同盟し参戦するが、一九四五年、イタリア国内で抵抗運動勢力に拘束され、銃殺された。

◆**オルバーン**　オルバーン・ヴィクトル、一九六三年～。ハンガリーの政治家。二度にわたってハンガリー首相（一九九八～二〇〇二年／二〇一〇年～）を務める。移民の流入に反対し「民族が混ざりすぎると問題が起こる」と発言するなど極右的姿勢を示している。ロシアのプーチン政権にも宥和的である。

［第5章］
社会主義と自由

・社会主義では個人の自由は放棄されるべきものなのか？
・「必然性の国のかなたで、真の自由の国が始まる」とマルクスは述べたが、この意味は何か？
・社会主義と自由時間との関係性はどのようなものか？

諸刃の剣としての「自由」

最近、ペルーで何度か講演を行なった際、私は「自由」をテーマとして取り上げた。「社会主義は個人の自由の放棄を求めるのか」という問いは、ペルーの学生たちの関心を強く惹いた。右翼は――とりわけアメリカでだが、他の国においてもまた――自由の概念を、自分たちだけで独り占めし、階級闘争における一つの武器として巧妙に利用している。この闘いの相手方である社会主義者は「不自由」をめざすと言われた。右翼が言うには、社会主義や共産主義によって課される国家統制に個人が服従してしまうことは、是が非でも避けねばならないし、逃れねばならない。〔だが〕私の答えとしては、個人の自由は、解放へと向かう社会主義的プロジェクトそのものの一部であり、放棄してはならないものだ。われわれは実際、個人の自由を副次的ではなく、中心的なものとして位置づけてよいのである。私の主張では、個人の解放と自由とを達成することは社会主義的解放のプロジェクトの中心的な目標である。だがこの達成のためには、一つの社会を集団的に構築することが必要である。われわれ一人ひとりが人生の機会と可能性とに適切に恵まれて自分の潜在能力を各々発揮できるような、一つの社会が構築されなければならないのだ。

マルクスには、このテーマに関していくつか興味深い言及がある。その一つは「必然性〔必要〕の国のかなたで〈……〉真の自由の国が始まる」◆というものである。十分に食べられなければ、そして適切な医療や住宅や交通手段や教育などを手にすることができなければ、自由は無意味だ。社会主義の役割は、これらの基本的に必要なものをもたらし、その人の基本的必要を満たし、人々が自分の望むことを自由にできるようにすることである。欲求や必要から、そしてその他の政治的、社会的制約から、個々人の能力と才能とが完全に解放されるような世界――これが社会主義的移行の終着点、そして共産主義社会の構築の終着点である。われわれは個人的自由の観念を右翼に独占させておくのではなく、社会主義そのものの側に自由の考え方を取り戻さなければならない。

しかしマルクスは、自由は諸刃の剣だとも指摘した。このことについて彼は、労働者の観点から興味深い考察を行なっている。資本主義社会の労働者は二重の意味で自由だとマルクスは言う。労働者は、労働市場で自分の労働力を望む者がいれば、誰に対してもそれを自由に提供することができる。彼らは自由交渉契約にもとづいて、どのような条件であっても労働力を提供できる。しかし労働者は同時に自由ではない。彼らは生産手段の管理からも、生産手段の利用機会からも「自由」になっている〔切り離されている〕◆からだ。したがって労働者は、生活のために自分の労働力を資本家に譲渡せざるをえない。

◆必然性……始まる　カール・マルクス「資本論 第三部」(原著一八九四年)、『マルクス＝エンゲルス全集』第二五巻、大内兵衛・細川嘉六［監訳］、大月書店、一九六六～六七年、一〇五一頁。

これが諸刃の自由である。マルクスにしてみれば、これが資本主義における自由の中心的矛盾だ。『資本論』の「労働日」◆章で彼は言う。資本家には、次のように労働者に告げる自由がある。

> できるだけ安くあなたを雇わせていただき、指定した仕事を正確に、できるだけ長時間行なっていただきたい。あなたを雇うのであれば、こうしたことを要求させていただく。

そして市場社会では資本家に、以上のように述べる自由がある。なぜなら周知のように、市場社会の目的はあれやこれや値をつけることだからである。他方で労働者にも次のように発言する自由がある。

> 一日一四時間も勤務させる権利は、あなたにはない。私の労働力を使って自分の好き勝手をする権利はあなたにはないのだ。私の人生を削り、私の健康と幸福を危険にさらす場合は、とくにそうだ。私が進んで行なうとすれば、公正な一日の賃金が支払われる公正な一日の労働である場合だけだ。

市場社会の本質を考えると、その権利要求に関して言えば資本家も労働者も共に正しい。したがってマルクスが言うには、市場を支配する交換法則にもとづいて両者とも等しく正当なのだ。そこでマルクスは、平等な権利と権利とのあいだでは力が事を決する、と述べる。資本と労働との階級闘争が結果を決める。その結末は、資本と労働のあいだにある権力関係にかかっており、この関係は、ある時点になると強制的で暴力的なものに転化する可能性がある。労働者の一日の労働時間はどれくらいか、賃金はどうなるのか、労働条件はどうなるのかなど、これらの決定に現に関わってくるのが資本と労働との闘争である。資本家には、交換法則のもとで労働者に対する搾取率を最大化させる自由がある一方、労働者にも抵抗する自由がある。二つの自由の衝突は資本主義の日常に組み込まれている。

この諸刃の剣としての自由という考え方はきわめて重要であり、より詳細に検討しなければならない。

このテーマについての最良の労作の一つは経済史研究者カール・ポランニー◆の評論である。彼は『大転換』という本を書いた人物だ。ところでポランニーはマルクス主義者ではなかった。マルクスの著作をいくつか読んだこともあるかもしれないが、マルクス主義的な見方には同意しなかった。しかし資本主義のもとでの、この権利と自由の問題についてポランニーが長く懸命に考えていたのは明らかである。『大転換』でポランニーは、自由には良いあり方と悪いあり方があると語っている。彼が挙げた自由の悪いあり方には、無制限に仲間を搾取する自由、地域社会《コミュニティ》に相応の見返りもせずに過度の利益を得る自由、技術的発明を公益に対して手控える自由、自然災害や公的災害から利益を得る自由が列挙されている。ちなみに、こうした災害のいくつかは私利私欲のために密かに操作される（ナオミ・クライン◆が、その著書『ショック・ドクトリン』で「惨事便乗型資本主義」を分析した際に論じた考え方だ）。しかし――とポランニーは続ける――邪悪な自由に満ちあふれた市場経済は、高く尊重すべき自由をも生みだした。良心の自由、言論の自由、集会の自由、結社の自由、職業選択の自由である。これらの自由はそれ自体、大事なものかもしれない――そして私の考えでは、われわれの多くはこれらの自由を今なお実際に大事にしているし、マルクス主義陣営の者（たとえば私）でさえもそうだ。だがその一方で大体において、こうした自由を副産物として生みだすまさに同じ経済体制が邪悪な自由の原因にもなっている。

現在の新自由主義的思考の主導権《ヘゲモニー》、そして既存の政治権力による自由の説明を考えると、上記の自由の

◆**資本主義社会の労働者は二重の……譲渡せざるをえない**　カール・マルクス「資本論 第一部」（原著一八六七年）、『マルクス＝エンゲルス全集』第二三巻、大内兵衛・細川嘉六［監訳］、大月書店、一九六五年、第四章第三節「労働力の売買」。

◆**「労働日」章**　同前、第八章「労働日」。

◆**カール・ポランニー**　ウィーン出身の経済学者、一八八六～一九六四年。経済史の研究を基礎として、経済人類学の理論を構築した。日本では「カール・ポラニー」とも表記される。

◆**ナオミ・クライン**　カナダ出身のジャーナリスト・活動家、一九七〇年～。そのルポルタージュ作品による新自由主義批判・資本主義批判で知られる。

二面性に対するポランニーの解決策はかなり奇妙な解釈となる。これについて彼は次のように書く。「市場経済の消滅」――つまり市場経済の乗り越え――「は、これまでになかった自由の時代の幕開けとなりうる」◆。ところで、これは非常に衝撃的な発言だ。市場経済が投げ捨てられて、初めて真の自由がはじまると言うのだ。さらにポランニーは続ける。

法的自由および実際上の自由は、かつてないほど拡大され、普遍的なものとなることができる。規制と管理は、少数の者のためではなく万人のための自由を達成することができる。この場合の自由とは、汚れた手段で手に入れた特権の付属物としての自由ではなく、政治的領域という狭い範囲を超えて緊密に組織された社会それ自体へと広がる規範的な権利としての自由である。こうして古くからの自由と市民的権利に、産業社会が万人に提供する余暇と安全とによって生みだされた新たな自由という財産がつけ加えられることになるであろう。このような社会は、正義と自由を二つながら備えるゆとりをもちうるのである◆。

さて私にしてみれば、この正義と解放、正義と自由とにもとづいた社会という目標は、一九六〇年代の学生運動、いわゆる一九六八年世代の政治課題であったように思われる。正義と自由の両者に対する広範な要求が存在した。国家強制からの自由、企業資本による強制からの自由、市場による強制からの自由、さらには社会正義の要求によって強化された自由だ。私が最初の先鋭的著書『都市と社会的不平等』◆を書いたのは、この文脈においてであった。一九七〇年代のこの事態への資本家の政治的対応は興味深い。これらの要求に対応せざるをえなくなると事実上、次のように述べたのである。

自由については、あなた方の要求を受け入れましょう（ただし、いくつかの注意事項はつけさせていただきます）。しかし正義についてはお忘れください。

自由についての譲歩は制約がつけられていた。その意味は、ほぼ市場における選択の自由に限られた。国家規制からの自由と自由市場が、自由の問題に対する答えであった。しかし、正義だけは忘れろ、と命じられる。正義は市場競争によってもたらされるかもしれない。市場競争はきわめて効率的なため、万人に対して公正に報いるはずだ。しかしながら結果として、高潔なる自由という名のもとに、邪悪な自由の多くが解き放たれた（たとえば他人の搾取である）。

この転換こそ、ポランニーが明確に認識した事態である。ポランニーの見解によれば、彼の思い描いた未来への道は道徳的障害によって遮断されていたが、この道徳的障害が、彼の言う「自由主義のユートピア的理想」であった。この自由主義のユートピア的理想によって引き起こされた諸問題に、われわれはいまだに直面していると思われる。これはメディアや政治的言説に浸透している一つのイデオロギーだ。たとえば〔アメリカにおける〕民主党的な自由主義のユートピア的理想は真の自由の実現に対する妨げの一つである。ポランニーはこう書いている。

計画と管理は、自由の否定であるとして攻撃される。自由企業と私的所有こそ自由の基礎であると宣言される。◆

◆「市場経済の消滅……幕開けとなりうる」　カール・ポランニー『［新訳］大転換――市場社会の形成と崩壊』（原著一九四四年）、野口建彦・栖原学［訳］、東洋経済新報社、二〇〇九年、四六二頁。

◆法的自由および……もちうるのである　同前、四六二〜四六三頁。

◆『都市と社会的不平等』　David Harvey, *Social Justice and the City* (Baltimore: Johns Hopkins University Press, 1973), ダヴィド・ハーヴェイ『都市と社会的不平等』、竹内啓一・松本正美［訳］、日本ブリタニカ、一九八〇年。

◆計画と管理は……宣言される　前掲ポランニー『［新訳］大転換』、四六三頁。

新自由主義の主要なイデオローグが提唱したのは、まさにこれであった。これがミルトン・フリードマン◆の目標であった。これがハイエク◆の主張であった。彼らは二人して語った――国家支配からの個人の自由が保障されうるのは、開かれた自由市場での個人の自由と私的所有権とにもとづくような社会においてのみである、と。

〈それゆえ〉計画と管理は、自由の否定であるとして攻撃される。〈……〉私的所有こそ自由の基礎であると宣言される。これ以外の土台のうえに建設された社会は、決して自由な社会と呼ぶに値しないと言われる。規制がつくりだす自由は、真の自由ではないと非難される。そのような自由が生みだす正義、自由、福祉は、隷属の偽装であるとそしられる。◆

私にとって、これは現代の重要問題の一つだ。市場での限られた自由、市場での決定、需要供給法則による人生の束縛、マルクスの言う資本の運動法則――これらをわれわれは乗り越えようとするのか、あるいはマーガレット・サッチャーが述べたように、ほかに選択肢《オルタナティブ》はないということを受け入れるのか？　われわれは国家統制からは自由になるが市場の奴隷となる。これに代わる選択肢はなく、これを超越すると自由も消える。右翼はこのように説教を垂れ、多くの人々がそう信じ込んでいる。

住宅問題での資本主義的「自由」

以上が現状の逆説《パラドックス》だ。つまり自由の名のもとに、われわれは実際には自由主義のユートピア的イデオロギーを選んでいるのだが、これは真の自由の実現の障害である。教育を受けようとすると、莫大なお金《かね》の支払いが求められ、学生ローンの返済がはるか未来にまで及ぶ。こんな世界が自由の世界だとは私には思えない。われわれが語っている事態は、負債懲役であり、債務奴隷のことなのだ。このような状況は回避され規制されるべきである。自由な教育があるべきであり、教育は無料にすべきだ。同じことは医療にも言えるし、基本的な住宅供給についても同じはずだ。同じことは十分に摂取すべき必須栄養素にも当てはまるべきだ。

この何十年を振り返ってみると、われわれは住宅が社会的に供給された一九六〇年代の世界から、住宅供給のない世界へと移行した。たとえば一九六〇年代のイギリスでは、住宅供給の大部分が公共部門で行なわれた。それは公営住宅であった。私が育ち盛りの頃、この公営住宅によって必要なものが、おおむねかなり安価に提供されたのである。やがてマーガレット・サッチャーが現われ、このすべてを民営化すると、ようするに次のように語った。

自分の資産を所有すれば、もっと自由になれるでしょう。そうなれば現実に、資産所有型民主主義の一角を占めることができるのです。

こうして事態は一変し、公共部門の住宅所有率はかつては六割であったのだが、これが約二割（あるいはそれ以下）にまで低下したのである。住宅は商品となり、商品は投機的活動の一部となる。住宅が投機手段になるにつれて、不動産物件の価格も上がり、直接的住宅供給は現実には増えていないにもかかわらず住宅費は高騰する。

◆ミルトン・フリードマン　アメリカの経済学者、一九一二～二〇〇六年。マネタリズム・市場原理主義を主張し、ケインズ主義的政策を批判した。共和党支持者。一九七六年、ノーベル経済学賞受賞。

◆ハイエク　フリードリヒ・フォン・ハイエク、一八九九～一九九二年。ウィーン出身の経済学者。経済に対する国家統制を批判し、ケインズと論争する一方、政治哲学・心理学の著作も残した。一九七四年、ノーベル経済学賞受賞。

◆計画と管理は……とそしられる　前掲ポラニー『［新訳］大転換』、四六三頁。

私が成長期の子供の頃、育ったのは、いわゆる立派な労働者階級区域《コミュニティ》であった。それは住宅所有権が設定された区画であった。労働者階級は、その大半が住宅を所有しておらず、住宅を所有する者はその一部でしかなかったが、たまたま私はそのような区域で育てられたのである。家屋は使用価値［人間の欲求を満たす物質的有用性］と見なされた。つまり人が住み、何事かを行なう場所であった。家屋の交換価値◆について本気で話しあうことなど決してなかった。私が最近見た資料に示されていたことだが、一九六〇年代まで労働者階級の住宅価値は一〇〇年以上にわたりまったく変わらなかった。

その後、一九六〇年代になると、住宅は使用価値ではなく交換価値と見なされはじめた。人々はこう尋ねだした。

> これはどのくらいの価値があるのか？　その価値は高められるのだろうか？　もしできるのなら、どうすればよいのか？

突然、交換価値が考慮されだす。そこにマーガレット・サッチャーが現われて次のように言う。

> いいでしょう。すべての公営住宅を民営化しましょう。そうすれば、誰もが住宅市場に参入して、交換価値の上昇から利益を得られるようになります。

交換価値としての住宅問題が重要になりはじめる。

この帰結の一つとして、最下位所得層は、生活するための場所を見つけづらくなった。彼らは雇用機会や仕事に身近な一等地には住めなくなり、最高の立地やら都心やらからは絶えず追いやられ、通勤距離もますます長くなった。一九九〇年代になると、家屋は投機的利得手段に転化した。投機圧力のもとで住宅価格はしばしば急激に（ただし不規則に）高騰した。これらが一体となって、最低所得水準にある住民層の多くが生活の場所を見つけられなくなった。住まいのない状態《ホームレス》が産出され、手頃な価格の住宅は供給危機に瀕したのである。

私の若い頃、社会主義国イギリスにも住まいのない人々は周囲にいたが、それもごくわずかであった。しかし今、ロンドンやその類いの大都市に行けば、住まいのない路上生活者が増えているとわかる。ニューヨーク市には住まいのない人が六万人もいる。若者の多くも住居がないのだが、それは路上で彼らを見かけるという意味ではない。彼らは親戚宅や友人宅を渡り歩いて寝いす《カウチ》で寝るのである。いわゆる「カウチ・サーフィン◆」だ。これでは、とてもではないが連帯にあふれる共同体《コミュニティ》など創造できるわけがない。

今日、世界中の都市で多くの建設事業が進行中である。しかし、これは投機的な建設事業だ。われわれが実際に建設しているのは、投機を行なうための都市であって、人々が住むための都市ではない。そして居住目的ではなく投資目的のための都市が創出されると、ニューヨーク市に見られる状況に陥る。この町は、富裕層市場めあての住宅建設景気のまっただなかにありながら、手頃な価格の住宅は大きな供給危機にある。この富裕層市場に参入するには少なくとも百万ドルが必要だ。住民の大部分にしてみれば、住宅の使用価値面での供給はひどいものだ。適切な使用価値を手にすることはほとんどありえない。これと同時に超富裕層向けの大規模で巨大で高価なアパートが建設中である。ニューヨークの前市長であるブルームバーグの野望は、世界中のあらゆる億万長者が来訪し、投資を行なって、パーク・アベニュー［ニューヨーク市中心部にある大通り］やそれと似たような場所に大きなアパートを所有してもらう、というものであった。そして実際にそうなったのである。だからニューヨークではアラブの首長やインド、中国、ロシアの億万長者を見かけるが、彼らはそこに暮らしているわけではない。彼らは年に一、二回そこに来るだけで、それで終わりだ。

◆交換価値　一定量の商品が、他の商品（あるいは貨幣）のどれだけの量と交換できるか、という交換比率。

◆カウチ・サーフィン　旅行者が、滞在先の一般家庭のソファなどを寝床として無償で借りること。

これは住民の大多数にしてみれば、まともな居住空間での、まともな生活環境基盤ではないのである。

社会主義社会における真の自由

われわれは都市を建設し、住宅を建てているが、その際、上層階級には途方もない自由が提供されると同時に、残りの住民層には実際には不自由がもたらされる。これが、あのマルクスの有名な見解の含意だと思われる。自由の国が実現するためには、必然性の国が現実に乗り越えられなければならないのである。まさに今、ニューヨーク市でわれわれが手にしているのは、投資活動の自由であり、上層階級がどこに住むかを選択できる自由なのであって、ひいては住民の大部分はほとんど選択の余地がないままだ。こうしたかたちで市場の自由は、さまざまな可能性を制約する。そしてこの観点からすれば、社会主義の展望は、まさにポランニーが示唆するものを実行することだと思われる。つまり自由の活用問題、住宅の入手問題を集団的に制御する〔集産化する〕ことだ。こうした問題は、単純な市場問題から、公有領域《パブリック・ドメイン》の問題に転化する。公有資産としての住宅供給が、われわれのスローガンである。

これが現行体制のなかでの社会主義の基本的目標の一つだ。さまざまなものを公有化するのである。私がいくらか励まされた事実がある。イギリス労働党——そのあるべき姿が何かしら民主的に問われなければならないと思われる数限られた伝統ある政党の一つ——が、公共的生活領域の多く（たとえば運輸機関）を市場から取り戻し、公有のものに戻すべきだと提案したのである。「鉄道運輸サービスの民営化が輸送システムの効率を高める」などとイギリス人に言えば誰もが失笑するであろう。民営化の結果がどうなったかを彼らはまったくよくわかっている。それは大惨事であった。それはめちゃくちゃであった。それは支離滅裂であった。同じことは各都市の公共交通機関にも当てはまる。水道事業の民営化も目にしているが、これは良いことだとされた。だがこれに反して経験されたのは、言うまでもなく水道の有料化〔正確には定額制から従量制への移行〕である。水は基本的に必要なもの〔必然性〕だ。市場によって提供されるべきものではない。ところが水道料金は支払うべきものとなり、水道供給は改善されなかった。

そこで労働党はこう述べたのである。

ご覧なさい。これらの分野すべては、人々にとって基本的に必要なものなのですから、市場を通じて提供されるべきではないのです。われわれは現今の学生ローン事業もやめさせます。われわれは教育の民営化を止めます。公有領域を通じて必要なものが提供されるよう実際に変えるのです。

私見では次のように言いたい。

これらの基本的に必要なものを市場から排除し、別のやり方で提供しよう。

これを教育で行なえるのであり、医療で行なえるのであり、住宅で行なえるのであり、基礎食品の供給でも行なうべきなのだ。実際、ラテンアメリカの一部の国では基礎食品を低所得層に廉価で提供するさまざまな実験が行なわれている。今日の世界において、大多数の人々に対する基礎食品供給制度があってはならないとする理由はどこにも見当たらない。

これが、真の自由の国が可能となる場合の意味だ。きちんとした適切な生活を万人が送るために基本的に必要となるもの〔基本的必然性〕のすべてを現実に提供できて、初めて真の自由の国は可能となる。そして、これこそ社会主義社会のめざす自由という考え方なのである。ただし、これは集団的に実現しなければならず、そのための集団的努力も不可欠だ。悲しいかな、イギリス労働党は〔二〇一九年の〕総選挙でみじめな敗北を被った。しかし、この敗北は同党の進歩的政策大綱のためではなかったと私は確信している（この政策大綱は世論の多くの支持を得ていた）。その敗北理由は、ヨーロッパ連合からの離脱問題に労働党が明確な姿勢を打ちださなかったからであり、またじつにさまざまな不手際とされるもののせいでマスメディアから攻撃を受けたが、これに労働党が対応できなかったからである。

最後に一点だけ指摘しておこう。しばしば言われることだが、社会主義の実現のためには、われわれの〔現在ある〕個性を譲らなければならず、何かはあきらめざるをえない。たしかに、ある程度はこうなるかもしれない。だがポランニーが主張したように、個人化された市場の自由という残酷な現実を乗り越えると、さらに大きな自由が実現される。私はマルクスを読み込むことから、個人の自由の領域を最大化させることこそが課題であると述べたが、これが実現しうるのは、ただ必然性の国に対処する場合だけである。社会主義社会の課題は、社会の出来事をすべて規制することではない。そんなことではまったくないのだ。社会主義社会の課題は、人々が望む際に望むことをまさにできるように、基本的に必要なものすべてが確実に対処される――無償で提供される――ということなのである。

社会主義社会の課題は、望むことができるよう諸個人が資源を利用できるだけでなく、そのための時間も諸個人が手にできることでもある。自由――自由時間――真の自由時間――は社会主義社会の目標にとって絶対不可欠だ。何でも好きなことを万人ができるという真の自由時間は、社会主義の目標基準である。「自由な時間がどれくらいあるのか」と現時点で一人ひとりに問えば、「自由な時間などほとんどないし、あれやこれやその他で手一杯だ」というのがその典型的な答えになる。真の自由とは、何でも望むことのできる自由な時間がある世界である。そうだとすれば社会主義的解放のプロジェクトは、その政治的使命の核心として真の自由を提起する。これこそ、われわれが邁進できる目標であり、邁進すべき目標である。

〔参考文献〕
・Naomi Klein, *The Shock Doctrine: The Rise of Disaster Capitalism* (New York: Metropolitan Books/Henry Holt, 2007)［ナオミ・クライン『ショック・ドクトリン――惨事便乗型資本主義の正体を暴く』

（上・下巻、幾島幸子・村上由見子［訳］、岩波書店、二〇一一年）」。

・Karl Marx, *Capital: A Critique of Political Economy, Volume I* (London: Penguin Classics, 1990 [1867]), Chapters 6, 10［カール・マルクス「資本論　第一部」、第四章第三節「労働力の売買」、第八章「労働日」（『マルクス＝エンゲルス全集』第二三巻、大内兵衛・細川嘉六［監訳］、大月書店、一九六五年、二一八〜二三一、三〇〇〜四一〇頁／『新版　資本論』第一巻（第一〜四分冊）、新日本出版社、二〇一九〜二〇年、二九一〜三〇八、三九八〜五三四頁）」。

・Karl Marx, *Capital: A Critique of Political Economy, Volume III* (London: Penguin Classics, 1990 [1894]), Chapter 48［カール・マルクス「資本論　第三部」、第四八章「三位一体の定式」（『マルクス＝エンゲルス全集』第二五巻、大内兵衛・細川嘉六［監訳］、大月書店、一九六六〜六七年、一〇四三〜一〇六五頁／『新版　資本論』第三巻（第八〜一二分冊）、新日本出版社、二〇二〇〜二一年、一四五七〜一四八九頁）」。

・Karl Polanyi, *The Great Transformation: The Political and Economic Origins of Our Time* (Boston: Beacon Press, 2001 [1944])［カール・ポラニー『［新訳］大転換——市場社会の形成と崩壊』（野口建彦・栖原学［訳］、東洋経済新報社、二〇〇九年）」。

第Ⅱ部
資本の地理的展開と複利的成長
――資本主義の地政学《ジオポリティクス》と都市空間《アーバナイゼーション》

［第6章］
世界経済と中国

・二〇〇七〜〇八年の金融恐慌に対する中国の解決策は、中国以外の世界の国々とどのように異なったのか？
・中国は資本主義の未来なのか、それとも社会主義の未来なのか？
・人工知能（ＡＩ）を基盤とする社会主義があるとすれば、それはどのようなものか？

中国経済の台頭

二〇一九年一月二日、株式市場の取引終了後に、アップル［アイフォンその他のデジタル製品を開発・販売するアメリカの多国籍企業］は、とくに中国〔中華人民共和国〕で売上目標を達成できない見込みだと発表した。ただちにアップルの株価は急落し（六％の下落）、この翌日、すでに大金を失っていた株式市場はさらに二・五％値下がりした。これについて興味深いのは、問題を引き起こしたのがアップルの中国での売上であったことである。もちろんアップル製品は中国で製造されているが、アップルにとって中国は重要な市場でもある。この問題に対する主な公式説明によれば、多くの理由から中国の消費市場は軟化していた。一番の理由としてはトランプの関税攻撃が挙げられている。しかし別の理由が後の報告に小さな文字で書かれていた。それは中国消費市場の景気の停滞であった。

しかしもっと綿密に検討するとアップル製品の人気は低下しており、アップルの中国市場のシェアはわずか七％にまで落ち込んでいたことがわかる。残りの八〇％は、ファーウェイ、シャオミ、オッポ、ヴィーヴォといった名前の中国系電子機器企業によって占められていたが、これらの企業は中国国外では無名であった。そのほとんどは二〇一〇年には名ばかりの存在であった。アイフォン（iPhone）やコンピュータなどの類いの中国での製造は激増してきたが、この激増ははるかに安上がりな経費で実現しており、これとともにはるかに簡単な携帯端末運用システムが中国で首尾よく活用されている。多くの中国の都市は現金経済からキャッシュレス経済にわずか三年で移行したが、そのための手段となったのが、手軽に使える中国製アイフォンであった。私はそれを直に経験した。コーヒー一杯すら現金では支払えなかった。

これに言及するのは、グローバル経済における中国の存在感と重要性が、今どきの世界の時事解説の多くで不十分にしか語られていないからだ。しかしアップルの事例が示すように、中国での出来事は、グローバルな資本主義の発展全般にとって決定的になろうとしている。実際のところ、とりわけ二〇〇七～〇八年の危機以降、それはすでに決定的なものとなっていた。資本そして資本主義全体は、二〇〇七～〇八年に景気後退に陥るところを中国経済の拡大によって救われたのである。われわれはまた中国経済の全体規模とその変化の速さを認める必要がある。三年間で中国の主要都市が現金経済からキャッシュレス経済へと移行した事実がその一例だ。

しかし中国経済の規模から論じていこう。今や中国経済は、従来基準の国内総生産で世界第二位にある。自国通貨で何が買えるかにもとづく購買力平価で換算すると、中国経済は世界最大の経済規模である。中国経済が栄えれば世界の他の地域も栄える。中国経済が景気後退入りすれば、これは資本の発展におそろしい影響を与える。

その反面、これは反資本主義的な見地からは重要なことだが、中国はいまだにマルクス主義の立場にあると表明している。〔一党指導制の〕中国はいまだに共産党によって統治される。中国共産党は実質的には資本家階級政党だと多くの人が言うが、それでもこの政党は依然として名目上は「共産党」であり、そこではマルクス、レーニン、毛沢東◆、鄧小平◆、そして今では習近平◆の思想が彼らの目標の核心として言及される。直近の〔二〇一七年の第一九回〕党大会では、二〇五〇年までに完全な社会主義経済〔「社会主義現代化強国」〕に至る計画だと宣言された。この完全な社会主義経済の特徴は、平等、民主主義、自然との良好な関係、そして美しく卓越した文明世界であろう。これは共産党の活動によって達成されることになる。この宣言が非常にはっきりさせたことがある。今すぐ民主主義を実現する見込みはなく、共産党支配の継続は絶対的に不可欠であるが、共産党こそが、中国の特色あるこの社会主義への移行機関になる、ということだ。

私の考えでは、社会主義の未来に関心あるわれわれのような者としては、中国での出来事とその計画は真剣に受けとめなければならない。二つの問いを心に留めておく必要がある。〔第一に〕社会主義の未来は、中国での出来事にどの程度左右されるのであろうか、そしてもし左右されるのであれば、それはどのような種類の社会主義になるのであろうか？　第二の問いはこうだ。世界の社会主義の未来は、中国での出来事によって、つまり中国の特色ある社会主義経済とされるものへと中国経済が計画的に変容することによって、決定されるのであろうか？

左派の側のいかなる人であろうと、これらの問いに注意を払うべきだと思われる。ある意味、われわれの生きている世界では、各自の役割を定めるにあたって、マルクスの言う「競争の強制法則」がきわめて重要な機能を果たしているからだ。われわれは中国と猛烈に競いあい、中国もわれわれと猛烈に競いあっている。この競争は単なる経済的競争ではなく、政治的競争であり文化的競争でもある。これはトランプ政権がわれわれに強く意識させたことの一つだ。われわれは中国について、もっと理路整然と考察すべきである。

私は中国の専門家ではない。中国についてもっと知っていればよいと思うし、中国語も理解できたらとも思う。中国には数回訪れたことがあり、文献もかなり読んではきた。とくに経済紙で何が起こっているか追いかけようとしている。しかし自分で提起した問いに対して、あまり明確な答えはもっていないと言わねばならない。中国での出来事すべてについて明確に分析しきれてはいない。中国が非常に複雑な社会であることは明らかである。だが、にもかかわらず〔先ほどの〕重要な問いに対する答えを探るなかで私の目を引く事態がいくつかある。

一九七八年以降の中国の変化

第一に注目されることとして、一九七八年に大きな変化が起こった。当時、鄧小平と若手集団が共に状況を検討し、事実上次のようなことを述べた。

われわれは何事かを変えなければいけない。何事かを変えて、経済の生産性を劇的に向上させなければならない。

◆**毛沢東**　中国の政治家・思想家、一八九三～一九七六年。中国共産党の創立者の一人。国共内戦・日中戦争を経て党内の指導権を確立。一九四九年、中華人民共和国成立とともに死ぬまで中国の最高指導者となる。一九六五年からは文化大革命を主導。

◆**鄧小平**　中国の政治家、一九〇四～九七年。フランス留学後、革命運動に参加し、中華人民共和国成立後、副総理・中国共産党総書記を歴任。文化大革命で「実権派」として批判され失脚。その後、復活と失脚を繰り返しながら、一九八一年に最高実力者となり、死ぬまでその地位を維持。「改革・開放」と呼ばれる経済改革を進めたが、一九八九年の「天安門事件」などの民主化要求には弾圧策をとった。

◆**習近平**　中国の政治家、一九五三年～。中国共産党総書記（二〇一二年～）、国家主席（二〇一三年～）を務め、中国の最高指導者となる。

その頃、中国経済は停滞していた。彼らが直面したのは次のような状況であった。世界銀行の一九八〇年の見積もりでは、中国では八億五〇〇〇万人が極貧状態で暮らしており、状況は改善していなかった。これがまず一つであった。

もう一つは、中国の周辺諸国が急速に発展し、生活水準を急激に改善させたことである。日本が発展した。韓国が発展した。そしてもっと重要なことに、中国人が中国の一部だと見なす台湾も発展した。香港は当時、名目的には中国の一部であったが、これも発展した。そしてシンガポールも発展した。だから中国から脱出して富裕国に移住した者たちはかなり豊かになったが、中国本土そのものでは経済が停滞していた。

中国共産党指導部は、帝国主義諸大国からの直接攻撃はひとまず脇に置くとしても、これ自体きわめて危険な状況だと見ていた。マルクスも述べたように、自由の世界は必然性の世界のかなたで始まると彼らは理解していた。中国が発展途上国だと真面目に主張しはじめるはるか以前に、中国人民に対して必要なものを賄うという観点からして巨大な隔たりを党指導部は抱えていたのである。まさにこの文脈で彼らは、ある要素を経済に導入することを決めたのだが、これが将来にわたって決定的なものとなった。彼らは生産性を向上させるために、経済主体間の競争を押し進めたのである。その方法が、経済に市場の力を導入することであった。

これを実施する際、もちろん彼らは欧米の経済学者に助言を求めた。ミルトン・フリードマンは一九八〇年に中国を訪問した。大学における経済学の教育方法は大幅に改められ、今、中国に行けば、経済学部でマルクスを丁寧に研究してきた人はほぼ皆無であるほどだ。大方の経済学部の教員たちはマサチューセッツ工科大学（ＭＩＴ）やスタンフォード大学のようなところで博士号を取得している。新古典派経済学◆は中国でよく理解されている。結果、彼らの経済分析の手法は変化しはじめ、彼らの政策も変化しはじめた。マルクスの政治経済学は、経済学ではなく哲学の一部門と見なされている。

この変化は驚くべき成功をおさめた。旧ソヴィエト圏にあった国々など、共産主義体制あるいは社会主義体制から資本主義体制へと移行した他の諸国を取り上げるなら、これらはすべて慢性的で、しばしば破局的な経済的大惨事を一時経験しており、しかもそこからいまだに完全には回復しきれていない。その一方で中国は非常に急速に発展した。世界銀行の推計では、一九八〇年の八億五〇〇〇万人から、二〇一四年までに四〇〇〇万人へと極貧層が減少した。ごく最近では、中国は二〇二二年までに国の貧困層をゼロにしようと計画している。これについてどう考えても、中国の人々の生活水準、商品や財などの入手しやすさが十二分に向上したことは間違いない。これは驚くべき達成であった。しかし達成されたものは、それだけではない。まったく新しい生活様式も展開させられたのである。

中国の日常生活は、急速な都市化によって根本的に変革された。一九九〇年代になるまでに、人口百万人以上の都市は何百も存在している。都市化の速度は年約一五%であり、一九九〇年代、農村部から都市部へと膨大な人口が移住している。たとえば一九九〇年代の推計では、その直近一〇～一五年間で約三億人が地方から都市へと実際に移り住んだとされる。これと比べると、アイルランドからアメリカへの移民の子孫は一世紀かけてもおそらく三〇〇〇万人であった。中国の出来事を、地球の他の場所の出来事と比較しはじめると、中国の変化の速度とその規模とは巨大であり、これまでの人類史には決して見られなかったものとなっている。

◆**新古典派経済学**　自由な市場を妥当として、個々の経済主体の市場行動を分析する経済学派。もともとは価値の由来を生産費用に加えて需要側の限界効用に求めるアルフレッド・マーシャル（一八四二～一九二四年）の経済学（ケンブリッジ学派）のみをさしたが、現在ではさらに広く、レオン・ワルラス（一八三四～一九一〇年）の一般均衡理論の影響を受けた市場分析と、限界革命以降の限界理論とを取り入れた経済学派全体を意味する。主流派経済学とも呼ばれる。

二〇〇七～〇八年の金融危機と中国経済

近年、グローバル資本主義は、その完全な崩壊から中国によって救いだされたが、その際にとられた決定的手法の一つを考察しよう。二〇〇七～〇八年のグローバル危機はご存知であろう。この危機はアメリカの消費市場を破壊したが、ひいてはアメリカの消費市場に商品を供給していた企業も国も景気後退入りした。中国は二〇〇七～〇八年に、輸出産業での雇用を約三〇〇〇万人分失ったと言われる。この時期、中国では激しい労働紛争も起こった。中国での労働者の抗議事件が数多く報じられ、その年には多くの企業も倒産した。倒産企業の多くは、支払い義務のある六ヵ月分の賃金を支払わなかった。多くの失業者が何もないままに路上に打ち捨てられた。

中国に恐るべき危機が起こったのである。ただし国際通貨基金（ＩＭＦ）と国際労働機関（ＩＬＯ）は二〇〇九年に調査を行なったが、そのさい「二〇〇七～〇八年の恐慌による純雇用喪失者数は世界各地でどれくらいか」という調査項目があった。アメリカの純雇用喪失者は約一四〇〇万人であった。ところが中国の純雇用喪失者はわずか三〇〇万人であった。ともかくも中国は一年半で二七〇〇万人分の雇用を創出したのである。まったくもって驚異的だ。私はこれを初めて知った際、「こんなことは前代未聞だ」とつぶやいた。しかしさらに読み調べると、中国は二〇〇〇年代に入ってからずっと、二〇〇〇万人分の雇用を毎年創出していたことがわかった。雇用状況の巨大な変化がすでに進行中であったのであり、彼らは危機対応のために、これを強化したにすぎなかった。

さて二〇〇七～〇八年には輸出産業は沈滞しており、その大部分が倒産しかけていたため、輸出産業では雇用が生みだされなかった。そのため中国は、一九九〇年代にはじめた活動を拡張した。彼らはインフラ投資を、とりわけ建造環境において拡張した。この説明のために私がよく使うグラフがある〔図表参照〕。中国のセメント消費のグラフだ。大量のセメントが消費されていれば、大量の建設事業が進行していること

中国のセメント消費量

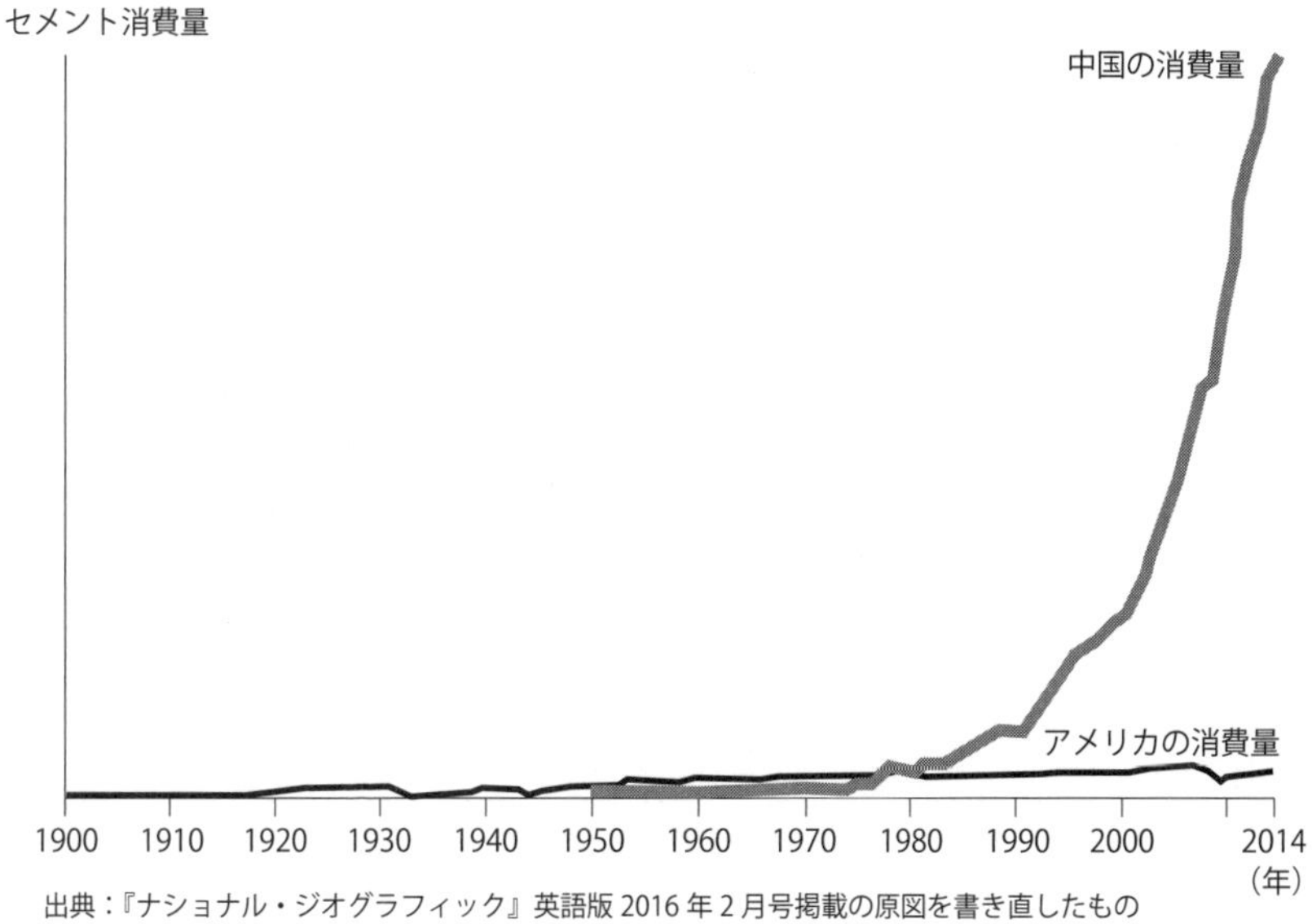

出典：『ナショナル・ジオグラフィック』英語版 2016 年 2 月号掲載の原図を書き直したもの

とになる。二〇〇七〜〇八年の後、中国のセメント消費量は三倍増となった。アメリカが百年間で消費したよりはるかに大量のセメントを、だいたい二〇〇九年から一二年までの二〜三年間で消費したのである。さてアメリカでも大量のセメントが使われていることは、アメリカに住んでいるわれわれには周知のことだ。だが中国の消費速度は驚異的であり、ほとんど途切れなく無制限に建設した。彼らは新しい都市を建設し、新しい道路や高速道路を建設し、高速鉄道網を建設した。二〇〇八年には中国に高速鉄道は存在しなかったが、二〇一四年までには約一万五〇〇〇マイル〔約二万四〇〇〇キロ〕の高速鉄道ができていた。ことによると今では約二万マイル〔約三万二〇〇〇キロ〕の高速鉄道がある〔二〇二〇年の時点で約三万八〇〇〇キロに及ぶとされる〕。これはすべて大量の資材を必要とするため、中国はインフラ投資の点でにわかに景気づいた。

二〇〇七〜〇八年の後に起こったことを覚えているであろうか。アメリカでは次のような提案がなされた。

御覧なさい。われわれはすべてを再稼働させることができます。壊れかけている橋があるのだから、インフラに投資すべきです。

この提案は政治的には実現しえなかった。とくに共和党員がこう言ったからだ。

必要なのは緊縮政策です。予算を増やすことはできない、そんなことはできません。

そのためアメリカでは緊縮政策が実行され、ヨーロッパでは緊縮政策が根づき、日本でも緊縮政策が喧伝された。この緊縮政策は、他の資本主義世界でもこう告げるのである。

二〇〇七～〇八年の危機は債務危機でした。債務は完済しなければなりません。だが、そのためにどうするのか？　緊縮政策です。債務を清算して、経済を良好な基盤に乗せるために人々は犠牲を払わねばなりません。

その後、ギリシャのような国での展開を見ると、この種の政策のひどい結果が理解される。中国人が行なったのは、まさにその真逆であった。彼らは次のように言った。

たしかに、われわれには問題があります。人々が仕事もなくうろついています。激しい社会的騒乱も起きています。彼らの雇用を回復しなければなりません。山ほどの雇用創出を、しかも素早く行なわなければなりません。これを建設工事で実現しましょう。建てて、建てて、建てまくりましょう。支払いはどうすればよいかですって？　心配ありません。実質的には借金か、あるいは何かしらの方法で支払うつもりです。

そして中国人は、外貨建てではなく自国通貨建てで借入を行ない、これによって危機を脱することができた。さて危機を脱する際、猛烈な勢いで建設するのであれば、建築資材が必要になるのも言うまでもない。この結果の一つとして、鉄鉱石その他の鉱物といった原材料を中国に供給していたすべての国々とその経済とが、かなり急速に危機を脱することになった。たとえばオーストラリアは大量の鉱物資源を中国に供給している。ラテンアメリカは危機を経験したが、通常の状況で想像されるほど悪くはなかった。チリのような国は猛烈な勢いで中国に銅を売っていたし、ラテンアメリカのその他の国々は大豆や鉱物を売っていた。これが、中国が二〇〇七〜〇八年にグローバル経済を救ったということの意味である。

中国経済の金融化

中国の驚くべき拡大は当時にあって決定的であったが、これ以降ずっと不可欠なものとなっている。実際、中国の国内総生産の増大は、二〇〇七〜〇八年以降のグローバル経済の復活にあたって最重要要素であった。しかし、すでに指摘したように、その多くは債務で資金調達された。そして債務限度は超過された。第二の出来事は、中国が債務による資金調達を駆使しただけでなく、その国内消費市場も広げなければならなかったということだ。中国経済内部に消費能力を確立しなければならなかった。今ではこれはグローバルな重大事だ。なぜなら外国資本の関心は、低価格商品の生産場所としてだけでなく、消費市場としても中国を利用することにあるからである。

本章の冒頭で、アップルにとって中国市場は非常に重要だと述べた。ただしアップルの中国での業績はもはや良好とは言えない。だが中国で巨大事業を営んでいる企業は他にもある。たとえばスターバックスのカフェは、アメリカよりも中国の方が多いと言われている。はっきり想像できるが、もしトランプが中国人に強く手出しをすれば、彼らはスターバックスに制約を課すであろう。こうして旨味のある中国事業の展開にあたってアメリカ企業全般がひどい目に遭うかもしれない。アメリカの自動車会社のなかには、すでに中国当局とややこしい関係に陥りかけているところもある。これはトランプの関税制裁に対する中国側の報復手段の一つかもしれない。中国の自動車市場は今や世界最大であり、アメリカ企業はそこから排除されるわけにはいかない。

中国の国内市場は成長中だが、成長には一定の手段が必要である。たとえば中国のような速度で住宅を建設するのであれば、この住宅を人々が購入しなければならないし、あるいは、この住宅に投資するための貨幣が人々の手になければならない。このためには人々が借り入れできなければならない。二〇〇七～〇八年以前の中国では、住宅ローンによる資金調達はそれほど簡単にはできなかった。しかし、この巨大な建設事業がはじまると、人々に住宅購入資金を調達させる新しい手段が生みだされなければならなかった。住宅・アパートを建設する企業への融資のためにも、また同時にそれを購入する消費者への融資のためにも、金融部門は拡張されなければならない。つまり、この一連の過程全体を後押しするために金融機関が強化されなければならない。

中国では、一九七八年以前の文化大革命◆の時代には、基本的に銀行は存在できなかった。一九七八年以降、銀行業の再登場は飛躍的なものであった。とくに一九九五年前後以降、銀行は中国社会において、はるかに活発な機能を果たしはじめた。〔S&Pグローバル・マーケット・インテリジェンスの二〇一八年の銀行総資産ランキングによれば〕今や世界の四大銀行は中国の銀行である。一九七八年の中国に銀行がなかった時代から、世界四大銀行が中国にある時代へと移り変わったのである――ちなみに第五位は日本の銀行〔三菱UFJフィナンシャル・グループ〕で、世界第六位が〔アメリカの〕JPモルガンである。アメリカは世界最大最強の銀行を擁していると思われがちだが、中国人が有する四つの銀行は、アメリカが示せるものよりもはるかに大きい。これらの銀行が開発業者に金を貸しており、もちろん消費者にも金を貸している。中国経済は非常に急速に金融化している。これが空前の速さで激変する中国経済のもう一つの重要点だ。

資本集約型産業への移行と「剣闘士資本主義」

中国人は今では次の点も認識している。既存の産業形態が、低賃金労働者による高加工価値生産ばかりであれば、活況ある経済を確立することは不可能である。中国人は今や経済構造の転換を図り、資本集約的手段による高付加価値製品を生産しようとしている。ここに突然、中国の新興コンピュータ企業が登場する。そのスピードに今一度注目しよう。多くの中国人企業家、科学者、技術者はアメリカで訓練を受けてきた。彼らの多くがアップルやグーグル〔検索エンジン・サービスなどの提供で知られるアメリカのインターネット関連多国籍企業〕に勤めたことがあり、そしてマイクロソフト〔コンピュータOS「ウィンドウズ」などを販売する世界最大手の情報関連技術開発企業〕のようなコンピュータ会社で働いた。自分たちで中国版シリコンバレー◆に相当するものを創りだせるか、という興味深い論争が中国国内で生じた。もし創りだせるのなら、どうすれば可能なのか？

中国に関する大きな誤解の一つは、欧米諸国の誰もが中国を、高度に中央集権的な経済だと考えている点だ。実態はそうではない。そこには中央集権と地方分権とが連携する信じがたい仕組みがある。基本的には北京の共産党が何か提案する。北京以外の各地がこれに応えるのだが、そのやり方はまったく地方分権的で地方的特色を帯びたものとなる。中央政府の求めに対して人々はそれぞれ独自の対応の手立てを模索する。事を図るは中央政府にあり、事を成すは地方にあり、というわけだ。地方分権は中央集権を永続

◆文化大革命　中国において一九六五年から約一〇年間、毛沢東の主導下で展開された政治・権力闘争。旧来の社会制度の変革や文化財破壊をともなう熱狂的大衆運動であると同時に、「資本主義の道」を歩むとされる中国共産党内「実権派」の打倒という目標を掲げた党内権力闘争でもあった。これにより鄧小平らが失脚し、多くの犠牲者も出た。毛沢東の死後、一九七七年に終結が宣言され、一九八一年に中国共産党中央委員会決議で公式に否定された。

◆シリコンバレー　アメリカ・カリフォルニア州北部にある地域の名称。アップル、インテル、グーグル、メタ（旧フェイスブック）が本拠を構えるなど、アメリカＩＴ企業の一大拠点である。

化させる非常に重要な道具なのである。

問題が起こると、所定の手続きで問題解決が外注される——これが中国人のやり方だ。あらゆる地方自治体、都市自治体、そして広域自治体が、その問題解決を支援するよう促される。ある地方が問題を解決すると、その解決モデルを採用するよう中央政府が全員に指示を出す。この仕組み全体に含意されるのは、きわめて積極的な地方企業家が必要になるということだ。各地方自治体は互いに孤立させられているようだ。それは中国国家全体のなかにある競争主体をなしており、互いに激しく競争しあう。

地方都市の市長は選挙で選ばれるのではなく、共産党に指名される。市長の平均任期は三年半である。仮に任期を四年としよう。さて、あなたは四年間市長であり、四年目の終わりに評価を受ける。あなたは共産党員であり、あなたの成果を共産党が検証することになる。四年目の終わりに査定表でもって、その業績が査定される。その地域の総生産をどれだけ成長させたか、社会調和の確立のために何をしたか、などが問われる。最近聞いたところでは、現在その査定表には約四〇項目があるとされるが、以前はおよそ七〜八項目であった。しかし鍵となる評価基準は「地方経済をどれだけ成長させたか」である。

あなたには地方市長として、地方経済の成長のための四年という時間が与えられる。良い仕事をして経済を見事に成長させ、社会調和を維持すれば、どこか他の場所での地位を提供されるかもしれない。こうして共産党の階層組織で出世できる。最終的に北京の中央委員会にまでたどり着くかもしれない。しかし事を成そうとするためには、その四年間に華々しい印象を与えなければならない。北京から来る意見や問題に対してだけでなく自由に仕事をするであろう。地方でうまくいきそうな着想を捉えることもできるし、もし成功すれば北京が好意的に評価し、報われることも期待されよう。しかし共産党がよしとせず、地方役人が懲戒されたり降格させられたり、さらには投獄されるといった事例がいくつかあることも明らかである。

さてシリコンバレーでの経験のある二人の企業家が、北京市政府に対して先端技術革新のための都市空間を設け、新しい電子機器企業や先端技術企業のためのインキュベーターを設立するという提案を行なった。土地はすべて国有なので、地方政府は簡単に空間を空けることができる。わずか六ヵ月で北京市は、ある区域から全員を立ち退かせて、「創業大街」と呼ばれる空間を造りだした。彼らは、インキュベーター空間のスタートアップ企業◆を助成する新組織も結成し、あらゆる必要な支援施設を設置した。必要になるはずのサービスはすべて集められた。北京には不動産賃貸料が高額だという問題があった。そこで政府は賃貸無料でスタートアップ企業を誘致した。ニューヨークやロンドンで、こんなことが起こるかどうかを想像してみてほしい。

この構想は大いに成功した。それはきわめて競争的な起業空間をもたらし、彼らの言う「模倣文化《コピーキャット》」がその特徴となった。この空間内では知的所有権はほとんど尊重されず、場合によっては存在しない。誰かが良い着想を思いついたとすると、他の人がただちにそれを盗みとるであろう。だから良い着想を思いついたら、素早く実行に移す必要がある。なぜなら素早く実行しなければ、他の誰かがそれを取り込んでしまうであろう。これは極度に躍動的な状況であった。北京のこの特殊な空間のなかでさまざまな企業が、あらゆる種類の新型携帯端末システム、そしてその活用システムなどを開発しはじめた。ごく短期間に、イノベーション、普及、そして実現と、さまざまな段階を踏むのである。

これによってシリコンバレーに相当するものが創出され、それも約三年で果たされた。しかし、そこにはシリコンバレーとはまったく異質な哲学と文化があった。たとえばシリコンバレーでは他人の着想を盗むのは良いことではない。このことを李開復は、その著『AI世界秩序――米中が支配する「雇用なき未来」』で次のように描いている。

シリコンバレーの企業家は、アメリカで一番の働き者という評判であった。徹夜続きで大急ぎで製品を完成させ、次にこれというものが見つかるまで、その製品を粘り強く改良していく情熱的な若い

◆スタートアップ企業　新製品・新生産方法・新市場などを開発して、短期間で急成長しようとする企業のこと。

企業家。たしかにシリコンバレーの企業家たちはよく働く。私は数十年にわたって、シリコンバレーと中国の先端技術現場にどっぷり浸かってきた。アップルとマイクロソフトとグーグルで働いたのち、中国の数十のスタートアップ企業を育て、投資した。そんな私からすれば、シリコンバレーは、中国と比べるとひどく怠惰に見える。〈……〉ネット企業家として成功した中国人は、地球上で最も競争の激しい場所を制して、今の地位に昇りつめた。彼らは、スピードがきわめて重要な世界、模倣《パクリ》が慣習として受け入れられている世界、競合者同士は新しい市場を獲得するためなら何でもする世界に住んでいる。中国のスタートアップ業界で過ごす毎日が試練であり、コロッセオの剣闘士のような日々を送ることになる。死ぬか生きるかの戦いで、敵は容赦なく攻めてくる。◆

二〇一〇～一一年以前には存在しなかったのに、突然現われ、ほぼ一夜にして中国の携帯電話市場の四割を占めるに至る新興企業群を生みだすのは、このような世界である。中国で構築されつつある世界は、このようなものだ。さて、これは私に何事かを教えている。それは、この模倣経済のことだ。無論これはアメリカの企業家たちにしてみれば非常に動転させられるものの一つである。中国では国内の知的所有権がまったく守られておらず、中国国外の知的所有権もあまり尊重されていないからである。さらに李が続けて語っているのは、この生みだされつつある別《オルタナティブ》のデジタル宇宙が今度は万人の評価基準になるということだ。私自身は何度か南京を訪れている。二度目に南京を訪れた際、地方企画室に行き、南京にシリコンバレー文化を創造しようという巨大展示会を見物した。中央政府は北京の企業家に何が起きたかを検証して、基本的に中国の全都市に向かって「同じことをせよ」と号令したのである。つまり中国は先端技術や人工知能（AI）その他、多くの高付加価値活動に進出しようとしている。これが目下のところ進行中である。

冒頭で取り上げたアップルの話は、この状況を表わしている。高付加価値産業における中国の競争力は、まもなく非常にすさまじく力あるものになる。それゆえアメリカは深刻な脅威にさらされるほどだ。たとえば新興大企業の一つがファーウェイである。ファーウェイの最高財務責任者◆がイランとの取引をめぐり、〔二〇一八年に〕アメリカの要請によってカナダで逮捕された。アメリカは安全保障上の理由から、この企業を激しく攻撃してきた。ここで起きているのが単なるイランとの取引問題という類いに留まらないのは明らかである。ファーウェイは多くのイノベーションに関わっている。

大容量データを処理できる第五世代移動通信システム（5G）が今まさに導入されつつある。ファーウェイは5Gネットワーク技術の開発で先んじている。他の企業は技術的に太刀打ちできない。アメリカはこの技術に投資すべきではないと主張してきたが、その理由は、すべての人の会話を中国政府が盗聴できるようになるというものであった。5Gネットワークは安全ではないと言われる。このネットワークが、中国政府の利用から隔絶されたかたちで実際に機能する保証はない。これがアメリカ政府の現今の主張であり、これを根拠としてアメリカはファーウェイの5G技術の使用を禁じている。アメリカの圧力に屈して、これにならった国もある。オーストラリアとニュージーランドは従ったし、アメリカはヨーロッパ各国も説得しようとしている（今のところ、まだうまくいってはいないが）。実際、イギリス政府は最近、ファーウェイの技術の限定的利用を認めた。◆しかし世界の残りの大半の国々はファーウェイの技術を採用しようとしている。質が良くて安いからだ。

ここでも変化の速度に再び注意しなければならない。二〇〇八年には、中国という国もその経済も、低賃金労働力にもとづく世界の工場だと考えられていた。中国が非常に重要な低賃金産業経済であるのは、

◆シリコンバレーの……容赦なく攻めてくる　李開復『AI世界秩序――米中が支配する「雇用なき未来」』（原著二〇一八年）、上野元美［訳］、日本経済新聞出版、二〇二〇年、二九頁。

◆ファーウェイの最高財務責任者　孟晩舟、一九七二年〜。ファーウェイ創業者の娘で、同社の副会長兼最高財務責任者であった孟は、二〇一八年にアメリカ・トランプ政権の要請でカナダ当局に逮捕された。その後、法廷闘争が続けられたが、アメリカ大統領選挙でトランプが敗北した後の二〇二一年九月、アメリカ司法省との司法取引が成立し、カナダで釈放され中国に帰国した。

◆限定的利用を認めた　ただし、二〇二〇年七月、イギリス政府はファーウェイの5G設備の排除を指示した。

いまだにそうだ。しかし二〇〇八年以降、中国は突如、先端技術分野に本格的に進出し、およそ八年のあいだにこの産業における重要な競争相手の位置を占めた。世界の先端技術企業の上位一〇社を挙げれば、今やその四つは中国企業である。二〇〇八年にはそんなことはなかった。これが中国モデルの変化の仕方だ。きわめて速く、きわめて機敏であり、政府によって支援されるとともに、巨大な規模の優位性も有している。中国国内では強力な政府介入が関与するが、高度に分権化されてもおり、結果として、いわゆる「剣闘士資本主義」というものが中国の文脈で出現しつつあるが、そこで絶対的中核に位置しているのが起業文化なのである。

中国の未来は資本主義か？　社会主義か？

さてここに至って次の問いに答える必要があると思う。ここまでのお話は、中国の未来というよりは、資本主義の未来なのか？　資本主義は通常、地理的不均等発展を通じて歴史的に成長する。ある場所が発展して主導的《ヘゲモニック》なものになる。もし私がこの種の話を一九八〇年代にしていれば、われわれは日本について話していたか、あるいは当時の西ドイツについて話していたであろう。両国は最も重要な経済大国であり、日本人が行なっていることは誰もがまねしなければならなかった。したがって誰もが「ジャスト・イン・タイム」生産システムやその他、何もかもについて語りはじめた。一九九〇年代になると日本は危機に陥り、ドイツは東西統一で混乱する。一九九〇年代の勝者は誰か？◆そう、ワシントン・コンセンサス◆があり、ようするにクリントン時代のアメリカが、ドットコム・バブルをひっさげて成長経済国として再登場する。アメリカが経済大国勝者としての地位を再び主張する。アメリカの知識人は「歴史の終焉」を宣言して次のように語る。

誰もがわれわれのようにならなければなりません。なぜならわれわれは、資本主義がどうあるべきであり、どうあるべきでないかの答えをもっているからです。

まもなく〔アメリカでは〕二〇〇一年の経済恐慌が起こり、住宅バブルとその後の二〇〇七〜〇八年の破綻へと続く。それまでに誰が勝者か、あらゆる者が模倣すべきなのは誰か、といった問いは、非常に競争的で不安定な状況で、興味深いグローバルな問題になりつつある。多様な地域的覇権国が形成されつつあるように見える。中国覇権域、北アメリカ覇権域、ヨーロッパ覇権域があり、そして日本はこの多くのあいだで落ちつかずにいる。

というわけで今ここにおいて中国人が勝者の地位につきかけており、もし彼らが勝者の地位につけば、これはいかなる類いの資本主義になるのかと問われるであろう。そこに人工知能が登場する。人工知能が未来であると中国人が決めたからだ。では人工知能の目的とは何か？　そう、人工知能の目的とは、生産過程から労働者を切り離す手立てを模索することにある。これは私が考えるに、労働者はどうなるのかという、とてつもなく大きな問題になる。この問題に対する答え方によって中国共産党が社会主義をどの程度本気で信じているかがわかるであろう。

◆ワシントン・コンセンサス　一九八〇年代の累積債務問題への対応として、ワシントンを本拠とするアメリカ政府・国際通貨基金・世界銀行との間であったとされる政策的合意。その原則は、財政赤字の是正、資本市場と貿易の自由化、民営化、規制緩和などの債務国政府への強要であった。イギリスの経済学者ジョン・ウィリアムソン（一九三七〜二〇二一年）によって一九八九年に初めて指摘された。

◆ドットコム・バブル　一九九九年から二〇〇〇年にかけて、アメリカを中心としてインターネット関連企業への投資が拡大し、関連銘柄の株価が異常に高騰した。これがドットコム・バブルと呼ばれる。二〇〇一年に暴落しバブルは弾けた。

〔参考文献〕

・Kai-Fu Lee, *AI Superpowers: China, Silicon Valley, and the New World Order* (Boston: Houghton Mifflin Harcourt, 2018)〔李開復『AI世界秩序——米中が支配する「雇用なき未来」』（上野元美〔訳〕、日本経済新聞出版、二〇二〇年）〕。

・Xi Jinping, *The Governance of China* (Beijing: Foreign Languages Press, 2014)〔習近平『習近平——国政運営を語る』（第一巻、日文翻訳組〔編〕、外文出版社、二〇一四年）〕。

〔第7章〕

資本主義の地政学

・債券保有者と政治権力はどのような関係にあるのか？
・空間的回避とは何か？
・空間的回避が解決しようとするのは、いかなる問題なのか？　この問題が決して解決できないのは、なぜなのか？

権力の領土的論理と資本主義的論理

資本の地理学と地政学という話題に入ろう。私は地理学出身なので、いつも分析のどこかでともかく少し地理学を挟み込む必要を感じるからである。これにマルクス的な立場から取りかかるために認識すべき重要な点は、マルクスが『資本論』を次の議論からはじめていることだ。すなわち資本主義的生産様式では、富が商品の姿で評価される、あるいは富が商品形態で「現象する」のである。一冊の書物としての『資本論』は商品論からはじまる。商品経済と商品的な政治文化が興隆するまでには長い時間がかかった。シェイクスピア◆（マルクスのお気に入りの作家の一人）は『ジョン王』（第二幕第一場）で、この過渡期を次のように描いている。

狂気の世界だ！　狂気の王たちだ！　狂気の和解だ！

〈……〉

あのつくり笑いを浮かべる紳士、商品による利益という名のおべんちゃら野郎だ、世の中をねじ曲げる錘《おもり》野郎だ、

世の中はそれ自体ちゃんとバランスがとれているので、

本来まっすぐな道をまっすぐ進んでいくものであるのに、

この利益ってやつ、この邪道へと足を引っぱる錘野郎、

この世の中の動きの支配者、この便宜主義者が、

その方向、目的、進路、目標を強引にねじ曲げ、

公正な道を踏みはずして突っ走らせてしまうのだ、

そしてこの錘野郎、この利益ってやつ、このポン引き、

このやり手ばばあ、このすべてをかえてしまう言葉、

〈……〉

だがどうして俺は、利益ってやつをののしるんだ？

俺がまだやつに言い寄られたことがないからだ。

やつの美しい天使である金貨が俺の手に口づけをするとき、

指を握りしめてそれを拒否する力があるからではない、

この手がそういう誘惑にあったためしがないので、

貧しい乞食が金持ちに八つ当たりするようにののしるのだ。

ま、俺が乞食でいるあいだはののしりつづけ、

金持ちであること以外この世に罪はないと言ってやろう、
そして俺が金持ちになったら、美徳そのものの顔をして、
乞食であること以外この世に悪徳はないと言ってやろう。
国王たちでさえ利益のためには誓約を破る世の中だ、
利得こそ俺の君主、俺が崇拝するのはおまえだ！◆

シェイクスピアがこれを書いた歴史的時期には、イギリスと西ヨーロッパで商人資本が自己主張しはじめていた。あらゆるものの貨幣化が非常に重要になりはじめる。これ以前の人々は、主に親族関係や家族関係の絆を通じて思考したり行動したりしており、多くの交換が物々交換であった。家族関係の絆と金銭欲への屈従とのこの違いは、シェイクスピア劇にしばしば登場する。

この違いは今日も刻みつけられている。テレビシリーズ『ゲーム・オブ・スローンズ』◆を考察してみよう。この今どきの人気連続ドラマでは、家族の絆と貨幣権力の追求との対立というテーマがその顕著な特色となっている。しかし、さまざまな空間性が関わっている。家族との絆は領土と結びついているが、貨幣は簡単に境界を越える。一方では、ラニスター家やらスターク家やらタイレル家やらが反目しあっている。人々の絆は一つの「家」、一人の人間、一つの家族にある。この絆とは異質な金《きん》の追求が、〈鉄の銀行〉なる団体の参入によって『ゲーム・オブ・スローンズ』の世界に入り込んでくる。各家族は、特定の

◆**シェイクスピア**　ウィリアム・シェイクスピア、一五六四〜一六一六年。イングランドの劇作家・詩人。代表作に『ロミオとジュリエット』『ハムレット』『マクベス』『オセロ』『リア王』など。
◆**狂気の世界だ！……俺が崇拝するのはおまえだ！**　ウィリアム・シェイクスピア『シェイクスピア全集　ジョン王』（原著一五八七〜九八年頃）、小田島雄志［訳］、白水Uブックス、一九八三年、六三〜六六頁。
◆**『ゲーム・オブ・スローンズ』**　ファンタジー小説を原作としたテレビドラマ・シリーズ。中世ヨーロッパ風の空想世界での群像劇で、二〇一一年から一九年にかけてアメリカなどのケーブルテレビ局で放映された。

場所と空間と時間に位置しており、したがってたいていその領土は定まっている。スターク家は北部、ラニスター家は南部などだ。彼らの絆は領土構造に埋め込まれる。家族間や党派間の戦いは、こうした領土構造を横断する。

シェイクスピア時代のヨーロッパにおいては、これらの戦争は場当たり的で気まぐれであり、じつにさまざまな同盟関係も交わされた。こうした事態は混乱のもとにもなりかねない。誰の背後に誰がいるのか、ある党派がなぜ裏切ったのかを説明するのが難しいことも多いからだ。この混沌状態に対して、一定の秩序をヨーロッパ全域にもたらしたのが、一六四八年のウェストファリア条約◆である。これによって宗教戦争、民族戦争、氏族間戦争、万人の戦争という長い年月に終止符が打たれた。この条約で基本的に合意されたのは、いわゆる国家、つまり主権を内部にもった国民国家なるものが存在すべきだという見解である。一般的には、あらゆる国家は他の国家に対し、その主権、その領土保全、その国境を尊重すべしということだ。これはその後の歴史で常に守られたわけではないが、非常に重要な合意ではあった。それはヨーロッパ全域の領土的権力構造を明確にし安定させた。これにともなって、その固定された領土構造内部に囲い込まれ包含された一つの政治的、経済的権力の論理が出現した。一六四八年以降、国民国家という名目のもと各々の領土内において、ある種の権力構造を生みだそうとする試みが続けられる。この権力構造は、その領土内では自らを保持する一方、周囲の世界に自らを誇示することも可能であった。この権力の論理が構築される中心にあったのは、当初は軍事力であった。この論理はまた、とくにエリート層の優れた教育と優れた文化に依拠するようにもなる。この背後で理想国家を創造しようとするさまざまな取り組みも行なわれた。国家制度の出現は、国家内部に住む人々を統制し管理する一定の階層構造《ヒエラルキー》をともなっていた。これらの制度構造が一つの要因となって資本主義的階級権力も出現できたのであり、またこの構造そのものが資本主義的階級権力の制約条件にもなったのである。

マルクスは、これらの主権と権力の領土構造について、いつかは取り組むつもりだと何度も表明していたが、その著作ではほとんど取り上げられなかった。結果としてマルクス主義の伝統のなかで資本主義国家の理論化をめぐって長期にわたる論争が交わされてきたが、それは概して結論の出ないものであったと言うしかない。しかしながらマルクスが焦点をしぼったのは、もう一つの権力の源であった。この源は生産手段の支配にあり、利益の上がる商品生産能力の支配にある。最終的には、この支配から転じた権力こそが、資本流通・資本蓄積の内外に及ぶものとなる。当初、この権力の尺度と重点は貨幣の統制にあり、この貨幣は歴史的には金《きん》を意味していた。世界の出来事を理解する、あのもう一つの認識方法が生まれたのは、まさにこのレンズを通してなのである。ある種の政治的な問題や難問に直面した際、「お金《かね》の流れを追え」と研究者はよく助言する。お金を追うと、舞台裏でじつは誰が何をしており、どこに権力があるのかが解明されるはずだ。これが権力の資本主義的形態である。

つまり権力には二つの論理がある。一つは国家とその制度とに結合した領土的論理であり、もう一つは資本主義的論理である。後者の論理をもたらすのが、私的利害関係にもとづく諸活動を主に介した資本の流通であり、終わりなき蓄積である。資本主義的論理の場合、莫大な権力を欲するのであれば、世界資産の八割を支配するとされる八人の億万長者の一人になればよい。この権力を使えば、他人を、とくに肉体労働者や労働者階級を、支配し統制することができる。ただし、この権力が行使される環境は、権力の領土的形態が作用する環境でもある。億万長者の資本家が領土的国家権力とどう折りあうのか、あるいは逆に領土的国家権力が億万長者の資本家とどう折りあうのか、これについて問題が起こることがしばしばである。より有力な資本家やその分派が国家を、自身の利害の代理人にしようとすることも多い。しかし国家権力は、より複雑なものでもある。というのも国家は多様な市民の欲求と必要に応えなければならず、しかも億万長者は、そうした人々に不人気であるかもしれないからだ。大きな問題は、国家内部で権力を

◆**ウェストファリア条約**　西ヨーロッパ全域を巻き込んだ「三〇年戦争」（一六一八～四八年）を終結させた条約。国家の領土権、領土内の法的主権、内政不可侵の原理という現代国際法の根本原理が確立された。これにより近代主権国家制度とその相互関係が打ち立てられた。ドイツ語読みで「ウェストファーレン条約」とも呼ばれる。

もつ者の正当性である。国家機構内部で貨幣権力がどのように行使されるのかについても争いが絶えない。この二つの権力論理の関係をどう理解すればよいのか、という疑問が生じる。

まず二つの論理は互いに別々のものではない。これらは絶えず互いに影響しあっている。たとえば富裕層は、貨幣領域での事態を規制するために国際機関を設立するかもしれない。だが、この規制は権力の領土的論理を確立するか変更することになり、ひいては世界市民的《コスモポリタン》な資本家階級と関係のある領土内エリートにも利益をもたらすかもしれない。

たとえば国際通貨基金（ＩＭＦ）は、グローバルな通貨交換の規制という重要な役割を担っている。他にもバーゼルの国際決済銀行のように類似の機能を果たす機関もある。そのうえ世界銀行だ。このような多くの機関が資本蓄積の方向性に大きな力をふるっている。地球規模で活動する民間団体も多い。アメリカ社会で言えば、その最も強力なものの一つは、たとえばマッキンゼー・アンド・カンパニー◆だ。この国際的なコンサルタント・会計・法律事務所は、法律問題や金融問題に巨大な影響を及ぼすだけでなく、多くの公共政策分析の発信源にもなっている。領土的権力者になった人は、誰であろうと問題を抱えれば、マッキンゼーその他の大手コンサルタント会社に助けを求めるのが普通だ。

これらの会社はすべて通常、新自由主義的活動の処方箋を提示するのであり、政策実施の段になると、そのいずれもまったく同じ考えであるかのように見える。私はよく同僚と共に左翼版マッキンゼーの構築を夢想したものだ。それが実現すれば、真に左翼的政策を掲げる人物が政権を握った際、手頃な価格の住宅の不足とか環境劣化対応など、さまざまな政策問題に社会主義的解決策を提示できるコンサルタント組織が彼らの手元にあるというわけだ。

資本主義的論理の優位と領土的論理の適応

権力の領土的構造と権力の資本主義的論理との関係には細心の注意が必要である。権力の資本主義的論理を考察すると、資本は運動する価値だとマルクスは主張する。この権力の論理とは、ようするに運動であり、あらゆるものがその運動に左右される。貨幣は流れ、商品は運動し、生産も運動し、労働者や資源といった生産要素も運動するなどである。権力の貨幣形態は固定することも静止することもなく、絶えず運動する。国家が実行しづらいことの一つは、この永久運動を抑えたり支配したり、さらにはそれを阻止したりすることである。より空間的に制約された固定的国家権力は、資本の運動による挑戦を絶えず受けることになる。

ミッテラン◆は一九八一年にフランス大統領になった際、国家権力の行使によって社会主義的計画を実行しようとした。彼は銀行を国有化し、国内市場の制圧へと経済の舵を切ろうとした。このために彼は、資本の運動と資本逃避の可能性とを抑えなければならなかった。ミッテランの計画に対する資本の対応は、できるかぎり早くフランスを離脱することであった。資本は、社会主義によって支配される世界では活動したくなかったのである。国家の側の対応は資本規制を課すことであった。結果、フランス国外でのクレジットカード利用も規制され制限された。一九八〇年代にさかのぼれば、クレジットカードは今ほど一般には普及していなかった。ただしフランスでは当時カルト・ブルー◆と呼ばれる実質的な一種のＶＩＳＡクレジットカードが大きく普及していた。人々は休暇に出かけると、これを使った。ミッテランはカルト・ブルーの利用を規制しなければならなかった。フランス人は激怒した。数ヵ月もたたずにミッテランは資本の国外逃避を規制することは不可能だと察した。彼の人気はガタ落ちとなり、ほとんどゼロになった。

◆マッキンゼー・アンド・カンパニー　アメリカの大手コンサルティング会社。世界六〇ヵ国に展開。日本でも、たとえば小池百合子東京都知事（二〇一六年〜）の都政改革本部の特別顧問・特別参与などに、同社出身者が名を連ねている。

◆ミッテラン　フランソワ・ミッテラン、一九一六〜九六年。フランスの政治家。左派統一候補として立候補し、フランス大統領（一九八一〜九五年）を務めた。

◆カルト・ブルー　フランスの銀行口座に付帯されるキャッシュカード兼クレジットカード。

彼は方針を転換せざるをえなかった。銀行国有化を取り消し、それ以降は――イギリス海峡対岸のサッチャーのごとき――善良な新自由主義的大統領になった。資本逃避の力が、国家の機構能力を規律づけたのである。この頃には資本権力は、グローバル経済の出来事を規制する全能の力と化していた。世界中の領土的権力を規律づける能力が資本にあるのは明らかであった。新自由主義の時代において国家は、資本家階級の貨幣権力の代理人として絶えず動員される。債券保有者が自らの利益のために国家権力を統制する。

ビル・クリントンが一九九二年に大統領に当選した瞬間が、その見事な実例であった。ただし、これは作り話かもしれない。彼は大統領に選ばれると、すぐに自分の経済対策の概要作りに着手した。クリントンの経済顧問たち、なかでも大手投資銀行ゴールドマン・サックス出身のロバート・ルービン◆はクリントンをじっと見て、その経済対策は実行不可能だと述べた。クリントンが「なぜできないのか」と言い返すと、ルービンは「ウォール・ストリートが許さないから」などと言った。報じられるところによるとクリントンは次のように述べたという。

私の全経済対策、私の再選の全展望が、忌ま忌ましいウォール・ストリートの債券取引業者連中次第だと言うのか？

どうもルービンは「おっしゃるとおり」と答えたようだ。クリントンは国民皆保険など、あらゆるステキなことを公約して政権に就いたのだが、さて彼は何をもたらしたのか？　彼がもたらしたのは北米自由貿易協定（NAFTA）であった。彼がもたらしたのは福祉制度改革であり、そのせいで福祉制度ははるかに懲罰的なものになった。彼がもたらしたのは刑事司法制度改革であり、そのせいで大量投獄が加速した。彼がもたらしたのは世界貿易機関（WTO）であり、そして任期の最後にグラス・スティーガル法が廃止された。この法律は、投資銀行に対する最後の業務規制障壁であった。言い換えると、彼はゴールドマン・サックスが長いあいだ望んでいた計画をすべて実行したのである。クリントン以後のアメリカ史において財務長官がゴールドマン・サックス出身者でなかった時期はごくわずかしかない。この重要な指標に示される構図によれば、国家権力の領域で実行可能なことを債券保有者が指図している。

アメリカでこう言うと、陰謀論的思考だとすぐに非難される。誰も信じてくれない。しかしギリシャに行って、現地の人々に、債券保有者と政府のどちらが事態を支配しているかと尋ねると、まったく違った答えが出てくる。さらに続けて次のように尋ねてみよう。

二〇一一年以後、この緊縮政策をギリシャに強引に押しつけたのは誰なのですか？　ここで実際に主導権を握っているのは誰でしょう？

そうすると、もちろんのこと答えは、急進左派連合（SYRIZA）◆率いる社会主義政府と債券保有者だということになる。急進左派連合は、決定的瞬間に金融業界に屈服し、債券保有者の要求する政策を実施した。同じような闘争はヨーロッパ各地で進行中だ。まさに今（二〇一九年）イタリアでは争いが起こっている。債券保有者の——直接的ではなくヨーロッパ連合諸機関を介した——元来の主張と、イタリア国家権力の主張とが完全に食い違っているからだ（ただしイタリア側には大した力があるわけでもない）。ギリシャの債務は当初、ヨーロッパの民間銀行、とくにドイツとフランスの銀行に対するものであった。

◆ロバート・ルービン　アメリカの銀行家・政治家、一九三八年〜。ゴールドマン・サックスの共同会長（一九九〇〜九三年）を務めたのち、クリントン政権で国家経済会議委員長（一九九三〜九五年）、財務長官（一九九五〜九九年）を歴任。

◆急進左派連合（SYRIZA）　ギリシャの新興左派政党。ギリシャ債務危機に際して反緊縮を打ちだして、二〇一五年のギリシャ総選挙で政権を獲得したが、ヨーロッパ連合との債務交渉で屈服し、緊縮政策に転じた。二〇一九年の総選挙で敗北。

これらの銀行は二〇〇〇年頃以降、無制限に融資を行なっていた。もしギリシャが二〇一一年に債務不履行《デフォルト》を宣言したとすれば、フランスとドイツの銀行はまさに窮地に追い込まれたであろう。ドイツ政府とフランス政府が自国の銀行を救済し、ギリシャの債務不履行による損失を補償しなければならなかったであろう。しかしヨーロッパの強国は債務不履行を認めないようギリシャにかなりの圧力をかけた。ギリシャ国民は、ヨーロッパ連合からの支援があると何度も何度も約束された。しかし支援は来なかった。銀行に対する債務は民間銀行から、いわゆるトロイカ〔三頭立てのロシアの馬車のことだが、転じて、三者による協調指導体制のこと〕――ヨーロッパ中央銀行、ヨーロッパ金融安定基金、国際通貨基金――に移管された。こうして民間銀行の破綻のかわりに国際機関が債務を引き継ぎ、その支払いをギリシャに迫ったのである。トロイカは包括的緊縮政策を要求した。つまりギリシャは国有財産を民営化し、あらゆる公共財、公共資産、公有地を売却しなければならなかった（パルテノン神殿の民営化さえ提案された！）。国家は年金を削減し、あらゆる社会的支出を削り、病院や学校なども閉鎖しなければならなかった。こうして人々は、社会的支援も社会的サービスもほぼ何も受けられないまま耐え忍ばなければならなかった。このような事態にギリシャは陥った。ギリシャ人自身に「ここで主導権を握っているのは誰か、ギリシャ政府なのか、債券保有者なのか」と尋ねれば、きわめて明確な答えが返ってくるであろう。結局、今や世界各地が、まさにこの状況なのだ。

資本蓄積の可能性に対する各領土政府の対応いかんによって資本蓄積も左右される。このことが地球規模にまで広がっている。それでは何が見えてくるのか？ アメリカでの最新事例はフォックスコンである。同社はウィスコンシン州に進出し、何かしらの工場を建設すると申しでているが、その際、十分魅力的な包括的助成措置を受けられることが条件となっている。同様にアマゾンもニューヨーク市に「おたくの町での事業開設を考えているので、自分に必要な支援と資金のすべてを提供すべきだ」と述べている。繰り返し何度も大企業は言う、「自分には進出できる場所がじつにさまざまな所にあるのですが――ところで、あなたがたのうちのどなたが一番うまい話をしてくれるのですか」と。実際、アマゾンは新拠点の設置予定を告知して入札を募り、都市間競争、州政府間競争を引き起こした。ニューヨーク市ではうまい話が提示されたが、市民が反発し、それゆえアマゾンは「よそに行く」と返した。結局、その一部がニューヨーク市に進出したが、当初とは別の地区に行った。フォックスコンの方はというとウィスコンシン州と交渉した。州政府の決定によって、州進出と工場設立に対して助成金四〇億ドルがフォックスコンに支給されることになった。フォックスコンという会社が興味深いのは、その事業の大半が中国でのアップル社製電子機器の製造でありながら、同社が台湾企業だからである。十分な助成金（主に将来の税金の減免というかたちでのそれ）が与えられることを条件に、ウィスコンシン州で今度、事業を開設しようとしているのが、主要事業を中国で行なっている台湾の企業なのである。試算では、雇用を一名創出するごとに二〇万ドル以上を州が提供することになっている。これに合意するや、フォックスコンは方針を転換し次のように表明した。「さて、ところでわれわれは実際には、そこでは何も製造するつもりはないのです」と。自分たちはただ研究拠点を設置するつもりだというわけである。ウィスコンシン州政府は何の手出しもできない。領土組織と企業との力関係は、近年、後者に有利になる傾向にある。

だからといって領土が重要でなくなるわけではない。一九八〇年代には多くの研究者が、領土は重要ではないと結論づけ、今や国家は無意味だとさえ口にした。権力はすべてどこか他のところにあるのだ。大企業の側に権力が移行し、地理的移動が容易になるにつれて、利潤最大化にあたって、わずかな地理的差異が以前よりもはるかに重要となった。大企業が求めるのは、ある場所にあって他の場所にはない立地上の利点である。ある場所にあって他の場所にはないような、わずかな税制上の優遇措置でさえ決め手になりうる。つまり地方自治体あるいは国全体がそれぞれ税制を改正し、民間企業を最大限優遇するのである（これに長けたのがアイルランドだ）。こうして生じるのが、外国投資を引きつけようとする熾烈な都市間競争であり、地域間競争であり、国家間競争である。これは現在の国家権力の一大目標である。結果、国家権力は私的資本に従属する。それゆえ事態を掌握するのが債券保有者でないとしたら、それは独占大企業なのだ。

一九五〇〜六〇年代の先進資本主義諸国の状況は違っていた。当時の国家は今より、はるかに社会民主主義的であり、資本に対する力も強かったからである。国家の使命は、一つには、その住民大衆に福利を保障することであった。それは必ずしもうまくいったわけではなかったし、たしかに多くの問題もあった（たとえば家父長主義的態度《パターナリズム》である）。さらに一九六〇～七〇年代にさかのぼると強力な資本規制があり、世界中に貨幣を移動させることは今ほど簡単ではなかった。私は、イギリスからヨーロッパ大陸に初めて行ったときのことを覚えている。トラベラーズチェック〔海外渡航に際して発行される外国旅行者向けの小切手〕をつくるために銀行に申請しなければならなかった。私はわずか四〇ポンドのトラベラーズチェックを認められ、パスポートの裏面に金額のスタンプが押された。翌年まで追加の四〇ポンドは購入できなかった。この種のことは今日では信じられないかもしれないが、私の子どもの頃はこのような状況であった。イギリスに住む人は誰もが資本規制体制のもとで生活していた。このような規制は、国際通貨制度の仕組みに関する一九四四年のブレトンウッズ協定◆と合致していた。ブレトンウッズ体制という国際的資本規制は一九六〇年代終わりに崩壊し、一九七〇年代に放棄される。その後、世界経済の内部では貨幣資本が、はるかに流動的なかたちで運動しだした。

資本の地理的運動の歴史的周期性

これは資本の地理的運動という問いへとわれわれを導く。資本は、その運動中に三つの基本形態をとる。第一は貨幣である。第二に商品になる。そして第三に生産活動になる。資本のこれらの形態のうち、最も移動させやすいのはどれか？　それは結局のところ貨幣形態である。貨幣は、蝶の形態にある資本だと考えられる。それは世界中を飛びまわり、いつでもどこでも、舞い降りられそうなきれいな花を見つけると、そこに降りてくる。そして再び羽を開くと、どこか別のところに飛び去っていく。商品は資本の幼虫形態である。それは、かなりゆっくりと這いまわり、扱いづらく移動させにくいことも多い（たとえばダイヤモンドに対して鋼棒は運びづらい）。資本の第三形態である生産は、最も動かしにくい。特定の歴史的局面において、この三形態のうちのいずれが優位を占めるかはとても重要だと思われるが、この答えの一部は、資本がどの程度、可動的であるべきかによる。

　ジョヴァンニ・アリギ◆は、この点に関して興味深い議論を行なった。アリギの言うところ、資本は一定の時期に至ると、生産形態での拡大が実際に困難になり、その商品形態での進行も大きく鈍化する。こうなった場合、より流動的な金融制度を創造する動きが起こりやすい。アリギは、この種の歴史上の周期的転換を立証する。〔一三～一六世紀のイタリアの〕ヴェネツィアとジェノヴァはいずれも商品取引地であり商品生産地でもあったが、やがて金融業務をつけ加えた。金融業者としてのこの両都市は、その貨幣を使うにあたり地理的に機動的で柔軟な存在になった。イタリア都市国家から北のオランダへと権力と貨幣が移転するにあたり、この金融化は重要な役割を担った。これが〔一六～一八世紀での〕世界的通商体制の第二の覇権《ヘゲモニー》をつくりだした。商人資本と金融資本が低地の国々《ネーデルラント》［現在のベルギー、オランダ、ルクセンブルクにあたる］に集中し、アムステルダムやアントウェルペンが、そしてユトレヒトやブルッヘといった有力な商業都市が資本蓄積の活発な中心地となるにつれて、この地域全体の権力も強まっていった。

　しかし、この体制もその限界に達すると、金融化の次の段階が生じる。これは一七世紀後半から一八世紀にかけて次の覇権への移行をもたらし、イギリスへの資本の集積と集中に至る。これが産業革命をもたらした資本である。イギリス資本は、世界体制《システム》の別種の覇権の基盤となって、国内では工業化を、国外では帝国主義的占領と植民地とを生みだした。ついには金融化を介して、イギリスからアメリカへの移行が

◆ブレトンウッズ協定　一九四四年、アメリカのブレトンウッズで開かれた連合国通貨金融会議で結ばれた協定。一九四五年に発効。この協定により国際通貨基金（ＩＭＦ）と国際復興開発銀行（世界銀行）が設立され、アメリカ・ドルを基軸通貨とする金＝ドル兌換制と固定為替相場制が確立した。この協定にもとづいて「ブレトンウッズ体制」と呼ばれる国際貿易体制が資本主義諸国間で一九七〇年代まで続いた。

◆ジョヴァンニ・アリギ　イタリア出身の歴史社会学者、一九三七～二〇〇九年。イマニュエル・ウォーラーステイン（一九三〇～二〇一九年）らとともに世界システム論を唱えるとともに、資本主義の歴史的発展パターンと国家間システムの地理的展開を分析した。

起こったのであり、こうしてアメリカは一九四五年以後、資本主義体制の無敵の中心的覇権国家になった。アリギの主張によれば、アメリカは一九八〇年代に、その生産能力の点で限界に達しはじめる兆候があったとされる。この頃、金融化に向かう強力な運動が目撃される。そして今まさに大問題なのは、この金融活動が実際どこに向かおうとしているのか、という点だ。生産能力の新規搾取に最も開放されている場所であれば、どこにでも資本は向かう。そして今まさにこれが起きている場が、言うまでもなく中国なのだ。

結果として中国が次のグローバル覇権国になるか否かは議論の余地がある。それぞれの覇権の移行にともなって、その規模も劇変した。最初はイタリア都市国家の規模であったのが、低地の国々《ネーデルランド》、イギリス、そしてついにはアメリカの規模に至っている。アメリカに取って代わるには規模の変化が必要になるはずだが、その影響は計り知れないものになると言ってよい。アリギの考えでは、これによって現在、複合的覇権地域としてのアジアが台頭しつつあるのかもしれない。人口という点では、中国とインドとインドネシアを足すと、たしかにその資格を満たすであろう。だが、これらの国のいずれがどのように連携するのか、そしてもし連携が起こったとしても、その影響によって、生産、消費、社会福祉、そして環境的諸条件がどうなるのかは予想しがたい。

金融資本主義がどの花に舞い降りるのか、金融投資と資本主義的発展が生じる最適条件はどこにあるのか――これらの問いに関して金融資本主義は非常に流動的であり、現状もこの流動的状況の一環にある。われわれが今置かれているのは、このような状況だ。現在の資本主義的構造と経済的、政治的権力とを大規模に再領土化させるのは、またもや資本の貨幣形態なのである。

資本の空間的回避《フィックス》

本章の前半で私が注目したのは、資本の異なる形態に付随するさまざまな地理的可動性であり、国家機構と政府によって組織された権力の領土的論理と、商品生産と金融操作に携わる法人資本の地理横断的な分子的流れとの対照性であった。さて今度はこの問題全体を異なる視点から考察してみることにしよう。ここで私のお気に入りの理論的複合概念を使いたい。それが私の言う「空間的回避《フィックス》」という考え（あるいは理論）である。

資本は発展するものであり、発展するにつれて拡大する。したがって資本の地理学では、空間内外での資本の終わりなき拡大が重要になる。一定領土内での拡大可能性は、資源、人口、利用可能なインフラ設備などによって究極的には制約される。こうした領土内では、ある時点で資本主義的拡大が限界に達する。世界の一部地域に資本余剰が積み上がり、しばしば余剰労働者も生じる。これらの資本余剰には、利益を上げて活用できる一つのはけ口が求められる。それでは余剰資本はどこに向かうのか？　一つの解決策は植民地開発である。もう一つの解決策は、資本主義体制の未発展な他の場所に向けて、資本を（場合によっては労働力も）輸出することである。以上が私の言う「空間的回避」だ。利潤追求の不可避の帰結として資本の過剰蓄積が生じるが、「空間的回避」はこの過剰蓄積に対する一つの解決策なのだ。

マルクスは、この空間的回避の運動について興味深い記述を残している。余剰資本のある領土は世界の他の場所に貨幣を貸しつける。借りた側はこの貨幣を使って、資本余剰国から商品を買う。借入国は、その買った商品を使って、自国民の欲求と必要を——大量消費を介して——満足させるか、あるいはインフラを建設して、自国の資本主義をさらに発展させる諸事業に乗りだすか、そのいずれかを果たすことができる。

たとえばイギリスは、一八五〇年頃から深刻な余剰資本問題を抱えた。国内市場は飽満し、イギリス国内には資本を使って利益を上げられる機会などほとんどなかった。こうしてイギリスは資本輸出を開始した。しかし、これにはいくつかの方式があった。イギリスの典型的な駆け引きの一つはこうだ。イギリスはアルゼンチンに鉄道建設費用を貸しつけた。しかし、その鉄道設備はすべてイギリスから運ばれた。したがってアルゼンチンに融資されたイギリスの貸付資本は、イギリスの鉄鋼生産と鉄道設備生産の余剰能力を吸収した。余剰生産能力問題は解決し、これと同時にアルゼンチンはパンパ［ラプラタ川流域にある大平原］を横断する鉄道を

ムンバイのチャトラパティ・シヴァージー・ターミナス駅（旧ヴィクトリア駅）。（撮影：Joe Ravi）

建設し、この鉄道はというと、できるかぎり安価に小麦を港に運ぶために使われる。そして安価な小麦はイギリスに売られる。イギリスでは安価な小麦がパンの製造費を低下させ、結果、産業資本家は賃金を削減し利潤を増やすことができるようになる。労働力の再生産費用が安くなるからである。このようにして世界のある地域での資本余剰は、他の場所で使われて資本主義体制の拡大を展開させるとともに、基本消費財の費用を低下させることで資本輸出国の利潤も高める。

一九世紀において資本余剰の輸出中心地は、まことに稀《まれ》であった。こうした場所は主にイギリスと西ヨーロッパの一部にしかなかった。資本余剰の多くはアメリカへと流れた。この資本余剰に関連して二つの事態が起こりうる。資本余剰は国家権力によって管理されるか、市場システムを通じて自由に流れ込むかである。ここで一九世紀のイギリスとそれ以外の世界各地との関係には学ぶべきものがある。イギリスはその市場を広げなければならなかった。大英帝国のインド併合によって、イギリスはインド農村部の織物産業を破壊し、インド製品はイギリスの織物工場からの輸入品に取って代わられた。インドは、イギリス産業の専属市場として編成されたのである。しかしインドは輸入織物の代金を何とかして支払わなければならなくなった。どうすればよいのか？　イギリス産織物製品への支払いを可能にするには、インドから何かを輸出する必要があった。インドにも輸出品はあることにはあった。お茶や黄麻《ジュート》などだ。しかし、これだけでは足りなかった。そこでイギリスはインドを「説き伏せて」、アヘンを生産させ中国に送り込んだのである。中国のアヘン市場はイギリス陸海軍の軍事行動によって強制的に開放された（いわゆる「アヘン戦争」である）。中国は銀でアヘンの支払いをしなければならず、銀はまずインドに送られてから、織物の代金としてインドからイギリスに向かった。ローザ・ルクセンブルク◆は、イギリス帝国主義に関するその著書『資本蓄積論』でこの事態を概説している。この場合、イギリス織物産業の余剰生産能力問題に対する空間的回避は次のことにかかっていた。すなわちインドの衣料産業の破壊であり、イギリス製品のための専属輸出市場にインド市場を転化させることであり、アヘン貿易など別種の商品生産と商品取引とをつくりだし、織物製品に対する支払いができるほど十分な銀をもたらすことであった。

しかし、この空間的回避には他にも必要なものがあった。そして、この「他にも必要なもの」が引き起こしたのが、適切な物的インフラの生産である。この点についてもマルクスはインドに関連して非常に興味深いことを述べている。インド市場を統合し、その外国による支配を容易にする方策の一つは運輸・通信分野への投資であった。イギリスはインドに鉄道を建設した。もし近々、インドに行けば、精巧なヴィクトリア朝風の鉄道駅がムンバイの中心街にあるのを目にするであろう〔写真参照〕。それは、イギリスのこの手の植民地建設活動の象徴である。したがって、またもや世界の他の場所に余剰生産能力が輸出さ

◆**ローザ・ルクセンブルク**　マルクス主義政治理論家・経済学者・革命家、一八七一～一九一九年。ポーランドに生まれ、ドイツ社会民主党に入党。その主著『資本蓄積論』において資本蓄積と帝国主義の関係を分析した。第一次世界大戦勃発に際してドイツ社会民主党がナショナリズムに引きずられていくことを批判し、戦争反対を主張。戦後、革命組織スパルタクス団を母体としてドイツ共産党を創設。一九一九年の一月蜂起に際して右派義勇軍によって殺害された。

れたのだが、その帰結としてのインフラ建設のためには当の場所に支払手段がなければならなかった。外国資本が貨幣を貸しつけてインフラを建設できたなら、インフラ使用を通じて外国資本に一定の利益がもたらされるであろう。ちなみに、このインフラがインドの生産性を向上させたり、インドの市場生産能力や市場販売能力を向上させたりするなら、誰しも恩恵を得られたかもしれない。ここでもまた一つの空間的回避の作用が見られる。インドは、原材料供給源として、貨幣的富の抽出源として、そして市場としてイギリスに活用されたのだが、これが資本余剰産出傾向へのイギリスの基本的対処策であった。

しかし資本輸出による空間的回避にはもう一つの形態がある。その最も明白な代表的事例はアメリカであった。イギリスの余剰資本はアメリカにも到来した。というのもアメリカ先住民の大虐殺の結果として、開発余地のある領土が存在したからだ。しかしアメリカでは余剰資本は市場の創出のためだけに利用されたのではない。この資本の一部は実際そう使われた。しかし余剰資本は、アメリカを本拠とする企業家によっても使用され、資本蓄積の代替的《オルタナティブ》な中心地を創出した。余剰資本は、大量消費の充足のために手配されたのではなく、生産活動に投資されたのである。イギリス資本はアメリカ国内への資金供給の点で非常に重要な役割を果たしたが、それは代替市場だけでなく、まったく新たな資本蓄積中心地をも創造したのである。これがアメリカで本格化するにつれて、機械需要やその他の生産手段需要がアメリカでもイギリスでもヨーロッパでも増大する。こうしてグローバル市場には多大な需要がもたらされ、その一部に応じるためにイギリスでもアメリカ市場向けの生産が拡大する。しかし、この過程の働きによって、資本主義的商品生産領域における領土的競争主体も生みだされる。ある時点に至ると、アメリカはその独自の資本蓄積形態を発展させ、イギリスやヨーロッパの生産事業との競争に参入しなければならなかった。アメリカはイギリスと競争し、結局、イギリスを打ち負かすことで、グローバル資本主義での覇権的地位を競争によって獲得した。だから、ある意味でイギリスは自らの終焉をもたらす代理人への融資にあたって、その決定的役割を担ったのである。これもまた空間的回避の一つのかたちだ。

しかし空間的回避は危機／恐慌の形成との関係でも、きわめて重要な役割を果たす。空間的回避は空間的な置き換えだけでなく、長期的、時間的な置き換えも引き起こすからである。アメリカでの鉄道投資の事例を取り上げてみよう。この種の投資活動は長期にわたる。半年で利益が出るようなものではない。一定の利益率が見込めるにしても、それは遠い未来のことだ。この長い時間を経れば、アメリカ経済の生産性は上昇するはずだからである。だが、これは一〇年、一五年、二〇年以上の期間になる。とても長期にわたる投資活動だ。そして長期的な投資活動は、ある種の信用制度に依拠することになる。信用制度のおかげで貨幣権力が、長期の計画期間中にも動員できることになる。これにともない、マルクスの言う「擬制資本」（まだ存在しないものに対して設定されながら、市場での売り物として譲渡可能な貨幣請求権）も活用され、やがて新たなインフラが建設される。そして、このインフラは代替的資本蓄積や資本流通の代替的発展の基盤に転化する。このような仕組みには興味深い歴史がある。その種の空間的回避は、一九四五年以降、グローバル経済で加速しながら進行してきたが、とりわけ一九七〇年頃から急速なものとなっている。資本余剰は、アメリカや他の各地から、世界にある別の開かれた空間へと展開させられ、代替的生産システムが創出される。この代替的生産システムの主な目的は新しい市場創出にあるわけではない。

第二次世界大戦以降の資本の空間的回避

一九世紀のイギリスに関するかぎりインドでの事業は、アメリカでの事業ほどはイギリス産業の利益にはならなかったと私は主張してきた（そしてこれは論争点でもある）。インドの宗主国イギリスは、受動的消費市場の構築を優先させ、資本主義に固有な活力（企業家の「野心的意欲《アニマル・スピリット》」）を抑圧したからである。イギリス人は、資本主義的な競合的生産システムがインドで発展するのを阻止しようとした。彼らはインドを自分たちの言いなりになる市場として維持したかった。だが、これは資本の活力を妨げる。それは結局、市場の成長と継続的拡大を抑え込む。だからインド式解決策は長期的にはイギリス企業の利益を損ねていった。ところがアメリカではイギリスは事態を掌握できなかった。一方ではアメリカ市場の発展を通じて空間的回避は拡大しつづけ、これと同時にアメリカが地政学的な覇権闘争で、ついにはイギリスを破ることになるのだが、この展開をイギリスは掌握できなかったのである。

一九四五年以降、グローバル経済には大問題があった。懸念されたのは一九三〇年代の不況の再来であったが、今回は、戦争経済との関連で生産能力が激増し、復員兵も膨大な数に及んでいた。そしてアメリカの政策立案者は実際、重要な点を理解していた。アメリカは植民地の解放から利益を得るであろう、という点だ。イギリスやフランスやオランダの支配から植民地は奪いとらなければならない。植民地は、帝国列強の専属市場として留まるべきではない。アメリカの専属市場は数少なかった。そこで自らの国益のために植民地市場をすべて開放せよと要求し命じたのである。アメリカは植民地市場を、イギリスやフランスとまったく同じくらい容易に植民地化できると想定したのだが、ただしこの手段として、グローバルな自由貿易体制を用いたのである。

植民地を解放し、別の発展の仕組みへと世界を開放することは、アメリカの資本余剰を吸収する助けとなるであろう。これがマーシャル・プラン◆の支配的精神だ。しかしマーシャル・プランは、アメリカからの余剰商品の便利な掃きだめとしてヨーロッパを利用しようとしただけではない。その目的はまた、世界中の資本と資本蓄積地を建てなおして、世界市場を劇的に拡張することにもあった。余剰資本が日本とヨーロッパに移転するにつれて、ヨーロッパ経済と日本経済の再生と復活につながる。一九四五年から七〇年頃までの期間はグローバル経済の驚くべき成長期であり、その成長の大半は、資本の成長と蓄積の新たな中心地が西ヨーロッパと日本とに生みだされたことによるのである。

一九八〇年代までには、これらの新たな蓄積地は世界の舞台でアメリカを打ち負かしはじめた。つまり自らの競合国を生みだす手助けを自らしていたという状況にアメリカは突然、気づかされた。もし一九八〇年代にこの話題を述べるのであれば、グローバル資本主義から見ると、日本と西ドイツが主導的《ヘゲモニック》になりつつあると話したであろう。実際、この二ヵ国は先頭を走っていた。そして、かつてはアメリカもこうした状況を促した。とくにソヴィエト連邦との冷戦や、中国で台頭しつつあった別種の共産主義の可能性を踏まえると、それを促すことはアメリカの国益にかなったからである。だが、やがてアメリカは、西ドイツと日本の爆発的成長にどう立ち向かうかという問題に直面した。アメリカの答えは、ルールにもとづいた世界秩序をつくりだし、誰もが競争でき、相互に開放された貿易から誰もが利益を得られるようにすることであった。開かれた市場での自由貿易とグローバリゼーションとをアメリカは解決策と見なしたのである。アメリカは、このルールにもとづく体制のもとであれば、競争に勝てるとも確信していた（その理由の一部は、この体制がアメリカ資本に有利なように構築されていたからである）。

これが新自由主義的秩序であった。つまり自由貿易であり、関税障壁の系統的削減であり、資本と商品の容易な移動を世界各地で促進するグローバルな金融体制の創出である。運輸・通信分野などでの新技術の創出が大きな助けになった。これには、いろいろなことが関わっている。しかし結果の一つは、資本蓄積の代替的中心地が数多く発展したことであった。たとえば日本は一九六〇年代に非常に力強く成長し、一九七〇年代の終わりには莫大な量の余剰資本を抱えることになる。これに、どう対処するのであろうか？　日本人は資本輸出による空間的回避を模索する。さらに日本人はアメリカ消費者市場を「植民地化」しはじめる。日本によるアメリカ経済の「侵略」が続いた。彼らはロックフェラー・センター〔ニューヨーク市マンハッタンにある超高層ビル複合施設〕を買収した。ハリウッドに参入して〔映画製作会社の〕コロンビア・ピクチャーズを買収した。余剰資本が日本から再びアメリカへと戻って来たわけだ。しかも日本の余剰資本はアメリカ以外の世界各地にも及び、ラテンアメリカのような多くの新興市場でミニ帝国主義の態度さえ示している。

その後まもなく同じ展開が日本以外のアジア全域で続く。韓国は、当初は自由市場経済としてではなく軍事独裁体制のもとで発展する。しかしアメリカは、きわめて単純な一つの地政学的理由のために韓国の発展を促す。つまり共産主義体制の封じ込めだ。ソヴィエト連邦と中国は脅威となっていた。共産主義体制の拡張を封じ込めるために、資本主義的、親資本主義的な韓国の繁栄が必要とされた。アメリカは韓国

◆マーシャル・プラン　第二次世界大戦で被災した西ヨーロッパ諸国のためにアメリカが推進した復興援助計画。

経済の発展を支援し、技術移転を促進し、アメリカ市場への参入を優遇した。しかし一九七〇年代の終わりまでには、韓国は、とてつもない生産装置をもって余剰資本を生みだしていく。韓国はどうするのか？ 空間的回避を模索するのだ。韓国はアメリカで自動車生産を開始し、アメリカの電子機器製造企業を買収すると同時に、アメリカ市場を植民地化し、他の新興市場でも生産を組織する。一九七〇年代終わり頃には余剰資本が韓国から打ち寄せる。中央アメリカとアフリカに突然、韓国人が経営する下請企業が出現する。そこでの韓国人の労働慣行と人権慣行はかなりひどい。

しかし、いつの間にか台湾でも同じことが進展している。アメリカが台湾を支援するのは、台湾の経済成長とその繁栄を望むからだ。台湾には、共産主義中国に再吸収されることなく、アメリカの勢力圏に確実に留まってもらいたいのだ。だから台湾の産業が、大いに重要なものになりはじめる。一九八二年頃、資本余剰問題が生じ、台湾からの資本輸出が突如あふれだす。これはどこに向かうのか？ それは世界中に向かうが、その多くは、まさに資本主義的発展に開放されたばかりの中国に向かう。今や世界最大の複合企業《コングロマリット》の一つ、フォックスコンが中国進出を開始したのは、まさにこの時であった。日本の生産者も韓国の生産者も中国に進出した。しかし台湾の進出は大規模であった。つまり、これらの国はすべて生産を中国へ移転させはじめた。それゆえ中国の発展は一九七八年以後、台湾、日本、韓国、そしてもちろん香港の資本にきわめて大きく依拠している。香港は非常に興味深い事例だ。中国の開放以前、香港の繊維産業と衣服産業は、すでにイギリスの繊維産業を打ち破り、これを凌駕していた。イギリスの繊維産業はすでに産業競争力を失いつつあった。マンチェスターの繊維工場と衣服製造工場は、香港の繊維製品に太刀打ちできなかった。香港資本は拡大しようとしたが、香港領土内では労働者も資源も市場も不足した。そこに中国が突然開放され、深圳が開放された。大量の安い労働力を利用するために香港資本が中国に流れ込んだ。一九七〇年代と八〇年代の中国の工業化は、以上のように、香港、台湾、韓国、日本からのすべての資本輸入の帰結である。

結果、中国国内では驚くべき生産的経済が創出された。この経済は何を行なったか？ それは競合国を打ち負かしはじめる。日本ではどうか？　日本経済は一九九〇年頃からずっと低迷している。台湾企業であるフォックスコンは中国で一五〇万人を雇用しているが、台湾そのものはもがいてきた。だがフォックスコンは今では、ラテンアメリカやアフリカにも生産設備を有している。ウィスコンシン州にさえ進出している。ここでも空間的回避が作用する。ある場所から別の場所へと絶え間なく資本は移動しつづける。

空間的回避の地政学

さて今度は、余剰資本の対処問題に中国が直面する番だ。偶然なのかどうかわからないが、二〇〇八年に中国ではすべての目標が転換したらしい。二〇〇八年はグローバル資本主義の巨大な危機の年であった。アメリカにある中国の主要消費者市場は崩壊し、アメリカ向けの輸出は激減した。しかし二〇〇八年には初めて、中国に入る外国直接投資より、中国から出ていく対外資本輸出の方が上回った。その後、資本輸出は増加し、資本輸入をはるかに超えた。中国は積極的な資本純輸出国と化している。その輸出の大半は、生産への直接投資ではなく、商業信用の形態をとっている。中国は、国内余剰生産物（たとえばレール鋼）を吸収させるために、東アフリカ諸国に商業信用を供給している。二〇〇〇年には中国の資本輸出を描こうとしても基本的には何も描けなかった。しかし二〇一五年までに中国の余剰資本は、いたる所に存在するようになった。中国は、自国の余剰資本のための空間的回避を模索しているが、この事態に全世界が巻き込まれている。中国は、いわゆる「一帯一路」構想◆なるものを中心に、これを組織しつつある。「一帯一路」構想とは、中国からの余剰資本を配分して、ユーラシア大陸の運輸・通信網の接続性を再構築するという地政学的拡大計画であり、これはアフリカを横断してラテンアメリカへと及んでいる。この種の地

◆**「一帯一路」構想**　中国とヨーロッパにかけての広域経済圏構想。二〇一三年に中国の習近平国家主席が提唱した。

政学的戦略には長い歴史がある。

ハルフォード・マッキンダー◆はオックスフォード大学の地理学教授であった。ちなみに私はオックスフォード大学で教えていた七年間（一九八七〜九三年）、ハルフォード・マッキンダー地理学教授職にあった。ハルフォード・マッキンダーは反動的で右翼的な帝国主義者であり、二〇世紀前半にその著作を執筆した。彼は地政学の思想家でもあり、次のような定式を考えだした。中央ヨーロッパというハートランド〔中軸地帯〕を支配する者がユーラシア大陸という世界島を支配し、世界島を支配する者が世界を支配する、と彼は述べたのである。中国人は少なくとも一〇〇〇年にわたって、自らの地政学的な位置と勢力とについて考えている。彼らはマッキンダーを読んだ。アメリカにも独特な地政学の理論と歴史がある。しかしアメリカに霊感を授けたのはアルフレッド・セイヤー・マハン◆であった。マハンは一八九〇年代に、歴史における海上権力《シーパワー》の役割について書いていた。マッキンダーは陸上権力《ランドパワー》を強調し、マハンは海上権力を強調した。ハルフォード・マッキンダーが最も影響力をもっていたのは一九二〇年代にさかのぼるが、第二次世界大戦まで書きつづけた。一九二〇年代、三〇年代には、ドイツの地政学思想「ゲオポリティク」（Geopolitik）という一大学派が出現した。彼らの主張によれば、国家は有機体にやや似ている。したがって国家は資源（たとえば石油）を適切に入手して自由に消費しなければならず、その独自の生存圏を明確にする必要がある。ドイツの地政学者ハウスホーファー◆と結びついている生存圏（Lebensraum）理論は、世界支配をめざすナチス・ドイツのイデオロギーに絶対不可欠であった。一九三〇年代に東ヨーロッパ（およびルーマニアの油田地帯）へとナチス・ドイツは膨張したが、これはドイツ国家が生存圏を獲得し世界島を支配すべきだという必要性を訴えていた。世界支配をめぐる闘いの中心には、マッキンダーの定義したような中央ヨーロッパというハートランドの支配が位置していた。ハートランドの支配が世界支配への道をつくりだした。こうしてチェコスロヴァキア侵略、そして次にポーランドへの侵攻が起こったのである。

　われわれが今まさに中国の「一帯一路」計画を通じて見ているのは、中央アジアにおける中国の地政学的影響力の拡大である。中国の資本余剰問題の空間的回避は、一つの地政学的プロジェクトへと転換されつつあり、この計画では、中央アジアはインフラ投資によって中国の勢力圏へと吸収される。興味深いことだが、アメリカは、その海上権力によってグローバルな影響力の大半を構築しており、南シナ海では米中間に深刻な衝突が起こっている。だが中国は中央アジアでの陸上権力も重視しており、この地域ではアメリカも、大きな地政学的影響力の行使が困難であると認めている。中国は中央アジアの状況に対して、ほぼ完全な支配を主張しだしているが、アメリカは中国の影響力に異議を唱えることができない。

しかし中国の「一帯一路」計画は、ここまで述べてきたよりもはるかに広範なものだ。それはアフリカでも、きわめて大きな影響を与えつつあり、アフリカは二〇〇八年からわずか数年間で、中国からの融資によるインフラ建設（たとえば東アフリカ横断鉄道）のために巨額の債務を抱えるようになった。アフリカでの資本主義的拡大が注目されてきている（たとえばエチオピアやスーダンにおいてである）。アフリカ（およびラテンアメリカ）向けの中国の投資活動は、そのほとんどが外国直接投資ではなく、商業融資のかたちをとっている（ただしザンビアの銅など、鉱物資源については外国直接投資も一部行なわれている）。中国人は貨幣を各国に貸しつけては、自国の余剰生産物（鉄鋼、運輸設備、セメント）を買いつくさせるという古典的戦略に取り組んでいるが、これはイギリスが一九世紀に自らの国益のためにアルゼンチンの発展を支援したのと同じ手口である。

しかし地政学的な見方もできる。私はマッキンダーが正しかったとは思わないが、ひょっとすると中国

◆**ハルフォード・マッキンダー**　イギリスの地理学者・政治家、一八六一〜一九四七年。地政学理論の先駆者とされる。

◆**アルフレッド・セイヤー・マハン**　アメリカ海軍の軍人、一八四〇〜一九一四年。歴史家、戦略研究者として知られる。主著に『海上権力史論』（一八九〇年）など。

◆**ハウスホーファー**　カール・エルンスト・ハウスホーファー、一八六九〜一九四六年。ドイツの地政学者。その議論は、ナチス指導部に影響を与えたとされた。第二次世界大戦後、自殺。

人の方ではマッキンダーは的を射ていると思われており、中央アジアの支配はそれ自体、決定的な地政学的プロジェクトだと考えられているのかもしれない。これが、中国西部のイスラム教系ウイグル族に対する容赦のない対応の理由なのかもしれない。もし中国人がこのような観点から考えているのであれば、そのセメント余剰と鉄鋼生産余剰とを使って、中央アジア全域に鉄道を建設し、そしてついにはヨーロッパにまで到達しそうである。今や一番列車は中国からロンドンに向かって出発する。そして海路なら少なくとも六週間かかるところを、二、三週間ほどで到着する。中国人は、中央アジアを横断する高速鉄道網の建設によって、中国からヨーロッパに行く時間を劇的に短縮できるはずだと考えている。これこそ彼らが建設しようとしているものだ。欧米の経済評論家は、これを経済的には無益な投資だと述べることが多い。それは利益を上げるはずがない。それはおそらく短期的には利益を上げることはないであろう。しかし長期的には、それは現実に世界構造全体を地政学的に再編することになる。

中国のプロジェクトが本来、経済的なものというよりは地政学的なものであることはほぼ間違いない。だからこそ長年、いかなる所でもアメリカと争わなかった中国人が、今や南シナ海でアメリカの軍事力と競いあっているのも偶然ではない。しかし彼らはすでに中央アジア一帯を確保しており、そこには競合相手が誰もいない。ロシアは中国のプロジェクトには反対していない。それどころか中ロの協力関係は年々強くなっているようだ。アメリカは中央アジアで大したことができるわけではない。これは興味深い事態だ。私は中国に滞在した際、ロシアについて否定的なことは言わない方が良いと何度か忠告された。両国の利害協調関係が中央アジアでも、そしてこの地域以外でも明らかにあるからだ。ベネズエラに対してアメリカは、クーデターの直接的企て、制裁措置、あるいは国内騒乱の醸成によって、マドゥロ政権を転覆させようと繰り返し試みているが、これを前にして中ロ両国はベネズエラを支援している。世界中で、おぼろげな地政学的分断の出現が目にされはじめているが、これはまもなく現実の抗争に変わるかもしれない。だが注意しなければならないのは、この「一帯一路」計画が、余剰資本と余剰生産能力の処理のための空間的回避の模索問題にも収斂しているという点である。

資本は三%の複利的成長率を永遠に運命づけられている。つまり資本と資本蓄積のグローバルな地理的配置は複利的割合で再編されつづける。われわれが目にしつつあるのは、アメリカから日本へ、日本から中国へ、中国から中央アジアやアフリカへと向かう空間的回避のたらい回しであり、これが資本の複利的成長の論理の地政学的表明でもあるということだ。地理学的には非常に用心せねばなるまい。前世紀に二つの世界大戦を引き起こしたのは、この手の事態なのだ。いずれの大戦にも地政学的競合関係が関与した。世界大戦、あるいはその類いのものが起こるに違いないなどと主張したいわけではない。地政学的な競合関係と地政学的諸理論の役割とをよく慎重に分析する必要があると言っているだけだ。現在のあらゆる緊張関係――とりわけ中東での緊張関係――を考えると、それらを無視することは愚かであろう。一九三〇年代に起きたように、資本の過剰蓄積に対する空間的回避の模索と地政学的競合関係とが融合するときこそ、一歩下がって大いに警戒すべき時期なのである。地球規模の戦争という大混乱へと真っ逆さまに落ち込まないようにするためだ。空間的回避の地政学が、真剣に取り組まれるべき研究の焦点とならなければならない。

［参考文献］
・Giovanni Arrighi, *The Long Twentieth Century: Money, Power and the Origins of Our Times* (London and New York: Verso, 1994)［ジョヴァンニ・アリギ『長い二〇世紀――資本、権力、そして現代の系譜』（土佐弘之ほか［訳］、作品社、二〇〇九年）］。
・David Harvey, *Spaces of Capital: Towards a Critical Geography* (New York: Routledge, 2001), Chapter 14: The Spatial Fix: Hegel, Von Thunen and Marx.

◆**マドゥロ**　ニコラス・マドゥロ・モロス、一九六二年〜。ベネズエラの政治家。反米社会主義路線を標榜したウゴ・チャベス政権の副大統領を歴任し、チャベスの死後、ベネズエラ大統領となる（二〇一三年〜）。議会との対立での強硬姿勢により、国内反対派や欧米の政治家・メディアからは独裁者だと批判されている。

・David Harvey, *The New Imperialism* (Oxford and New York: Oxford University Press, 2003)［デヴィッド・ハーヴェイ『ニュー・インペリアリズム』（本橋哲也［訳］、青木書店、二〇〇五年）］。
・Rosa Luxemburg, *The Accumulation of Capital* (Mansfield Centre, CT: Martino Publishing, 2015 [1913])［ローザ・ルクセンブルク『資本蓄積論』（全三冊、小林勝［訳］、御茶の水書房、二〇一一～一七年）］。

〔第8章〕成長シンドローム

・北半球《グローバル・ノース》の「先進」諸国のほとんどで、工場はおおむね姿を消したように思われる。これに取って代わったのは何か？
・いかなる意味で、利潤率の傾向的低下法則は二面的な法則なのか？
・成長率だけに焦点を当てて、成長量を無視することで、どのような誤解を招く可能性があるのか？

資本による労働制度の選択

私がマルクスの『資本論』を初めて教えたのは一九七〇年のことであった。それから本当に長いこと、毎年『資本論』を教えてきた。しかし今年（二〇一九年）、私はとても久しぶりに第一巻を、インターネット上の実況映像◆で講義した。マルクスのテキストに立ち戻るのは、いつでも面白い。一九七〇年の状況は二〇一九年とはまるで違っていた。たとえば機械と近代工業についての長い章を私がどう読んだか考えてみよう。資本は自らの特質にふさわしい技術を発展させるために長年奮闘してきたとマルクスは論じた。

この技術——工場制度——は、労働技能にもとづく封建制時代の技術とも、一六五〇年から一八世紀後半の産業革命までの「マニュファクチュア」〔工場制手工業〕時代を特徴づける初期の組織形態とも、かなり異なっていた。

一九七〇年に私がこうしたことを教えた際には、マニュファクチュア時代についての章◆は歴史的興味しかないかのように通読した。本当に重要な内容は、次の工場制度に関する章◆にあった。マルクスはわれわれに、工場制度がいかにはじまり、いかに普及し、いかなる社会的影響をもたらしたのかについて、すばらしい説明を提供してくれた（ただし、かなり長い！）。工場制度は単なる一つの機械ではなかった。それは機械体系、機械をつくる機械に関するものであり、生産のなかで労働者がどのように使用され、配置され、酷使されるのかに対して多大な影響をもたらしたのである。蒸気機関のような一般的技術は、じつにさまざまな産業分野で利用可能であろう。工場監督官の報告からマルクスが集めた資料は、工業労働への移行のなかで経験された痛々しい労苦とその革命的性格との生き生きとした証拠を示していた。

しかし今回の講義の際に急に思い当たったのだが、近頃のアメリカの若者の多くは工場についてあまり知らないのではないか？　おそらく彼らは実際の工場労働者と知り合いではないし、ましてや組合員の工場労働者の知り合いなどいないであろう。一九七〇年代であれば、ほとんどの家族は工場労働の世界とある程度のつながりがあったし、その知識もあったであろう。

アメリカでは工場制度はほぼ消失した。しかし、これに取って代わったのは何であったか？　じつのところ今回、私が逆に感銘を受けたのは、マニュファクチュア章の叙述の多くが、今の現実と実際に共鳴していることだ。たとえば不安定《プレカリアス》な労働である。労働者の地位や分業のあり方は絶え間なく変わる。熟練技能を扱える人々はその技能を独占しようとし、労働人口中の特権的地位を自力で確保しようとする。このような独占可能な熟練技能に資本は闘いをしかけてきた。資本は、独占技能と結びついた熟練労働者の特権をなくすことで、労働過程と労働者を再プロレタリア化しようと絶えず試みてきたのである。一八世紀には特権を授けるのは個々の道具であった。ところが現代では、コンピュータ・アルゴリズムその他の情報技術に関わる熟練技能がこの特権を授けるのである。

私は考えたのだが、これは奇妙だ。マルクスは人間の発展を目的論的に考えてしまうことが間々あり、共産主義というあらかじめ決められた未来に向かって容赦なく前進する進歩の運動を示唆することがあるからだ。少なくとも資本主義のうちは——場合によっては資本主義後の世界であっても——、工場労働が結局、他のあらゆるものに取って代わると、マルクスはほのめかしているように思われた。

現実の事態が逆行するかのように見えるのだから、かなり奇異な感じも覚えるのである。マルクスの論述の目的論的解釈に対して私はいつも疑念を抱いてきた。私の認識では、マルクスは目的論的解釈に完全な言質を与えているわけではなかったが、しかし彼の論述はこのように解釈されてしまうことも多い。マルクスの時代にさえ非工場方式の労働過程もたくさんあったし、こうした労働過程が、工場労働の最も発達した時期や場所にあっても存続したことはかなりはっきりしている。工場労働が他の労働形態を駆逐することになるという命題は永遠に達成不可能なようだ。たとえば一九八〇年代の日本の自動車産業を考えてみよう。自動車の組み立て段階になると巨大企業が現われ、工場労働が用いられた。しかし他方、自動車産業への部品全体の供給体制を検討してみると、多くの町工場が熟練労働者を雇用して、部品を供給していたのである。ここにはマニュファクチュア制度が多様なかたちで再現された。

常々、思っていたことだが、工場制度がそれ以外のあらゆる労働形態を駆逐すると示唆したという意味

◆実況映像　この実況映像の録画が、インターネット上のハーヴェイのホームページで公開されている。David Harvey, "Reading Marx's Capital Volume 1 with David Harvey – 2019 Edition," May 8, 2019, Reading Marx's *Capital* with David Harvey, http://davidharvey.org/2019/05/reading-marxs-capital-volume-1-with-david-harvey-2019-edition/, 二〇二一年二月一日、訳者閲覧。
◆マニュファクチュア時代についての章　カール・マルクス「資本論 第一部」（原著一八六七年）、『マルクス＝エンゲルス全集』第二三巻、大内兵衛・細川嘉六［監訳］、大月書店、一九六五年、第一二章「分業とマニュファクチュア」。
◆工場制度に関する章　同前、第一三章「機械と大工業」。

では、マルクスは正しいとまでは言えないのかもしれない。このことは、私の研究したフランス第二帝政期のパリの労働過程の変化からも言える。もちろん大工場が優位となった産業部門もいくつかはあったが、職人を配した多くの産業部門で見られたのは、分業における専門化の増大である。たとえば一八五〇年頃のパリにはかなりの造花産業があり、一八五五年頃までには、その専門化がはじまっていた。一八五〇年には、一つの工房がバラの造花を作り、別の工房がデイジーの造花をつくる等々であった。しかし一八六〇年代になるまでには、花びら生産に専門化した工房が見られ、一部の工房は茎製作に専門化し、また別の工房は葉を作り、そしてどこかの誰かがこれらすべてを組み立てていた。第二帝政期のパリでは工場労働への移行は見られず、多くの小さな職人工房事業間での分業が拡散した。これらの事業は、工場制度の場合のように集中するのではなく、むしろ分散したのである。

私の結論としては、産業形態は永続的に変化するものであり、さまざまな労働過程とさまざまな組織形態に対して、常に資本に選択権がある。資本は、自らのたずさわる特殊な搾取にごくふさわしく適しているものを選びだす。新自由主義時代に労働過程が分散する理由の一つは、工場労働者の方が組織されやすく組合加入者も多いからだ。この事態を資本が回避する方策の一つが、工場に代わる分散型労働過程の採用である。こちらであれば労働者も組織されにくい。

こういったことが、マニュファクチュアと工場制度の二章を教えている際に私の頭に思い浮かんだ。私が考えていたのは、ある種の搾取構造から別種のそれに資本が移行する事態である。一八世紀の労働者は、一定の技能を独占することで大きな力を獲得したが、このような事態が起こるのであれば、資本は労働者の力を破壊しようとするであろう。工場制度は、熟練労働を単純作業へと解体し、労働力の価値を引き下げた。しかし一九七〇年になる頃には、まったく正反対の問題が生じる。大工場で雇用される労働者は組合に組織されやすく、資本に対して大きな対抗力を行使する。したがって資本のとれる最善の方策は、新手の分散型労働制度を選択し、工場制度の場合ほど労働者を資本に挑めなくさせることだ。一つにはこの理由ゆえに、産業活動の大規模な拡散、分散が見られた。これにあわせて、以前普及していた階層《ヒエラルキー》的組織形態のかわりに、ネットワーク化された水平的組織形態も生じた。これは資本の顕著な変化として非常に興味深く思われるのだが、結果的に、左派の側の〔政治的、社会的〕組織化のあり方も同様に大きく変わった。左派の組織化は、より分権的で水平的なものになっている。そのあり方は資本と同じように反階層的になり、フォーディズム◆的な労働過程と工場制度とに応じて生まれた政治形態とは対照的だ。

「率」と「量」の関係はいかに捉えるべきか

ここまでの話は非常に面白い点も示唆している。つまり『資本論』を批判的に読むと（当然そうすべきなのだが）、身のまわりの出来事について、そしてこの出来事が今ここで起きている理由について、いくつもの考えが浮かんでくるのである。ある問題が思い浮かぶ。そして今日この問題を問うことは、たとえその時々で答えが異なるものになるとしても、決定的に重要だ。この点を説明するために、マルクスの文章の読解から一見ささいな一例を挙げてみよう。

経済学者、政策立案者、政治家、そして経済紙も、経済の健全さと良好さの重要指標として成長率を引きあいに出すことが多い。成長率の上昇を刺激することは一つの重要政策目標として頻繁に言及される。しかし成長にはごく重大な別の一面もあるが、こちらの重大さはたいてい無視される。それは成長の「量」のことだ。これまでの絶対的成長はどれくらいの規模であったか、そして産出される量はどう処理

◆フランス第二帝政　一八五二年から七〇年にかけてルイ＝ナポレオン（一八〇八～七三年）をフランス皇帝「ナポレオン三世」とした君主政体。一八七〇～七一年の普仏戦争で崩壊した。

◆フォーディズム　第二次世界大戦後から一九七〇年代までの先進資本主義諸国の蓄積体制のこと。その特色は、工場内での労働管理（テイラー主義）によって商品を大量生産する一方、これに応じた需要拡大のため、労働組合の承認、最低賃金制度の確立、ケインズ主義的経済政策、社会保障制度などが実施される点にある。元来は自動車会社フォードの創業者ヘンリー・フォード（一八六三～一九四七年）の経営思想をさしたが、一九七〇年代にフランス経済学の一派であるレギュラシオン学派によって蓄積体制概念として再定義された。

されることになるのか？

私は先日、お気に入りの日刊経済紙『フィナンシャル・タイムズ』を読んでいたのだが、そこに量的緩和政策が不平等を招くのかどうかと問う、イングランド銀行の報告書が要約されていた。そこには、こう書かれていた。平均的に、イギリス人の下位一〇％所得層は二〇〇六〜〇八年から二〇一二〜一四年のあいだに〔一世帯あたり〕総額約三〇〇〇ポンドを所得として増やしたのに対して、大金持ちの上位一〇％所得層は同じ時期に平均三二万五〇〇〇ポンド増やしたのである。ここからただちに量的緩和政策は貧しい者よりも富める者の利益になったと推論されるかもしれない。これは広く行き渡っている主張だ。当時のイギリス首相テリーザ・メイ◆でさえ同意する主張であった。しかしながらイングランド銀行の報告書はそれを否定した。下位一〇％所得層が受けとった三〇〇〇ポンドは、上位一〇％所得層の三二万五〇〇〇ポンドよりも、増加比率としては大きい。比率を考えると、量的緩和政策は貧しい者の利益になったのであり、しかもそれは富める者よりも大きかった。報告書の著者はこう結論づけた。問題は、人々が経済情報の正しい読み方を理解していないことだ。絶対数ではなく変化率に注目すべきだというわけである。

ここでの私の主張は、最下層にとって六年間で三〇〇〇ポンドというのは、週一〇ポンドにも満たないということだ。これでは誰であろうと、経済力も政治力も実質的には何も増えはしない。本当に取るに足りない額だ。そんな額では彼らの人生にとって大した意味もない。その一方で上位一〇％所得層の三二万五〇〇〇ポンドはじつに大きな意味がある。とはいえ、すでに貯め込んできた金額を考えると、彼らの側もこれではささいなものだと見なすかもしれない。だが三二万五〇〇〇ポンドというのは、彼らが支配する富の量に大きく貢献する。彼らはこの富を、政治的、経済的その他の目的のために使うことで、自らの権力を維持できるのである。変化率は小さかったかもしれないが、その絶対的影響は上位一〇％所得層の方がはるかに大きかった。

元の金額が大きければ、〔変化〕率が小さくても、莫大な金額をもたらす。こう言ってみよう。一〇〇ドルに一〇％の利益率がある方がよいか、それとも一〇〇〇万ドルに五％の利益率がある方がよいか？

五％の利益率の方がはるかに大きな額を生みだすのは明らかだし、これはさらなる不平等のもとにならないともかぎらない。六年間で下位一〇％所得層は週にコーヒー三杯のおかわりを得たのに対して、上位一〇％所得層はマンハッタンのワンルーム・マンションを買えるだけのものを得た、ということになる。データは正しく読まなければならないという点は報告書の著者も正しい。しかしデータは批判的に読まなければならない。報告書の提言は、「量」ではなく「率」という指標を提起することによって、政策効果が受け入れられるものであるかのように見せかけるのであり、受け入れがたい不平等の拡大という現実を隠蔽するのだ。

この問題は、ある種の事情のもとでは決定的に重要になる。たとえば地球温暖化問題を取り上げてみよう。二酸化炭素排出増加率という問題に対して何かしら介入することが重要なのは明らかであり、それ自体重大な政治問題となっている。だが、もう一つの政治問題もある。大気中の温室効果ガス（二酸化炭素やメタンなど）の既存量によって引き起こされる問題だ。これは検討すべき深刻な緊急問題だと私には思われる。増加率に焦点を当てても何の役にも立たない。温室効果ガス総量の方がはるかに重要になっている。

じつのところ公共メディアは、この既存量とその影響とについてほとんど論じていない。これは深刻な問題だ。興味深いことに、マルクス主義経済学者のなかでも「率」を物神崇拝する傾向があり、「量」の重要性がほとんど考慮されていない。このことが表われているのが、『資本論』第三巻での利潤率の低下に関するマルクスの有名な議論だ。恐慌形成についてのマルクス主義的な考え方の多くは、利潤率低下論にもとづいてつくりあげられてきた。資本主義の発展力学の内部に利潤率の低下傾向が埋め込まれていると言われる。この傾向を生みだすのが労働過程での労働節約型イノベーションの実用化である。この実用

◆テリーザ・メイ　イギリスの政治家、一九五六年〜。保守党党首として、イギリス首相（二〇一六〜一九年）を務めた。

化は、マルクスの言う相対的剰余価値〔の生産〕へと向かって資本主義的個別企業が互いに競争しあうことによって実現する。優れた技術を有する企業は、社会的平均費用より安上がりに生産できるにもかかわらず、社会的平均価格で販売できる。これが超過利潤〔特別剰余価値〕を生み、この超過利潤をめぐる競争が技術革新を駆動させる。ひとたび優れた技術を私がもてば、私は予定外の利潤を得ることになり、そうすると私の競争相手はイノベーションで応じ、自ら優れた技術を得ることで、私の方の優れた技術を打ち負かそうとする。資本の発展の一部は、この種の技術的優位をめぐる競争によって促進される。しかし技術的優位をめぐる競争は、絶えず労働を節約するものとなり、労働生産性を向上させる。そして、この労働生産性の向上によって当然、〔雇用される労働者数も削減され、それとともに労働者によって〕生産される価値は減少していく。相対的剰余価値に向かう競争は、一つの階級的影響として価値と剰余価値の循環を減退させる。この結果として利潤率の傾向的低下が起こる。

こうした議論が『資本論』第三巻で述べられている。われわれのほとんどが使っているこの第三巻の本文は〔マルクスの死後〕エンゲルスが編集したものだ。エンゲルスの行なった非凡な編集作業を認めるのは大切なことだが、彼はその編集にあたって、マルクスの意図どおりか否か微妙なやり方で一部をまとめざるをえなかった。マルクスが利潤率低下問題について書いた一つの長大な章は、途切れのない議論として書かれていた。彼は利潤率低下の論述から書きはじめており、〔まずは〕その自分の議論に一人納得したようだ。古典派経済学者◆を当惑させた一つの問題を彼は解決したのである。しかし、この次の段としてマルクスは「さて、これは出発点にすぎず、ここからもっとはるかに一般的な問題が考察できるようになる」と言いたげである。エンゲルスの方はというと、このマルクスの一章を三つに分割した。第一の章は「この〔利潤率の傾向的低下の〕法則そのもの」、第二の章は「反対に作用する諸原因」、そして第三の章は「この法則の内的な諸矛盾の展開」と名づけられた。エンゲルスはこの文章を、あたかも利潤率の傾向的低下の法則が主題であり、これ以外のすべては、法則が実際に作用する際の修正事項を含意するかのように示したのである。読者は、法則こそが根本であり、それ以外は副次的記述だと思うようになってしまう。

しかしマルクスの元の原稿を読むと、彼は何か他のことを述べているようだ。そして、この「何か他のこと」の方が興味をそそられる。この法則の副産物と見なされているのは、利潤総量の増大なのであって、決して「反対に作用する力」ではないのである。これをマルクスは次のように述べる。

一般的利潤率の非常な減少にもかかわらず〈……〉資本によって使用される労働者の総数、したがって資本によって運動させられる労働の絶対的総量、したがって資本によって吸い取られる剰余労働の絶対的総量、したがって資本によって生産される利潤の絶対的総量は、利潤率の累進的低下にもかかわらず、増大しうるし、また累進的に増大しうるのである。単に増大しうるというだけではない。資本主義的生産の基礎のうえでは〈……〉増大せざるをえないのである。◆

これは反対に作用する力には決して当たらない。マルクスの言葉によれば「同じ諸法則が、社会資本については、増大する絶対的利潤総量と低下する利潤率とを生みだすのである◆」。

ここからマルクスは一つの問題を提起する。「ところで〈……〉この二面的な法則は、どのような形態で現われなければならないか◆」と彼は問うのである。われわれの直面する「二面的な法則」は、利潤率の

◆**古典派経済学者**　一八世紀から一九世紀前半にかけてイギリスを中心に活躍した、政治経済学者あるいは経済学者の総称。マルクス以前にあって、労働価値説を理論的基調とした。具体的には、アダム・スミス、リカードなどをさす。

◆**一般的利潤率の……増大せざるをえないのである**　カール・マルクス「資本論 第三部」(原著一八九四年)、『マルクス＝エンゲルス全集』第二五巻、大内兵衛・細川嘉六［監訳］、大月書店、一九六六〜六七年、二七三頁。傍点はマルクスの原文による。

◆**同じ諸法則が……生みだすのである**　同前、二七四〜二七五頁。

◆**ところで……ならないか**　同前、二七六頁。

低下と利潤の絶対的総量の増大とが同一の過程から生じるというものだ。マルクスは次のように書いている。

剰余価値の、したがって利潤の〈……〉絶対的減少を生みだす同じ諸原因が、社会資本によって〈……〉〈産出・〉取得される〈剰余労働の、〉剰余価値の、したがってまた利潤の、絶対的総量の増大を引き起こす。それでは、このことは、どのように現われなければならないのか？　このことは、もっぱらどのように現われることができるのか？　または、どのような諸条件がこの外観上の矛盾のなかに含まれているのか？◆

以上が、彼の提起する核心的問題である。ここに一つの中心的矛盾がある。利潤率は低下するが、利潤量は増加するかもしれない。このことから資本主義的生産様式の本質について、かなり批判すべき点があるとわかる。この意味は重要だ。『フィナンシャル・タイムズ』紙の最近の記事は、中国の成長率低下を重大事だと論評している。二〇一八年後半、半年間にわたって中国の成長率は低下したが、これは金融市場に神経質な反応を引き起こした。金融市場の予想によれば、この事態はグローバルな規模で深刻な問題を生みだすかもしれなかった。中国の景気後退はグローバルな景気後退をもたらし、恐慌さえも引き起こすかもしれない。しかし中国人は気にかけなかったようだ。理由を問えば、その答えは、中国人の関心が主に労働力吸収にあるからであった。彼らは年間一〇〇〇万人の都市部での雇用を生みださなければならず、これは、たとえばアメリカで言えば三〇〇万人に相当する規模である。しかし中国人一〇〇〇万人分の雇用創出は、一九九〇年代と比べれば、二〇一八年の方がはるかに低い成長率で達成可能であった。一九九〇年代には一二％以上で成長していたにもかかわらず、そうなのである。一九九〇年代であれば一〇〇〇万人分の雇用創出は不可能ではないにしても困難であった。だが二〇一八年になると六％もの成長率があれば困難なく創出できた。十分に大きな〔経済〕基盤があるがゆえに、低成長率でも必要な雇用を生みだせたからだ。だから彼らは低成長率をまったく苦にしなかった。一〇〇〇万人分の都市部での新規雇用創出という政治目標を実現するのに、成長率刺激策は不要なのだ。

経済が大きくなればなるほど、新たな雇用や需要を生みだすために必要とされる成長率は小さくなる。しかし政策立案者はそう考えたり話したりはしない。政権の座に就いた際、トランプは「われわれには四％成長が必要だ」と言いはなち、「近いうちに四％成長は達成されるであろう」と偉そうに自慢した。このようなことは実際には起こらなかったし、彼の任期中の成長率も低かった。だが問題は、四％成長そのものが重要か否かである。社会で要求され必要とされるものの多くは、きわめて穏当な成長率でも供給されうる。高成長率は別種の問題も引き起こしかねない。たとえば自動車産業の生産性が二倍になったために、自動車生産量も二倍になれば、路上の自動車数も二倍になり、ガソリンも二倍消費され、交通渋滞も二倍になると予想される。もしこれがグローバルに起これば、地球温暖化その他もろもろはどうなるであろう？　言い換えると、われわれは「量」の問題を非常に真剣に考えなければならない。中国の労働力吸収の事例のように、それを前向きに捉えることもできる。自動車普及の量的拡大が地球温暖化の一因になるというように、それを後ろ向きに捉えることもできる。成長率が低くても、自動車産業が非常に大きければ、たとえ自動車産業の成長率も同じように低下するとしても、結果的に大量の新車が路上に出まわり、二酸化炭素排出量も増加し、温室効果ガスの既存量の問題は悪化の一途をたどっていく。

私の結論はこうだ。「率」と「量」の関係を真剣に取り上げねばならない。この関係は、さまざまな文献のなかで無視されることが多すぎる。言及されるとしても、その意味が軽視されることがほとんどだ。「率」も重要だが、「量」における変化も並行するのだ。この点がイングランド銀行の報告書のように不意に現われる場合、「量」ではなく「率」を強調することは結局、上層階級のための言い訳になる。経済学

◆剰余価値の……含まれているのか？　同前、二七七頁。

者やメディアが世界について報告する際には、そこでの階級的偏見《バイアス》にご注意あれ！　イングランド銀行の報告書において下位一〇％所得層は三〇〇〇ポンドで週にコーヒー三杯のおかわりを祝うように勧められ、三二万五〇〇〇ポンドのワンルーム・マンションを買うよりもはるかに価値あることだとして、その感謝を強いられるのである。

［参考文献］

・David Harvey, *Paris, Capital of Modernity* (New York: Routledge, 2003)［デヴィッド・ハーヴェイ『パリ――モダニティの首都』（大城直樹・遠城明雄［訳］、青土社、二〇一七年）］。

・Karl Marx, *Capital: A Critique of Political Economy, Volume I* (London: Penguin Classics, 1990 [1867]), Chapters 14-15［カール・マルクス「資本論　第一部」、第一二章「分業とマニュファクチュア」、第一三章「機械と大工業」（『マルクス＝エンゲルス全集』第二三巻、大内兵衛・細川嘉六［監訳］、大月書店、一九六五年、四四一～六五八頁／『新版　資本論』第一巻（第一～四分冊）、新日本出版社、二〇一九～二〇年、五九三～八八四頁）］。

・Karl Marx, *Capital: A Critique of Political Economy, Volume III* (London: Penguin Classics, 1990 [1894]), Chapters 13-15［カール・マルクス「資本論　第三部」、第三篇「利潤率の傾向的低下の法則」（『マルクス＝エンゲルス全集』第二五巻、大内兵衛・細川嘉六［監訳］、大月書店、一九六六～六七年、二六五～三三四頁／『新版　資本論』第三巻（第八～一二分冊）、新日本出版社、二〇二〇～二一年、三六三～四五七頁）］。

・Karl Marx, *Marx's Economic Manuscript of 1864–1865*, ed. Fred Moseley (Chicago: Haymarket Books, 2017 [1864-65]).

[第9章]

消費者選択の侵食

・消費者選択について、われわれはどれだけ自律しているのか？
・今日の都市開発事業を推進するのは何か？
・現代の生活様式の再生産のために略奪採取様式《エクストラクティビズム》は、どの程度、必要とされるのか？

ハドソン・ヤードを訪れて……

マルクスを読むと愉快に感じられることの一つは、ときに古風な文体で書かれたイギリス・ヴィクトリア時代の彼の考えを現状に関連させながら反芻し、◆今ここにある周囲の出来事と彼の理論的作業とを結びつけることだ。『資本論』第一巻の機械についての章で強調して取り上げられているテーマの一つは、工場制度による労働者の自律性の剥奪である。資本主義以前の熟練労働者である職人たちは自分の道具を自在に駆使した。彼らには一定の力があった。職人はその道具を扱う手腕によって生産に寄与したからである。これは資本に対する労働者の「無償の贈与」であった。他方で贈与とはいっても、その一部は毒饅頭

ハドソン・ヤードの外観（2019 年）。（撮影：Rhododendrites）

でもあった。労働者の自律を資本は受け入れなければならない。技能をもっているのは労働者だからだ。もし労働者が「道具を置いて」ストライキに入れば、資本家の負けであり、そして労働者は特定の働き方を望まなければ働かなくても済んだのである。

　しかし機械の登場とともに、技能は機械の内部に組み込まれていく。作業速度の自律性は、今や労働者の管理権限外だ。チャーリー・チャップリンの映画『モダン・タイムス◆』での自動装置の描写にも合点がいく。そこではマルクスの言うように、労働者は機械の付属物と化す。労働者は外部動力の速度にあわせて、機械のお望みのことをしなければならない。

　労働者の自律性の侵食というこの命題は、資本の歴史において見事に実証される。この点を受けて私は、消費者の自律性の変化も考えてみたい。消費者選択についてわれわれはどれくらい自律しているのか？　どの程度、われわれは誰しも実際、資本主義的な消費者生産機械の付属物と化しているのか？　ようするに、マルクスの機械についての章は、現代の消費様式の話に書き換えられるのかもしれない。

　これがひらめいたのは先日、ハドソン・ヤード◆〔写真参照〕と呼ばれるニューヨーク市の新興開発地区を初めて散策したときであった。これはアメリカ最大、ひょっとすると世界最大でさえある不動産開発事業だと、もてはやされている。とはいえ率直に言って、中国で進行中の事態に匹敵するものではないと思う。ハドソン・ヤードについて信じがたいのは、踏み入れるとそこにショッピングモールがあることだ。私の反応は、「なんでまたニューヨークに、ショッピングモールがまた一つ必要なのか」というものであった。このショッピングモールは美しい建築資材で造られ、通り抜けられる広大な空間があるのだが、軽食堂か飲食店かどこかのお店に入らないかぎり座れる場所もない。それはとても退屈な環境である。なかなか美しいし、建築学的に美しいと言う人もいるかもしれない。しかしその一方で、そこは必ずしも人がいないというわけではないが、まったく無意味な場所ではあるようだ。だから、こう尋ねざるをえない。「こんな奇怪なハドソン・ヤードが何で建てられたのか」と。

面白いことに、先月〔二〇一九年三月〕、事実上完成したのだが、それ以来ハドソン・ヤードの評価はさっぱりだ。第一線の美術評論家や建築家などはきわめて批判的である。それが表わすのは莫大なお金《かね》の支出であり、ガラスと大理石その他の資源の浪費である。このすべてからなる空間が、また率直に言って人を寄せつけない代物となっている。ほとんどの人がこう感じるのかもしれない。だから今、次のように言われている。

　そうそう、建物のなかにもっと緑がないといけません。もっと庭も造りましょう。もっと使いやすい場所にしないといけません。

ちょうどザ・シェッドという名の公共施設が開業したばかりなのだが〔写真参照〕、そこはイベント展示《スペクタクル》

◆**機械についての章**　カール・マルクス「資本論 第一部」（原著一八六七年）、『マルクス＝エンゲルス全集』第二三巻、大内兵衛・細川嘉六〔監訳〕、大月書店、一九六五年、第一三章「機械と大工業」。

◆**『モダン・タイムス』**　一九三六年のアメリカ映画。チャーリー・チャップリン（一八八九～一九七七年）が監督・製作・脚本・作曲を担当した喜劇映画。資本主義社会を批判的に扱った作品で、労働者個人の尊厳が失われている当時のアメリカ社会を風刺した。

◆**ハドソン・ヤード**　ニューヨーク市マンハッタンの都市再開発事業。ハドソン川沿いの鉄道車両基地の敷地で二〇一二年に着工。二〇一九年三月に三八七メートルの最高層ビルが開業した。

公共施設ザ・シェッド（2019 年）。（撮影 : Ajay Suresh）

ワシントン・スクエア公園。（撮影 : Jean-Christophe BENOIST）

のための空間となっている。しかし、これまたザ・シェッドの役割が露骨なのだ。できるだけ多くの見世物《スペクタクル》を開催して人々を招き寄せては、その後、モールをうろついてもらって、何か食べたり買ったりさせたいのだ。ようは、人々の必要と欲望の操作である。資本の姿に似せたものを造りだすだけだ。

この事態をマルクスは工場制度について語っていた。工場制度は労働の重荷を軽減するために構築されるわけではないと彼は述べた。それどころかマルクスが機械についての章を書きはじめるにあたって論評したのは、労働の重荷を軽減させるはずの機械が、現実には労働過程をどんどん抑圧的なものに変えたのだが、この理由をジョン・スチュアート・ミル◆が理解できなかったのはなぜか、ということである。ところでハドソン・ヤードについても同じことが言える。ここからわかる状況というのはこうだ。つまり資本の建設活動の目的は、うわべだけしか見ない人にしてみれば、住民の生活の質の向上にあるはずなのだが、実際には、現代型資本の本質の象徴的表明でしかないのである。それは現実的な介入活動ではないものの、象徴的な介入活動ではある。一部の人々はそこに住もうとするが、その価格を尋ねれば、手頃なものではないのは確かだ。住宅設備の大部分はきわめて上質だが、もう一度言えば、これは上位一〇%所得層のなかの、さらに上位一%の人々のためのものでしかない。そこで次のように自問することになる。

もし、この場所の建設にあてられた資源のすべてが、今のニューヨークに絶対必要な手頃な住宅の創出に実際つぎ込まれていたら、どうなったのか？　どのような都市に住むことになっていたのだろう？

さらに言えば、この途方もない取り組みが消費者選択の可能性の創出に向けられ、たとえば多様な生活様式や多様な存在のあり方がつくりだされていたなら、どうなったであろうか？

この場所が人々によって占拠され、活気あふれる活動の場に実際に転化することで「洗練」していくのか、興味深いところであろう。たとえば〔ニューヨーク市内の〕ワシントン・スクエア公園のように、である〔写真参照〕。この公共空間には日が昇ると演奏家が現われ、いろいろな人がスケートボードを乗りまわし、その一角では人々がトランプをしたり、チェスやチェッカー〔「西洋碁」とも呼ばれるボードゲームの一種〕に興じたりしている。そこには生きることのあり方全体が示されている。このような事態がハドソン・ヤードの空間内部に

◆ジョン・スチュアート・ミル　イギリスの哲学者・経済学者、一八〇六〜七三年。功利主義の倫理学を唱える一方、自由主義的な政治哲学を主張し、婦人参政権などを要求。また古典派経済学を再編して『経済学原理』（一八四八年）を著わした。

起こるかどうか見られるのであれば、これは面白いことになる。ひどい建築物でも、人々が決意すればこうなりうる。たとえばパリの芸術センターであるポンピドゥー・センターは悪い建物ではないが、そのセンター前広場〔からの外観〕はひどいもので、想像しうるかぎり最も不快で退屈な建築作品である。しかし、どういうわけか人々はこの広場に足を踏み入れ、そこを活気あふれる活き活きとした空間に変えている。だが、こうなるか否かは、公共空間での一定の活動の自由を管理当局が容認するかどうかにかかっている。容認されれば、さまざまな活動を行なう多様な人々がこの空間を自由に使える。こうして公共空間は人々を引きつけ、住みやすいものとなるかもしれない。別言すれば、設計者が空間を構築するとすれば、そこに誰かがやってきて面白い場にするのを願ってのことなのであろう。ハドソン・ヤードを訪れる誰かがそこを洗練させ、根本的に異質なものに変えてくれることを期待したい。味のある狂騒は場所を面白くさせる。しかしながら、ハドソン・ヤードのような空間を現在管理する民間企業は、社会統制と安全の名のもとに、こうした狂騒を禁止しがちだ。

日常生活への資本の侵入

以上を受けて、資本のもとでの日常生活の質と性格という全体的問題へと私は立ち返ることになる。自由時間は適切な社会の重要指標の一つだとマルクスは考えていた。マルクスの指摘によれば、われわれのめざすべきは、彼の言う「自由の国」であり、その自由の国は必然性の国のかなたで始まると言われた。したがって良好な社会とは、必然性の国が満たされた社会である。つまり適切な生活を送れるだけの食料、衣料、住宅、雇用、そして必要なものを利用できる権利を万人が手にしている社会だ。ひいては、あとはすべて自由時間である。人々は、どこでも好きな空間で好きなことをする。言い換えると、ここでわれわれが考察している見解によれば、人々は自分の時間をどのように使うかについて、あるいは自分の時間をどのように消費するかについて、ある種の自律性を獲得することになる。

しかし、この自律の可能性は、日常生活への資本の侵入によって着々とむしばまれている。資本によって、われわれの時間の自律性は奪い去られ、人々の大部分は必然性の国のかなたに向かうことなど不可能になる。それどころか人々の大部分が基本的必需品〔必然性〕を手にするために悪戦苦闘しており、つまり彼らは、表現の自由のための能力も時間も大きく制限されることになる。都市とは、その本領を発揮するなら、さまざまな社会集団が望むことを望むように行なえるような、巨大な社会的自律性を備えた場所になる。〔ところが〕繰り返し目の当たりにされるのは、自律した自由な生活のあり方を実現するための技術と能力とが侵食され、奪い去られ、取り除けられる事態なのだ。

これが現代生活の嘆かわしい一面である。時間が取られれば取られるほど、消費者選択もますます統制される。インターネットといったものを考えてみよう。これには非常に興味深い歴史がある。当初、インターネットはアメリカ軍ではじまったのだが、これが精巧な◆ピアツーピアという独創的システムに取り入れられた。そして、このシステムを介して、独創的な諸個人が繰り返し互いに協力したり対話したりすることで、じつにさまざまなイノベーションが展開・促進されたのである。この時代であれば、インターネットは、本当の意味での社会進歩、社会的コミュニケーション、社会的生産、さらに場合によっては社会革命をも実現させるもののように思われた。しかし数年もすると、この一連の過程が独占されてしまい、次第に一つのビジネスモデルとして運営されるようになっていった。資本主義的ビジネスモデルが優勢になり、フェイスブック〔ソーシャル・ネットワーキング・サービス（SNS）事業などを展開するアメリカ系情報技術複合企業。二〇二一年に社名を「メタ」に変更〕とか、グーグルとか、アマゾンといったものが登場する。これらはすべて基本的に日常生活の質を独占し、じつにさまざまな消費様式を広めている。そこには魂がないように私には思える。

どうやらハドソン・ヤードも同じようで、〔ニューヨーク市〕クイーンズ区への進出を拒まれたアマゾ

◆ピアツーピア　ネットワーク・サービスを提供する特別なコンピュータ機器（サーバなど）を設置することなく、自立した複数のコンピュータを直接ネットワークにつなぎ、対等な立場でたがいに通信を行ないながら、全体としてのプログラムを同時並行的に処理させる技術のこと。

ンが、ハドソン・ヤードに広大な空き地を占有しているのも驚くべきことではない。アマゾンにハドソン・ヤードとはお似合いだが、われわれにとっては何でもない。それは遠くから見るとすばらしい（ゆらゆらピカピカ光っている）。まさに丘の上の輝く町◆だ。それは、かなたから見るとオズの魔法の国のようだが、近づくと大したことがあるわけではないし、そのなかを歩きまわっても大して感情に訴えるものもない。繰り返すが、この空間は異質なものに転換不可能だと言いたいわけではない。資本が非自律的消費様式しか助長しない時代にあっても、自分の社会空間を支配し、そこに趣を加え、都市の特質の大半をつくり上げるのは、そこに住む人々なのである。

略奪採取様式《エクストラクティビズム》と消費の複利的成長

マルクスは消費者の側面については、さほど紙幅を割いて語らない。しかし、この消費様式から先の話に立ち戻ることになる。つまり資本の量が指数関数的に増大するのにともなって次のような問題が生じる。この増大した資本量のための市場はどこにあるのか？　さらに、この資本量が消費様式を通じて吸収されるとすれば、どのようにしてなのか？　商品の総量が増えれば、明らかに、この商品を消費する人口も増大しなければならない。ただし彼らは、その商品を買うための貨幣も所持しなければならない。ようするに、一定の社会構造が、利潤率の低下傾向への対応をめざすだけでなく、増大しつづける価値量の実現困難にも対処しなければならない。しかも現在、この価値量の増大はますます解決しがたいものになっている。

私はよく中国のセメント消費を事例として挙げるのだが（本書一二一頁参照）、アメリカが一〇〇年間で消費したよりも四五％も多いセメント量を、中国は二年間で消費した。大規模な都市空間形成《アーバナイゼーション》プロジェクトによってセメントの生産量も消費量も増大するという一例だが、この場合の目的は、二〇〇七〜〇八年の中国輸出産業での景気後退の緩和にあった。このことから次のような問題が提起される。セメントの生産・消費の場合のように、もし量が増大しつづけるのであれば、環境だけでなく消費者にも深刻な問題が突きつけられることになる。

　これは、地球温暖化その他の環境問題に関連して今まさに直面している決定的困難の一つだ。商品量の増大は、廃棄物の増大をともなう。現在、廃プラスチックが大量に海に流入し、ビニール袋で胃が一杯になった鯨の死体が見つかるといった、むごい事例もある。このためビニール袋その他のプラスチック製品を禁止しようという関心が急激に高まっている。プラスチックの生産量、消費量、廃棄物処理量の増加は検討すべき課題だ。基礎的資源のグローバルな需要も急増した。中国の驚異の都市空間形成《アーバナイゼーション》に対応したことが大きいのだが、銅、リチウム、鉄鉱石の生産量は跳ね上がった。利潤率の低下という状況下においてさえ商品流通量は、いまだ複利的割合で増加している。浪費的な都市空間形成《アーバナイゼーション》（ハドソン・ヤードのようなそれ）に起因する採鉱量の増大は、資本蓄積と資本の再生産の維持に必要なものとして把握されざるをえない。しかし人々の生活の再生産からすれば、この略奪採取様式《エクストラクティビズム》はどの程度必要なのであろうか？　そして、それはいかなる生活のあり方〔生活様式〕になるのか？　かつて私は、しばしばこう論じた。どのような都市を建設したいかという議論は数多くあるが、本当の問題は、われわれがどのような人間になりたいのかである、と。後者の問題への解答こそが、どのような都市を建設するかを定めるからである。まったく想像しがたいことだが、私は、前もってあまり「洗練」されることもなく、ただハドソン・ヤードで生活したいと思うような人間にはなりたくない。これらの高層建築物が、路上生活者《ホームレス》やパンクロック集団、あるいはフェミニストの生活共同体《コミューン》によって奪取されるということも想像しがたいが、こちらの方が社会環境をはるかに面白いものに変えるかもしれない。

　生産量全般の増大、そしてとりわけ大量消費は、資本の人類史の長所だと見なされるのが通常である。

◆丘の上の輝く町　ロナルド・レーガンがアメリカ大統領時代、繰り返し演説で使った表現で、アメリカ国民の帰るべき場所の比喩として用いられた。一七世紀のマサチューセッツ湾植民地初代総督ジョン・ウィンスロップの演説の一節「丘の上の町」に由来する。

ただし、そこには日常生活の一部の質に対する不機嫌な不満も内に秘められており、こうした質は、精力的な競争的消費社会で生きる精神的圧迫と関係している。〔しかし、いずれにせよ〕消費様式の問題は、まったく違う観点から取り組まれるべきだと思われる。現代の消費様式の終わりなき複利的成長シンドロームは、終わりなき資本蓄積と並行する。この点は批判的に評価され、批判的に対応されなければならない。たとえば、終わりなき資本蓄積に絶対不可欠な現代の代償的消費様式は、地球の深部からの資源の大量採掘によって維持されているのだが、この採掘の削減と規制がより創造的なかたちで考案されるべきなのだ。これが今、直面している大きな社会的、政治的課題の一つである。現在、多くの人々が気候問題で指摘するように、いったん一定規模の量に達したものを規制するのは不可能ではないにしても困難だというのは簡単にわかる。しかし、そうだとすると真の論点は、二酸化炭素排出率の規制という観点で考えることが不適切になってきている、ということだ。二酸化炭素排出量がすでに異常な被害を与えるほど大きくなっているからである。

これらの問題すべてにおいて、「率」に対する「量」の問題は決定的に重要である。しかし、いずれの問題も別々に取り扱うことはできない。終わりなき資本の拡大は、多くの人々に特定の生活様式を強いる。しかし拡大は生活様式を変化させ、人の一生のなかでのその回転率も加速する。このような生活様式の変化は、終わりなき蓄積の労働過程と大量消費原理とに付随する。刹那的快楽を求める主観的動機と欲望は、新自由主義的資本主義の中核原理を維持し強化する諸関係の総体性の一部なのだ。

たとえば加速《スピードアップ》は資本主義的生産様式に不可欠である。それは、自分の獲得量と競争力という点で相手に先んじる方法の一つである。相手より速く動けば勝ちというわけだ。したがって加速することが非常に強調され、結果的に、われわれの大半が、あらゆる点ではるかに急速な生活を送らなければならなくなる。より速く消費し、より速く適応し、より速く働かねばならない。落ち着いてゆっくりと消費することは、実現不可能な憧れの対象《フェティッシュ》だ。ゆっくり《スロー》で地元《ローカル》の伝統的な食品利用へと回帰することで、代替的《オルタナティブ》な社会が構築されると考えられがちとなる。私はスローフード［持続可能な食材や地元の伝統的食文化を見直そうとする社会運動］という発想は好きだが、その一方でこれは、人々の多くにとって可能となる未来の生き方ではないし、革命的消費者運動にも決してならないであろう。だが、それは少なくとも次のような問題を提起している。どのくらいの速度で社会は活動するのか？　欲求や必要や欲望がどのように変化すると、刹那的な満足感が関わってくるのか？　消費対象として、スペクタクル◆が現実の対象に取って代わるのは、どこにおいてなのか？　スペクタクルの利点は、それが瞬時に終わることである。ザ・シェッドや他のさまざまな場所で見せ物《スペクタクル》を企画することで、ハドソン・ヤードの価値を認めさせようとするのも、ごもっともだ。美術館が誘致されれば、周辺環境の文化的価値も認めさせられるのかもしれない。

資本を分析するには、「率」、「量」、「速度」、そして諸関係の総体性について考えなければならない。「率」や「量」や「速度」は消費様式にも影響し、結果として特定の生活様式も定められる。だが、この生活様式は、表面的な満足感と刹那的快楽とを提供する場合でさえも、多くの人々にしてみれば疎外されたもの、無縁のものになっている。この状況において、日常生活の質に対する不満も募り増大しやすくなる可能性がある。

［参考文献］

・André Gorz, *Critique of Economic Reason* (London: Verso, 1989 [1988])［アンドレ・ゴルツ『労働のメタモルフォーズ——働くことの意味を求めて　経済的理性批判』（真下俊樹［訳］、緑風出版、一九九七年）］。
・David Harvey, *Rebel Cities: From the Right to the City to the Urban Revolution* (London: Verso,

◆**スペクタクル**　疎外によってつくりだされ、消費生活のすべてが転換されたメディア上の表象や情報のこと。元来は、大仕掛けの見せ物や視覚的印象に訴える作品を意味したが、フランスの思想家ギー・ドゥボール（一九三一〜九四年）によって「イメージによって媒介された、諸個人による社会的諸関係」と再定義された。具体的には、資本主義におけるテレビ映像や近年のオリンピックといった商業主義的イベントなどをさす。

2012)〔デヴィッド・ハーヴェイ『反乱する都市――資本のアーバナイゼーションと都市の再創造』(森田成也ほか〔訳〕、作品社、二〇一三年)〕。

・Karl Marx, *Capital: A Critique of Political Economy, Volume I* (London: Penguin Classics, 1990 [1867]), Chapter 15〔カール・マルクス「資本論　第一部」、第一三章「機械と大工業」(『マルクス＝エンゲルス全集』第二三巻、大内兵衛・細川嘉六〔監訳〕、大月書店、一九六五年、四八五～六五八頁／『新版 資本論』第一巻(第一～四分冊)、新日本出版社、二〇一九～二〇年、六五二～八八四頁)〕。

第Ⅲ部
資本主義における略奪と蓄積

〔第10章〕
本源的蓄積

・いわゆる「本源的蓄積」の主な意義とは何であったか？
・マルクスの説明した本源的蓄積の過程は、どの程度、変わることなく続いているのか？

資本の起源の秘密

『資本論』〔英語版第一巻の〕第八篇◆は、マルクスの言う本源的蓄積を扱っている。それは資本がどのように登場し、どのように権力を握ったのかという物語である。『資本論』を読んでいて面白いと私が思うことの一つは、論じる話題に応じて記述スタイルをマルクスが変えていることだ。非常に詩的なくだりがあれば、深く理論的なくだりもあり、実際の歴史を説明するくだりもあれば、他方では、これのどれだけがあれと等しいのかといった細かい会計報告のような単調なくだりもある。しかし本源的蓄積に関する〔『資本論』第一巻の〕最後の部分は短く、鋭く、冷徹な文体の諸章である。今の姿に資本が至ったのは残虐行為や暴力によるのだと、マルクスがその記述スタイルによって強調しようとするかのようだ。

マルクスが語る資本の起源の物語は、その頃、普及していたブルジョア的な意見や説明に反するものであった。当時の政治経済学者が提示したのは、道徳譚としての資本の始まりの物語であった。注意深く、思慮深く、禁欲的で、責任感があり、将来を見据えて自己の欲求を我慢できる人々がいた。次に、放蕩で堕落した生活を送ることを選ぶ人々がいた。高潔な人々は、欲求を我慢し、貯蓄し、蓄積し、未来を見据える企業家となった。放蕩な人々は生活をするのがやっとの状態に取り残され、労働力を提供することになり、その生産的配置の責任を倹約的資本家に委ねたのである。

もう一つ別の物語もある。こちらの方が現在のわれわれにはもっとなじみ深いのだが、じつはこれもマルクスの時代に広まっていた。それは、資本がキリスト教道徳に由来するというものだ。これはマックス・ウェーバー◆がのちにその主著『プロテスタンティズムの倫理と資本主義の精神』◆で展開した解釈である。倫理的プロテスタンティズムやクエーカー教徒の節欲は、封建的経済体制の没落の手助けになった。資本主義の勃興の根底には、クエーカー教徒の美徳、すなわち満足遅延耐性、慎重な資金管理、企業家的技能、私的所有権に支えられた家族への忠誠があったのである。マルクスはウェーバー型の物語はしなかったものの、キリスト教の性格、マルティン・ルター、クエーカー教徒の節制などをそこかしこで詳述することで、それらの特色を論じている。マルクスはこのような説明をすべて取り上げたうえで棄却したのである。ウェーバー型の物語のようには事は起こらなかった。現実には、資本は、彼の言葉でいう「血

◆第八篇　ドイツ語版原書、日本語版では第一巻第八篇は設けられておらず、第一巻第七篇の最終部分となる。カール・マルクス「資本論 第一部」（原著一八六七年）、『マルクス＝エンゲルス全集』第二三巻、大内兵衛・細川嘉六［監訳］、大月書店、一九六五年、第七篇第二四〜二五章。

◆マックス・ウェーバー　ドイツの社会学者・政治学者・経済学者、一八六四〜一九二〇年。西ヨーロッパ近代の展開を「合理性」の発展と捉え、これを比較宗教社会学的手法で解明しようとした。理解社会学や理念型、価値自由の提唱など社会学の方法論的著作でも知られる。

◆『プロテスタンティズムの倫理と資本主義の精神』　マックス・ウェーバー『プロテスタンティズムの倫理と資本主義の精神』（原著一九〇四〜〇五年）、中山元［訳］、日経BPクラシックス、二〇一〇年。

に染まり火と燃える文字」◆のなかで生まれた。それは残忍な暴力的過程であった。旧来の統治制度の簒奪、権力関係を用いた奪取、強奪、窃盗、暴力、詐欺、国家権力の不正適用が行なわれたのであり、想像しうるあらゆる犯罪的手段が用いられた。

これがマルクスの伝えたかった物語である。彼は少々誇張気味かもしれないが、その一方で歴史を振り返ると、彼の語るものが歴史上数多く起こっていたこともわかる。マルクスは宗教物語を、まったくの偽善だとしてきっぱり棄却した。信仰の厚い人々が実際に行なったことを知りたければ、キリスト教区の組織慣行とか、救貧院◆や孤児院などでの貧民の扱われ方とかを見ればよい。彼らは監獄を建設し、収監政策を実施した（これは今日まで続いている）。キリスト教精神が失業問題や貧困問題に対応する際には、浮浪者への暴力的抑圧、人間の尊厳に対する蹂躙がともなった。

しかしマルクスが伝えたかった話の本筋は次の点にある。すなわち膨大な人々が生産手段――なかでも土地――の利用機会を奪われ、日常生活の再生産能力を奪われ、生まれつつある資本家に商品として自らの労働力を売るしかなくなったのだとすれば、それは暴力的手段を介してのことであったのである。この暴力的収奪、社会秩序の暴力的再編は、マルクスが論じるかぎり、資本そのものの原罪であった。そしてこの「原罪」概念が語られるマルクスのくだりを読むと興味深く思われる。なぜなら、たとえばデリダ◆のような思想家であれば述べそうなことだが、いかなる社会秩序も誕生の際にその暴力的起源の痕跡を残すのであり、それゆえこの社会秩序はその歴史を決して消し去ることができないからだ。その起源にある暴力は、この社会秩序に亡霊のごとく絶えずつきまとい、繰り返し、繰り返し、繰り返し戻ってきてはつきまとう。現在という絶好の機会において、収奪、排除、立ち退きなどの暴力的形態の回帰が見られるのだが、これこそマルクスが資本主義の起源にあると述べる事態だ。結局のところ、このような行為の多くが今日われわれの周囲で継続中である。詐欺や瞞着や神秘化によって覆い隠されているものの、富裕層や権力者は、はなはだしい私的領有を進め、社会的少数者や弱者が餌食になっている。われわれは目下のところ本源的蓄積の暴力にとりつかれ続けているのだが、このことを熟慮すべき興味深い瞬間が今なのである。

マルクスの論じるところ、封建的秩序は掘り崩された際、いくつか独特な様相を呈した。この秩序は、一部には商人資本主義によって掘り崩されたが、商人の活動の基本は、安く買って高く売るか、あるいは商人の軍事力や金融力に抵抗できない弱者から生産物を直接盗奪するかであった。封建的秩序は高利貸しによっても掘り崩された。金貸しの順調な商売といえば土地の略奪である。したがって金貸しと商人資本家をまとめて考えてみれば、これらが全体として封建権力を掘り崩したのである。これによって貨幣資本がごく少人数の手に蓄積され集中される可能性が切り開かれた。そのうえ、この事態に乗じて、生産的資源を何であれ一般大衆から略奪する試みも可能となった。結局のところ、本源的蓄積というマルクスの物語の重点は、労働市場で労働力を売る以外に生存手段も生活手段ももたない労働者階級がどう形成されたかにあった。

これが、さまざまな歴史的局面を描くなかでマルクスがわれわれに暴露しようとした秘密である。それは、もちろんまずは土地をめぐって引き起こされた。土地の横領、共有地《コモンズ》の囲い込み、土地に対する私的所有権の強制的設定である。さらに教会領の略奪、国有地（または王領地）の所有権剥奪と私有化とを通じて土地は徐々に集約された。この私有化は土地資本家階級を生みだしたが、この階級の主な役割は、労働者を土地から切り離し、強制的に彼らを路上に放り出すことにあった。この結果として、共有地《コモンズ》の利用にもとづいていた社会秩序は崩壊したと、マルクスは主張する。したがって大きな動きの一つとして

◆**「血に染まり火と燃える文字」**　前掲マルクス「資本論 第一部」、『マルクス＝エンゲルス全集』第二三巻、九三五頁。

◆**救貧院**　救貧院（poorhouse）は、イギリスで公的に運営されていた貧民収容施設で、「労役場（workhouse）」とも呼ばれた。一六〇一年のイギリスのエリザベス救貧法は、有能貧民と無能貧民に分けたうえで、有能貧民や児童は「懲治院」（救貧院の前身）などで懲罰を加えて就労を強制した。その後、この制度は紆余曲折を経つつも存続した。イギリスで救貧院制度が完全に廃止されたのは一九四八年のことであった。

◆**デリダ**　ジャック・デリダ、一九三〇～二〇〇四年。フランスの哲学者。ポスト構造主義思想の代表者とされる。晩年、『マルクスの亡霊たち』（原著一九九三年）という著書も刊行した。

共有地《コモンズ》の囲い込みが見られるのだが、これは実際には法的手続きとして行なわれる。マルクスの強調するところだが、非合法な土地収奪過程は、合法的な土地収用手続きに最終的に転化する。資本に統制された国家が、法律を通過させることで、人々を収奪し、土地の利用権を私有化させる。別なかたちで産業資本家も登場する。彼らは、賃金労働者の存在と土地所有とを自らの基盤として取り込むのだが、貨幣権力を掌握していることから、より多くの貨幣を生みだすためにこの権力を使いはじめる。これが資本の始まりの瞬間なのだ。

転倒する自由権、市場ユートピアのもとでの暴力

このような注目に値する物語が、マルクスによって『資本論』で述べられている。そしてさらにこの物語についてマルクスは、いろいろと触れているのだが、それに関連して印象的なものの一つは、とてつもない偽善がこの体制を成り立たせている、と述べられている点だ。この偽善はまさに次のことにある。すなわち自由主義理論の見方によれば、諸個人が自己の労働を土地に加え、〔その土地での〕自己の労働生産物に対して不可侵の権利を主張した場合、私的所有権が登場する。ところがその一方で資本に雇われた労働者は、自分自身の労働生産物に対する権利がない。この生産物は資本のものとなる。また労働者は、労働過程を管理する権利もない。労働過程は資本によって設計されるからだ。一七世紀、一八世紀に社会は、より資本主義的な社会秩序に向かい、賃労働にもとづきはじめるのだが、この時期の出来事によってジョン・ロック◆の提示した自由権論は完全に曲解——転倒——されたのである。

この点が重要だと思われるのは次の問題があるからである。マルクスの描いている本源的蓄積の過程は、どの程度、今日なお変わらずに続いているのか？　ときにマルクスは本源的蓄積について「昔々、このような非合法の暴力的過程に資本は満ち満ちていた」と言いたげに見える。しかし、ひとたび資本が生まれ公認されると、初期の不法行為はすべて廃止されうる。マルクスの言うところでは、われわれが手にして

いる社会では、経済システムを介した意思決定が機敏な経済活動をもたらし、こうして暴力的収奪もなくなり、法の支配に引き継がれることになる。だからマルクスの『資本論』第一巻第一篇から受ける印象では、平和的な合法的市場過程が基本的に存在する、ということになる。市場交換も、利潤率の均等化も、私的所有権等々も定着しているというわけだ。自由市場システムは、むしろユートピア的なまでに完璧に機能していると仮定される。

じつのところ、『資本論』第一巻冒頭のいくつかの章でマルクスが取り上げているのは、アダム・スミス◆やリカード◆の古典派経済学のユートピア的幻想である。マルクスは事実上こう言っている。スミスらのユートピア的幻想をまずは受け入れてみよう。自由な市場交換、私的所有権にもとづく法体系などを基礎にして、資本の運動理論を把握してみよう。だから先ほどの印象となるのだ。つまり昔々、暴力的敵対関係が資本を生みだしたが、その後になると資本は定着し、法体系に転化し、資本蓄積の運動法則にしたがって万事、進むことになった、と。アダム・スミスの主張によれば、この〔ユートピア的〕体制は万人の利益のために作用するのだが、マルクスの教えるところでは、じつはこうはならず、むしろ貧しい労働者よりも豊かな資本家を優遇する。だが、これは合法的過程であって、したがって暴力、収奪、排除などはもはや不要であった。

◆**ジョン・ロック**　イギリスの哲学者、一六三二〜一七〇四年。イギリス経験論哲学を体系化するとともに、自然権論にもとづく自由主義的政治哲学を主張した。主著に『人間悟性論』（一六八九年）、『統治二論』（一六八九年）など。

◆**アダム・スミス**　イギリス・スコットランドの哲学者・倫理学者・経済学者、一七二三〜九〇年。『道徳感情論』（一七五九年）で社会関係の基盤としての同感の原理を論じる一方、『国富論』（一七七六年）によって労働価値説、資本蓄積論、完全競争市場原理などを体系化し、イギリス古典派経済学の出発点となった。

◆**リカード**　デヴィッド・リカード、一七七二〜一八二三年。イギリスの経済学者。『経済学および課税の原理』（一八一七年）で労働価値説を一貫させた差額地代論を展開し、比較優位原理を提唱。自由貿易論を擁護した。

しかし今日の社会の組織に目を向ければ、労働者の雇用に関連して無数の暴力や強制がふるわれていると同時に、膨大な暴力的収奪も行なわれていることがわかる。われわれの周囲では、社会での日常的暴力が現実に起きている。まるで資本の原罪が絶えず舞い戻ってきては、われわれにつきまとっているかのようだ。現代ではこれが重大問題になりつつある。つまり資本による事実上の不法行為にどう立ち向かえばよいのか？　残念ながら、ユートピア的な古典派経済学の提示した資本理論は失効している。よしんば、かつてはそうであったとしても、資本主義が平和的で合法的な非強制的体制だと解釈できるわけではもはやないのだ。実際、ここで論じているのは、かつてあった暴力的収奪体制の継続ばかりか、その復活でもある。われわれが共に生きる資本の姿は、平等な交換ではなく、収奪や略奪という一定の暴力にもとづいている。

周辺部における本源的蓄積の継続——市場の拡大か、賃労働人口の形成か

本源的蓄積の技法と実践が、資本主義の長い歴史のなかで実際、どの程度続けられているのかについては論争が交わされている。これらの実践のいくつかが続かなければ、実際には社会の安定は見られないと幾人かの重要な思想家が主張した。これはとくにハンナ・アーレント◆に当てはまるし、ローザ・ルクセンブルクにも当てはまる。ローザ・ルクセンブルクは実際にさらに議論を進めて、マルクスの資本主義的生産の継続についての説明は、ある点を見落としていると述べた。彼女の見方によれば、資本蓄積に必要な体制の拡張は、資本主義の運動のなかで本源的蓄積という実践を継続できるかどうかにかかっていた。資本が存続できる唯一の手段は、資本主義の発展力学の外部世界において、資本蓄積の必要を満たせる場所を確保することである。この外部世界は植民地主義的、帝国主義的実践によって獲得された。資本の拡大は、資本主義社会の周縁での本源的蓄積にかかっており、ルクセンブルクの論じるところ、これは資本主義そのものの永続的機能である。帝国主義は資本主義の必然的機能であり、周辺部での本源的蓄積は資本

の存続に不可欠だと、彼女は事実上述べていた。周辺部が完全に吸収されてしまい、どこにも進出できなくなると、それは資本主義の終焉の徴《しるし》となるであろう。しかしその一方で彼女の主張によれば、円滑に機能する法則的システムとしての資本の発展力学の理解と、周辺部で広範に進行中の本源的蓄積の乱闘騒ぎとのあいだには現実的な違いもある。資本主義体制に周辺部を吸収することは、暴力的横領や収奪、帝国主義的干渉という暴力に常にもとづくはずなのであった。

この命題には、追究に値する面白さがあると思う。マルクスの諸著作のいくつかのくだりは、ルクセンブルクの説明にあるような事態が実際に続くであろうと認めさえするかのようだ。たとえばマルクスは、〔資本主義〕体制の拡大が、原材料の入手先の拡大と市場の拡大とを必要とすると認める。そしてこのくだりで彼は即座に明言する。実際のところ子細に検討すると、イギリスがインドで行なったのがこれであり、こうしてランカシャー綿工業の拡大のための一大市場にインドは転化させられた、と。このためにインド土着の織物産業は破壊されなければならず、これがイギリス権力の目的の一部であった。――インドの織物産業を破壊することで、インド人はランカシャー製綿製品を消費せざるをえないであろう。したがってインド土着の産業能力の破壊を通じたインド市場の開放によって、綿製品市場は確保された。

しかし、結果としてインドは、流入する全綿製品に対する支払手段を必要とした。そこでインドの生産活動の多くは原材料生産を中心に再編される。こうして綿花、麻、黄麻《ジュート》などが輸出産品になった。しかしながらルクセンブルクが指摘したように、この輸出産品では、輸入綿製品の総価値を現実にまかないきれなかった。そこでインドには別の支払手段が必要となり、ここで再び本源的蓄積の暴力の一種に巻き込まれることになる。ルクセンブルクの指摘にあるように実際、インドはイギリスの強制によって大量のアヘン栽培を開始し、次いでアヘンは中国に運ばれ、二度のアヘン戦争を経て中国に押し売りされたからだ。

◆ハンナ・アーレント　ドイツ出身の政治哲学者、一九〇六～七五年。ユダヤ系のため、ナチスの台頭とともにアメリカに移住。全体主義を生みだす大衆社会を分析した。

中国人はアヘンなんて欲しくはなかったが、押しつけられたのである。条約港として上海は開港を強いられ、そこを通じて大量のアヘンが中国人に売りさばかれた。アヘンの対価は銀で支払われた。銀は中国に豊富にあったからだ。こうして実際、中国の銀はインドに流れだし、次いでインドからイギリスへと還流させられたのである。

ルクセンブルクが描いたのは、周辺部における本源的蓄積の継続を目的とする植民地支配体制である。本源的蓄積は、資本主義の運動に全周辺部が吸収されるまで無限に続く。すべてが吸収された場合、資本はそれ自身の適切な市場を見つけられなくなるであろう。それゆえこの物語によれば、帝国主義とは、周辺部における本源的蓄積の永続化なのだ。――そして実際、今日にあってもマルクスの述べた類いのことが周辺部で進行中だと気づくであろう。たとえば一九八〇年頃から中国の農民層はグローバルな資本主義的生産に動員されたが、これは、一七世紀、一八世紀にさかのぼってマルクスが説明するような本源的蓄積の古典的実例である。同様に、インド農民層の略奪と同国での賃労働制の拡大、そして世界各地の小農経営破壊も示すがごとく、マルクスが過去を振り返って述べた本源的蓄積は、資本主義社会の特徴でありつづけている。しかし、やはりマルクスの本源的蓄積論は、市場問題や原材料確保問題を主に論ずるわけではない。――むしろ、その眼目はグローバルな賃労働人口の形成にある。そしてグローバルな賃労働人口が一九八〇年頃から一〇億人ほど増えたことは重要だと思われる。この古典的意味での本源的蓄積は、いまだにわれわれのもとに留まっている。

ルクセンブルクの問題提起は、ある程度、信じるに値する。つまり、世界全体が資本主義の内部に取り込まれてしまい、本源的蓄積を続けられる外部空間がなくなった場合、何が起こるのか？　この場合、本源的蓄積と似かよった代替的形態が必要になると思われる。この代替的形態が体制の安定を可能にするはずだ。これが次章で論じる内容である。

［参考文献］

・Hannah Arendt, *Imperialism: Part Two of the Origins of Totalitarianism* (New York: Harcourt Brace, 1968 [1951])［ハンナ・アーレント『全体主義の起原2――帝国主義』（大島通義・大島かおり［訳］、二〇一七年、みすず書房）］。

・Rosa Luxemburg, *The Accumulation of Capital* (Mansfield Centre, CT: Martino Publishing, 2015 [1913])［ローザ・ルクセンブルク『資本蓄積論』（全三冊、小林勝［訳］、御茶の水書房、二〇一一～一七年）］。

・Karl Marx, *Capital: A Critique of Political Economy, Volume I* (London: Penguin Classics, 1990 [1867]), Chapters 26-32［カール・マルクス「資本論　第一部」、第二四章「いわゆる本源的蓄積」、第二五章「近代植民理論」（『マルクス＝エンゲルス全集』第二三巻、大内兵衛・細川嘉六［監訳］、大月書店、一九六五年、九三二～一〇一〇頁／『新版　資本論』第一巻（第一～四分冊）、新日本出版社、二〇一九～二〇年、一二四三～一三五二頁）］。

・Michael Perelman, *The Invention of Capitalism: Classical Political Economy and the Secret History of Primitive Accumulation* (Durham, NC: Duke University Press, 2000).

［第11章］
略奪による蓄積

・「略奪による蓄積」は「本源的蓄積」とどのように異なるのか？
・略奪による蓄積と闘う事例には何があるか？

現代資本主義における略奪による蓄積

かつて私は、良き友人であったジョヴァンニ・アリギと一緒にセミナー講師を務めたことがある。彼は、資本蓄積のグローバル構造における深部の変化を常々、理解しようとしていた。われわれは現代資本主義に見いだされる数々の資本蓄積過程を渉猟していた。いつであったか私はこう言ったのを覚えている。

いいかい。マルクスは『資本論』第一巻で、生産における生きた労働の搾取にもとづいた資本蓄積を説明しているけれども、われわれは、こうした資本蓄積だけに取り組んでいるわけではないんだ。純粋かつ単純に略奪にもとづくような蓄積実践も考察しなければならないよね。

私の発言の趣旨を尋ねようとしてアリギはこう返してきた。

「略奪による蓄積」を考えなくてはならないということかい？

私も応じた。

うん、そうした蓄積を検討しなければならないのさ。

このこと以来、私はたびたび「略奪による蓄積」について書いてきたが、それは生産における生きた労働の搾取と並行する蓄積形態である。

略奪による蓄積について語る際、本源的蓄積のことを私は口にしているわけではない。本源的蓄積は人々を土地から追放し、共有地《コモンズ》を囲い込み、賃労働人口の創出をもたらす。私が語っているのはこれではないのだ。略奪による蓄積とは、蓄積されてきた既存の富が、資本の特定部門によって領有されるか、密かに盗みだされる事態のことなのである。この富が生産に投資されるか否かは問われない。略奪による蓄積は、いくつかの異なる方法で行なうことができる。私の主張としては、現代資本主義は、生産における生きた労働の搾取による蓄積ではなく、略奪による蓄積にますます大きく依存しつつある。これはつまりどういうことか？

生産と無関係な蓄積様式

たとえば『資本論』のある箇所でマルクスは、絶えざる資本の集中を分析している。この集中によって資本は、廃業に追い込まれた小規模生産者から資産を流用して整理統合する。吸収合併（M&A）は近年では大きな商売だ。大資本は雑魚を乗っ取っては、いわば飲み込むのであり、他の諸資本の買収という単純なやり方でもって己が力と規模とを拡張しはじめる。資本の集中には「法則」がある。資本主義的大企業が小規模企業を乗っ取り、こうしてつくりだされる準独占状態において資本主義的大企業が他のすべてを支配し、独占価格を設定する。

例としてグーグルの台頭といったものを検討してみれば、今のような大企業になるまで拡大するのに、いくつの小規模事業を吸収したであろうか？　これがシリコンバレーという仕掛けである。起業家が小型アプリを開発し、小さな個人企業を立ち上げる。いつかしら、こうした個人企業は大資本に買収され、巨大複合企業《コングロマリット》の一部となる。企業は、労働者の雇用によるのではなく、他の企業からの資産買収や資産剥奪〔買収資産処分による利益獲得〕によって蓄積できる。◆マルクスが見たように、信用制度は資本の集中の主要手段の一つとなる。レバレッジド・バイアウトは一般的になっている。じつにさまざまな戦略が乗っ取りや買収を容易にさせる。ある経済部門に対して流動性〔資産の貨幣化の可能性〕が絶たれ、企業が負債を借り換えしづらくなり、最悪の場合、これが不可能になると、そうした企業は、たとえ事業が順調であっても倒産を余儀なくされるかもしれない。銀行や金融業者がその事業を買い上げ、流動性が復活した際に巨額の利潤を上げることもある。こうしたことが一九九七〜九八年の東アジア・東南アジア危機の際に起こっている。

アメリカの住宅危機でも同様のことが起こった。多くの人々が差し押さえによって、自宅という資産価値を強制的に没収された（しかも、のちに違法だとわかった場合もある）。住宅所有者たちは自宅のローンを支払えなくなり、膨大な数の住宅が、安価な差し押さえ価格で売却されなければならなくなった。ブラックストーンのような未公開株式投資《プライベート・エクイティ》運用企業は徐々に、差し押さえ住宅を破格の値段で買い込んでいった。ブラックストーンは短期間に、世界一とまでは言わなくても、アメリカ一の大地主になった。同社は現在、何千もの住宅を所有しては貸し出すことで、高い利益率を確保している。どこの住宅市場かにもよるが――サンフランシスコやニューヨークならかなり早く回復したが、他の場所では違っていた――、その市場が回復していけば、住宅を売ることでも巨額の利益が得られるであろう。これは非常に大きな経済部門なのだが、その経営基盤にある蓄積過程は、生産とまったく関係がない。ようは、資産価値の売買取引でもって利益を上げる。しかしこの場合、資産価値の取引が行なわれる条件として、市場メカニズムによって、ある歴史的瞬間には必ず資産価値の喪失が強いられることになる。その後、この資産は再評価されるのだが、この再評価から利益を得られるのが未公開株式投資《プライベート・エクイティ》運用企業なのである。

これが生産と無関係な蓄積様式だ。注意深く検討すれば、社会の多くの富が、このようにして取得され取引されていることがわかる。つまり資産価値評価の再上昇によって資本が蓄積される。蓄積はもはや生産と結びつかず、資産価値の操作的取引に依拠している。

都市の高級化《ジェントリフィケーション》と土地争奪

さて、こうした蓄積過程が起こっていると思われるような別のあり方もある。たとえば町の一角の品質が向上しそうに見えると、名高い都市の高級化《ジェントリフィケーション》という過程が作用しだし、低所得者がこの空間から追いだされるか、立ち退きに遭う。これはどう行なわれるのか？　その手段の一部は合法的であり、一部はいかがわしく、また一部はまったくの違法である。もちろん地主の側は、すばらしい手練手管でもって自分の建物から居住者を追い払おうとする。一九七〇年代のこの手のものには、建物を焼失させ、火災保険金を受けとってから、高所得者向けの新規開発に道を開くというものがあった。――ニューヨーク市の夕方のラジオでは「ブロンクスが燃えている」が定番の台詞であった。これらの立ち退きは都市部で深刻化しているが、それは資本主義世界全域に及んでいる。しかし立ち退きさせられた側の住民はどこかで暮らさなければならず、遠く離れた都市周辺部に逃れることになる。

◆レバレッジド・バイアウト　買収対象の企業の資産を担保にして、企業買収資金を借入調達する方法。自己資金が少なくても、企業買収が可能となる。

これは、土地をめぐって行なわれたマルクスの言う本源的蓄積にいささか似ているようだ。だが違うのは、その帰結が賃金労働者を創出するわけではない、という点だ。その目的は、空間の解放によって資本を流入させ、特定区域を再建させることにある。つまり都市空間形成《アーバナイゼーション》を介した蓄積戦略によって再開発での高級化を図るのだ。このような事態を考察するなら、これまた略奪による蓄積である。人々から略奪されるのは、人々の権利であり、つまり自分の町で居住に適した一角を利用する権利である。彼らは周縁部に居住をせざるをえず、長距離通勤を強いられるかもしれない。そして立ち退きと排除の続発が何度も何度も目にされるであろう。

土地自体にも再び同様の事態が目にされるであろう。いわゆる「土地争奪」という行為である。これはアフリカやラテンアメリカ全域で進行中だ。資本は投資先に適した土地を探し求めながら、次のように述べる。

> よろしいですか、未来は土地の支配にかかっており、そこにある資産――原材料や鉱物資源や土地の生産能力など――の支配にかかっています。

大資本は土地の独占を開始し、多くの富が直接的生産者ではなく、金利生活者の手にますます集中する。

年金負担義務の放棄

略奪による蓄積は別のあり方でも起きることがわかりつつある。アメリカでの雇用契約には医療保険や年金の受給権が含まれることが多い。これらの権利はきわめて重要だが、現代社会では――とくに先進資本主義世界では――ひときわ脅かされている。今や、この問題は一部、中国といった国々でさえも生じているのが目撃される。年金受給権は未来の収入に対する請求権であり、年金基金に対して当人自身が一定額拠出することから、この受給も建前上、保証される。しかしながら、いつの間にやら年金基金や医療保険に対する企業負担義務が多額になりすぎて、多くの企業が長期にわたって継続的には資金を出せなくなった。そこでおわかりのことだが、主要企業はこの負担義務を削減しようとする。これに長けていたのが主要航空会社だ。ユナイテッド航空は破産を申請した。アメリカン航空も破産を申請した。それは運航事業の停止という意味ではない。これらの会社は、連邦破産法第一一章であれ何であれ破産手続きに入ることで、判事の監督のもとに負担義務の再交渉を認められる。会社側は通常、次のように述べる。

　われわれが事業を再開するとしたら、過去の負担義務と縁を切るしかありません。

すると判事は言う。

　さて、それはどういう意味ですか？

答えは、こうだ。

　医療保険と年金の負担義務を無くさなければならないのです。

実際、会社側は両方とも反故にし、人々の側は年金受給権を喪失する事態となり、もはや年金を受けとれなくなる。アメリカであれば年金保険基金〔アメリカ年金給付保証公庫〕がこう言うかもしれない。

　なるほど年金制度については、ユナイテッド航空が投げだしたり、アメリカン航空が放棄したりしても、国家が保証してくれますよ。

だが国家は通常、人々が期待するような価値で年金制度を保証するわけではない。アメリカン航空で働いていた人は年額八万ドルの年金を期待するかもしれないが、年金保険基金は年額四万ドルしか支払わない。これは多くの人々にとっては生活するのに困難な額だ。年金受給権の停止は、年金受給者の犠牲によって資本家が蓄積を高める一つの重要手段になってきている。ギリシャの多くの人々に起こったのがこれである。私の同僚はギリシャで三年前に退職したが、最初の年金の支払いを受けたのはやっと先月のことである。彼は三年間まったく何の支払いも受けられずに過ごしてきた。公的年金の運用・積立が責任をもって行なわれなかったからだ。現在、年金受給権に対する大問題が世界中で起きている。従業員に過去に提示した年金受給権に対して、その支払いを不履行にすることで、大資本は蓄積しつづける。

略奪による蓄積への対抗闘争

まさに今、これらすべての蓄積形態が存在する。それは、マルクスが資本の起源について書いた際に存在したものと同じものではない。本源的蓄積とは異なるのである。ここに関わる価値は、資本のもとでかつて創造され、いったん分配されたものなのだが、それがまた多くの人々の手から奪われて再分配されるのである。結果として、資本の集中を絶えず進める一部企業や上位一〇％所得層は、その莫大な内部資産を増大させる。われわれは略奪による蓄積を真剣に取り上げなくてはならない。これは現在、資本が再生産される主要メカニズムの一つになりつつある。言うまでもなく、略奪による蓄積は常にあったし、常に重要であった。これが無かったことなどないのである。一七世紀、一八世紀の資本の本源的蓄積をマルクスが書いていたとき以来、略奪による蓄積の諸要素もすでにあったのであり、資本の起源の当時から現在に至るまで続いている。しかし、とりわけ一九七〇年代以降、蓄積は略奪指向のものへとますます変貌し、そのかわり生産における労働者の雇用と搾取とを通じた価値の創造が犠牲にされつつある。こうした事態は興味深い問題を提起する。われわれが現在生きている資本主義社会の本質とは何か？　略奪による蓄積への対抗闘争を組織することが、どの程度、必要なのか？　もちろん都市の高級化《ジェントリフィケーション》への反対闘争は広範なものとなっており、大切な場所からの立ち退きや排除を住民たちが阻止しようとしている。年金受給権や医療保険受給権の喪失に抗する闘いも見られるであろう。一七世紀、一八世紀には、富裕層によって国家権力が頻繁に動員され、彼ら以外の住民は略奪されたとマルクスは語っていたが、これに酷似する土地争奪に対しても抵抗闘争が生じている。

現在、数多くの略奪が拡大し、多様化するのを目の当たりにしている。たとえばアメリカの直近［二〇一七年］の税制改革を検証すると、税制による富と権力の再分配［法人税減税と高所得者減税］と、税法体系下で従来認められていた諸権利［医療や補助金関連の権利］の剥奪とがわかるであろう。価値の流れは企業や富裕層へとますます向かい、彼ら以外のすべての人々が犠牲にされつつある。つまり現代の税法体系は、略奪による蓄積の一手段なのだ。

略奪には多くの技法がある。重要なのは、現状における略奪による蓄積と、略奪のための既存の多様な手立てとをきちんと研究して、その成果を手元に置いておくことであろう。今この瞬間に、資本主義の始まりとともに到来した原罪が、わが身に舞い戻っている。本源的蓄積は、暴力、嘘偽、詐欺、瞞着などのうえに築かれた。しかしアメリカで二〇〇七～〇八年に住宅市場で起こったことに目を向けると、多くの出来事が、人々に対する違法な略奪行為にもとづいていた。その際、暴力、詐欺、そして一定の陰謀論や作り話——犠牲者に対する責任転嫁論など——の流布が行なわれた。これらを主要手段として、資本家階級とそれに付随する政治権力とが今日機能している。略奪による蓄積は、現今の経済の仕組みの重要な特色である。そして言うまでもなく数多くの抗議運動も引き起こしている。今日の経済には地殻変動が起きている。つまり成長目標は、今や略奪による蓄積にあるのであって、組織的労働過程を通じた剰余価値の搾取と領有という、より古典的な手段には置かれていない。

略奪による蓄積と本源的蓄積の一つの共通点は、共有資産と国家に対する私有化あるいは民営化の続発であり、これは近年も続いている。マーガレット・サッチャーが政権に就いた際、公営住宅を即座に最大限民営化したが、じつはそれだけに留まらず、水道事業、交通機関、そして国有企業全部を含むその他じつにさまざまな公共資産も民営化の対象になった。このほとんどの場合において、公共資産は値引きされて売り払われたため、民間企業は民営化に乗じて経済的利益を得ることができた。国庫の強奪は急速に進行した。財政難の〔公共〕団体、たとえば危機の年のギリシャ国家は金融支援と引き換えに、じつにさまざまな国有資産の民営化を余儀なくされた。ギリシャの場合、債務危機にある国家財政を安定化させるためだとして、パルテノン神殿の売却・民営化さえも提案された。

ひいては商人資本が再び台頭し、主要な権力中枢を握る（生産型産業資本以上の存在となる）。この商人資本は、富の私的領有のための独特なからくりを備えている。グーグルといった会社であれば、新しい生産手段の設計に一部関わるものの、その活動目標は大方、市場メカニズムを通じた私的領有である。これは巨大な商人資本的事業だ。アップルも非常に影響力のある企業となったが、この手管もまた、生産現場での生産能力の組織化ではなく、市場での私的領有という商人資本主義的慣行である。ある意味、産業資本主義は、商人資本主義や金利生活者型資本主義にますます従属している。金利生活者型資本主義や商人資本主義の運動メカニズムが向かう先は、次第しだいに、生産における生きた労働の搾取や生産組織から、略奪による蓄積や私的領有になっている。これが、めざされている資本主義社会の姿だ。この資本主義社会は、左派の伝統的組織技法では制御できない。まったく異なる政治機構や政治的プロジェクトが必要になる。そして、その実現へと事態を動かすのは、現状のものとは異なる政治的抗議運動でなければならない。

［参考文献］

・David Harvey, *The New Imperialism* (Oxford: Oxford University Press, 2003), Chapter 4［デヴィッド・ハーヴェイ『ニュー・インペリアリズム』（本橋哲也［訳］、青木書店、二〇〇五年）、第四章「略奪による蓄積」］。

第Ⅳ部
世界で何が起きているのか
――新しい労働者階級、環境破壊、価値移転をめぐる地理的競争

［第12章］
生産と実現

（本章は、新型コロナウイルス感染症の流行にともなう〔二〇二〇年の〕営業禁止措置の前に執筆された）

・マルクスの言う「即自的階級」と「対自的階級」との区別を理解することは、なぜ重要なのか？
・運輸労働は価値を生産するのか？
・新型コロナウイルスによる営業禁止措置の影響は、あなたの住んでいる地域の現状の労働者階級構成について何を示しているのか？

労働者階級の消滅か、その再編か

反資本主義闘争は生産現場にあり、市場での実現現場にあり、社会的再生産の問題をめぐるものだ。しかも労働力の社会的再生産だけでなく、生活のあり方全体の社会的再生産をめぐるものでもある。本章では、生産と実現の問題を取り上げよう。この問題についてのマルクス主義理論の古典的考え方では、工場が搾取の場だと考えられる。工場は集団的労働の場だが、資本によって設置され、組織され、支配されており、この場において価値が剰余価値とともに生産され、再生産される。これが多くの考えの最重点項目であった。しかし工場がなくなってしまったらどうなるのか？　アメリカやヨーロッパのような先進資本主義経済では産業空洞化の時期を経て、工場はだんだんと重要ではなくなっている。これは即座に興味深い問題を提起する。労働者階級はどこにおり、労働者階級とは誰なのか？　まず、やや異端の見解を述べさせてもらいたい。この場面では「階級」という言葉ではなく、単に「労働する人々」と言うべきなのかもしれない。こう提起する理由は、「労働者階級」という言葉は通常、特定の労働状況を含意する一方、「労働する人々」という言葉は問題を広げてくれるからだ。こうすると、労働者階級とは誰か、労働者階級は何をなすか、現状での彼らの力とは何か、といった疑問が再構成され、異なるかたちで考えられるようになる。

一九七〇年前後以降の産業の空洞化によって大量の肉体労働《ブルーカラー》職務が廃止された。私のよく知るアメリカとイギリスを取り上げてみよう。どちらの事例も、多くの雇用喪失は技術革新によるものであった。推計では、過去三〇年から四〇年での雇用喪失の約六割が技術革新によるものだとされる。残りは主に海外移転《オフショアリング》によるもので、低賃金職が中国やメキシコその他に移転させられた。しかし技術革新とともに見られるのが労働力の削減なのであり、大量の労働者を使っていたものが往々わずか数人の労働者によるものへと変わる。たとえば一九六九年にボルティモアに私が移り住んだ頃には、そこの大規模な製鋼所で三万人以上が雇用されていた。一九九〇年代に至ると、同じ鉄鋼量を生産しても五〇〇〇人程度しか雇用されない。二〇〇〇年代に入ると、製鋼所は閉鎖されるか、買収後に労働者一〇〇〇人を雇って再開されるかだ。鉄鋼労働組合は、その存在を私が初めて知った一九六九年には、市内でも非常に強力な団体であった。しかし今ではもちろん、退職者と年金生活者に対応するのが主たる活動である。組合はボルティモア市政への影響力もほぼ失ってしまった。

労働者階級は消滅したと言いたくもなる。しかし考えてみると、たぶん労働者階級は消滅していない。労働者階級はもはや以前と同じものをつくっていないだけであり、以前と同じ活動に巻き込まれていないだけなのだ。たとえば自動車製造業や鉄鋼製造業は労働者階級の職業と言われるのに、ハンバーガー製造業はそう言われないのは、なぜなのか？　雇用統計に目を向ければ、マクドナルドやケンタッキーフライドチキン、バーガーキングなどでは大幅に雇用が増加した。このような事業分野で莫大な雇用増が起きてきた。この労働者は、自動車製造労働者とまさに同じく、価値を生産している。ただ鉄鋼や自動車ではなく、調理済み食品を生産するのだ。だからこそ「新」労働者階級について考えるべきなのである。最近ではファストフード産業の労働者が組織されはじめ、戦闘的活動をとりはじめる例も見られる。しかしその労働の性格上、組織化は困難でもある。

マルクスが「即自的階級」と呼ぶはずのものが、拡大・成長するこの新しい雇用部門を中心に形成されている。それは、今や「対自的階級」に転化しはじめており、◆たとえばマクドナルドと闘い、まともな最低賃金として時給一五ドル、またはそれ以上の生活賃金を求めはじめている。ファストフード生産部門では数多くの運動が起きている。だが小規模飲食店の所有者やその従業員も同じように考察しなければならない。ニューヨーク市はしばしば寄生的都市と見られがちであり、市外にある大工業都市で創出された価値生産を食い物にしていると考えられてきた。しかし実際には、大量の価値が創造されている都市なのである。飲食店従業員といった雇用を取り上げれば、その数は劇的に増加しており、これに対応して総価値産出も増大している。この種の産業はきわめて労働集約的である。それは、いつか人工知能に侵食されるかもしれないが、現時点で重要な中心的雇用部門であることには変わりがない。四〇年前であれば大きな雇用先は自動車産業や鉄鋼産業であり、ゼネラルモーターズやフォードなどが重要であったが、今や労働者の最大の雇用主はケンタッキーフライドチキンやマクドナルドなどのフランチャイズ店だ。新労働者階級が見つかる主要な場の一つがこれなのである。ただし、これらの労働者の組織化は難しい。多くの労働者が一時雇用であり、人々はしばらく働いてはすぐにいなくなる。とはいえ今では、とくにソーシャルメディアを用いての組織化の可能性が見えてきており、ここに政治的可能性も存在する。

新しい労働者階級の潜在力

先日、体験した別の出来事もこの可能性を示すと思われる。ダラス空港から離陸しようとする際、飛行機の窓から外を眺めていると、そこの空港作業員が私の目に入った。突然、空港で働く人々に私は思いをめぐらせた。マルクスの理論では運輸労働は価値生産的である。したがって実際、運輸産業に関わる人々、商品やヒトをある場所から世界の別の場所に移動させる人々は全員、生産的な労働者階級の一部である。しかし、そこに関わる労働にどのようなものがあるかを検討してみると、飛行機の牽引を手伝ったり、飛行機への手荷物の積み込みや積み下ろしを補助したり、空港内で飛行機の乗り降りを取り仕切ったりする、あらゆる人々がいる。飛行機を点検・補修し、清掃する人々もいる。

この労働力の中身に着目すると、十分な賃金は支払われていないにもかかわらず、そこには非常に独特な力がある。また空港を実際機能させるのに、その仕事の大半を誰が行なっているか注意深く観察すると、これまで訪れたすべての空港でも思ったことだが、次の点も気になる。アメリカでは多くの空港労働者が有色人種であり、とりわけアフリカ系アメリカ人が多く、ラテンアメリカ系住民や、近年では東ヨーロッパやロシアからの新たな白人系移民も一部関わり、しかも女性労働者の割合も大きい。そこで突然興味深いことに気づいたのだが、実際にはこういう現場でこそ、現代の労働者階級の構成について考えられるのである。この階級で優勢を占めるのは、賃金労働者となった女性であり、賃金労働者となったアフリカ系アメリカ人やその他の有色人種であり、賃金労働者となった移民、とくにラテンアメリカ系の移民男女である。この配置構成のなかで、人種、ジェンダー、階級の相互利害が一つの次元に融合する一方で、アイ

◆マルクスが……転化しはじめており　カール・マルクス「哲学の貧困」（原著一八四七年）、『マルクス＝エンゲルス全集』第四巻、大内兵衛・細川嘉六［監訳］、大月書店、一九六〇年、一八九〜一九〇頁。

デンティティは全体として分かれたままとなる。

この人々に支払われている賃金はどの程度、十分なのか、そしていかなる社会保障条件のもとで暮らしているのか？　彼らは、まったくまともには支払われていないのと同時に、まったく組織されてもいない。だからこそ私はこう空想する。空港労働者が一斉に、ある日突然ストライキを打つことを決め、空港が閉鎖されたとしよう。全労働者の要求が応じられないかぎり、アメリカの六つの空港——ロサンゼルス、シカゴ、アトランタ、ニューヨーク、マイアミ、ダラス・フォートワース——が閉鎖されるとしよう。こうなると、まもなく国内全体が機能不全に陥るであろう。二〇一九年一月の一ヵ月間、政府を閉鎖することは名案だとトランプは決断した。しかし、やがてある日——水曜日であったと思うが——アメリカの三つの空港が機能できなくなった。ラガーディア空港［ニューヨーク市の国内線中心の空港］など複数の空港からの多数の運航便が欠航を余儀なくされた。航空管制官（連邦公務員）が仕事を続けられなくなったからである。それ以前から彼らは何ヵ月も給与を支払われておらず、まさに生活が成り立たなくなり、多くが欠勤した。興味深いことに航空管制官への攻撃は、一九八二年にレーガンが行なった大規模な反労働組合戦略の一つであった。三日か四日以内にアメリカのほとんどの空港が閉鎖されることになると、突如としてトランプにも、行政府にも、その他の誰彼にも気づかれたにちがいない。アメリカの空港が閉鎖されれば、基本的に資本の流れが止まる。空港労働者は巨大な潜在的政治力を秘めている。

もし空港労働者が組織されるのなら、アフリカ系アメリカ人、ラテンアメリカ系住民、そして女性といった、今日のアメリカ労働運動の中核をなす人々との関係に現に取り組むだけに留まらない。そればかりか実際、この労働者組織は、その要求に応じなければ、資本主義経済に深刻な打撃をもたらす可能性があると判断されるであろう。そこで次の疑問が浮かぶ。このような連合体の要求とはどのようなものになるのであろうか？　まともな生活、まともな生活環境の獲得に足るような賃上げ要求となるのは明らかだ。私の考えでは、労働者階級の政治力の具体的構築という点からすると、全空港労働者の運動は真に大きな変化をもたらすであろう。

これに近いことが起こった数少ない事例を考えてみればよい。九・一一事件◆のあと人々は空を飛ぶのを止めた。およそ三日間にわたり何もかも静まりかえった。そして思い起こされるのはルドルフ・ジュリアーニ◆（当時のニューヨーク市長）やブッシュ〔・ジュニア〕大統領までもが放送電波に登場し、「外に出て買い物に再び行きましょう、外に出て飛行機に再び乗りましょう」と口にしたことだ。国が実際に再び動きださなければ、深刻な資本喪失が起こるであろうと彼らにはわかっていた。九・一一事件への緊急対応は空港閉鎖であったが、その直後に、仕事や移動に引き戻そうとする緊急の呼びかけをわれわれは体験することになった。

次いで〔二〇一〇年には〕アイスランドの火山噴火によって大量の火山灰が大気中に放出され、大西洋横断飛行が約一〇日間にわたって不可能になった。当時ニューヨークからロンドンには、ほぼ行けなくなった。リオデジャネイロを経由して、そこからマドリードに飛ぶしかなくなった。こうした経路をたどらなければロンドンまでたどり着けなかったのである。

火山ではなく、空港労働者の運動の爆発を私は想像する。しかし、これが起こるためには、空港労働者は次の二点を理解していなければならない。（a）空港労働者には多くの共通利害があり、共同の要求を明確に表明し勝ちとろうと望むこと。（b）この要求を推し進めるための共同性が自分たち自身のあいだに秘められており、またこの共同性を構築できたなら、体制を遮断しかねないまでの激烈な力が生みだされるかもしれない、ということ。体制の遮断といった事態は、過去には炭鉱労働者や自動車製造労働者な

◆**九・一一事件**　二〇〇一年九月一一日に勃発したイスラム過激派組織「アルカイダ」によるアメリカ同時多発テロ事件。ハイジャックされた航空機によってアメリカ国防総省などがテロ攻撃を受け、ニューヨークでは世界貿易センターが倒壊した。二九七七人が死亡したとされる。

◆**ルドルフ・ジュリアーニ**　アメリカの政治家、一九四四年〜。共和党から立候補してニューヨーク市長（一九九四〜二〇〇一年）を務めた。その治安対策で有名となり、二〇一六年にはドナルド・トランプを支持し、顧問弁護士も務めた。

どによって脅かされ、ときに現実のものとなった。しかし今日この力は別のところにある。そして、それは潜在状態に置かれたままだ。

実現の世界での出来事と生産現場での新たな闘争

労働力の構成は変化した。ファストフード店の従業員だけでなく、すべての飲食店従業員を一同に組織できればよいかもしれないが、ファストフード店従業員は着手するのに最適の人々である。現代の労働者階級が考えられるとすると、その先頭に位置するのは、もはや自動車製造労働者でもなければ炭鉱労働者でもない。イギリス労働者階級の政治運動の伝統的中核は炭鉱労働組合が担っていた。炭鉱労働組合はマーガレット・サッチャー（彼女は、とにかく炭鉱労働者が嫌いであった）の一連の企てによって基本的に壊滅させられたのだが、イギリス石炭鉱業もそもそも閉鎖されたのであり、こうして伝統的労働者階級の政治運動はほぼ消滅したのである。

こうした歴史に直面してなお、まったく新たに編成された労働力には、生産現場で闘う力があるのであり、その点は考えておかなくてはならない。しかしながら、こうした生産現場の闘争は、現在のわれわれの暮らし方を構成する生活様式とも切り離せない。つまり実現の現場での出来事は、場合によっては生産現場と同じくらい重要となる。空港労働者の話題に含意されているのは、より多くの人々が飛行機を使うようになってきており、航空産業が急拡大しているという事実でもある。当然ながらアメリカではさほどでもないが、たとえば中国ではいたる所で空港が建設中であり、中国国内の航空旅客数も増加している。したがってアジアの空の旅には大幅な増加が見られる。この前提として、特殊な生活のあり方の発展が起こっている。そこでは、自分にお金《かね》のあるかぎり、大西洋を横断し、あちらこちらと、どこへでも飛べるようになって自由に移動できると想定されうるのだ。観光業は、航空便と宿泊を組みあわせたパック旅行を駆使することで、グローバル経済の急成長産業の一つになっている。これもまた一つの生活のあり方だ。

言うまでもないが、この生活のあり方はいくつかの影響をもたらす。深刻に懸念されるべきものの一つは温室効果ガス排出と地球温暖化だ。アメリカ横断飛行一回分のガス排出量は、何千台分かわからないほどの自動車の年間ガス排出量に匹敵する。これは莫大な温室効果ガス排出源である。さて航空移動が中心となるような生活様式を、われわれは続けたいのであろうか？　それゆえ、ここで理解される事態の核心とは次の点だ。航空交通の成長が一つの労働者階級を創出しつつあるという事態は、この新しい生活様式の台頭を促すという観点からも捉えられるのだが、その一方で、航空交通の成長は、それ自体、マルクスの言う生産と実現の矛盾した統一にも巻き込まれている。実現の問題は、生活様式の問題、そして新たな欲求、必要、欲望の生産という問題と強く結びついている。旅行への欲求、必要、欲望であり、世界の他の場所に行きたいという欲求、必要、欲望である。これらはつながった問題だ。しかし、ここでもまた理解すべきと思われることだが、実現の世界での出来事――新しい欲求、必要、欲望、生活様式の生産――と生産現場での出来事との関係性も考究されなければならない。したがって生産現場での組織のあり方は、実現現場での一定の出来事への対応欲求と結びついている。海と砂浜と太陽と男女とを牧歌的舞台にした完璧な空想恋愛物語――これを現実化させる試みが、現代の経済構造の中心に置かれることがいかに多いことか。この点に気づくと驚嘆せざるをえない。

　同様の問題は社会的再生産の領域でも起こる。私が子どもの頃、一九四〇年代のイギリスでは、すべての食事は家庭で作られ、金曜日だけお店にお使いに行って（この日にだけお店が開いていた）、もっていった新聞紙に包んで、フィッシュ・アンド・チップス〔白身魚フライとポテトフライからなるイギリスの代表食〕を買ってきた。それ以外は、すべて食事は家庭で用意された。さて世界の多くの地域の現状となると、大量の食事の支度が商品化、市場化されている。ほとんどの調理は家庭で行なわれることがない。地元の飲食店からの持ち帰り《テイクアウト》という選択肢が各家族にあるのだ。つまりグラブハブ〔シカゴを拠点とする料理宅配サービス運営企業〕のようなサービス事業を使って、自宅以外で作られた食事を買えるようになっている。この種の活動は急拡大している。私が前回、中国を訪れて驚いたのは、膨大な数の自転車が料理を運んでいる中国版持ち帰り《テイクアウト》の光景であった。中国でさえこうなっている！　このありきたりの経過をたどって、食事の支度は市場化、商品化されつつある。これは良いことかもしれないし、そうでないかもしれない。それが正しいか間違っているかは議論の余地があるであろう。しかし最も重要だと思われるのは、ここで述べている話題が生活様式であるという点だ。これらの巨大テイクアウト事業の生産と発展は、バーガーキングやマクドナルドその他のファストフード産業を頂点として、アメリカのすべての人の日常生活に多大な影響を与えている。この事態を把握しはじめると認識せざるをえない点だが、生活様式の質が、またこの生活様式内の特定の食生活のあり方とその歴史的経緯とが、社会的再生産過程を根本的に再編する。かつて家庭での食事の支度といえば、そのほとんどを女性が担っていた。今や食事の支度が家庭内でなされないというのであれば、このことは実際、ジェンダー差別への一撃となる。この差別構造において、基本的に女性は台所に縛りつけられ、台所仕事のすべてをこなしてきたからだ。ファストフード飲食店で食事をしたり出前をとったりすることで台所仕事は大幅に減った。こうして社会的再生産において女性の労働が解放されたのだが、これによって、ますます多くの女性が労働力人口に組み込まれることもできた（たとえば空港などにおいてだ）。だからといって家事がなくなったり、こうした家事をめぐるジェンダー差別がなくなったりするわけではない。だが実現の政治力学と分業とに関連した社会的再生産の組織編成には、この一世代のあいだに劇的な革命がもたらされた。

「何をなすべきか」という政治的課題を口にする際には実際、ここまで述べてきたすべての点から自問しなければならない。つまり、これらの新たな生活様式の出現に具体的にどう対応すべきなのか？　たとえばファストフード産業や空港を中心にして、また物流分野でも、ある種の強力な労働者組織が出現しているが、これにどう対応すべきなのか？　そして、この新たな労働者の力が、いくつかの政治目的に向けて一定の方法で動員できるとすれば、それはどのようにしてなのか？　われわれは社会秩序の変革を構想しなければならない。たとえば資本蓄積と資本構造のすべてから離れ、はるかに社会的で協同的な存在へと、そして資本蓄積の急拡大に巻き込まれることのない存在へと移行するのである。しかし、これをどのようになすべきかが大問題である。

〔参考文献〕

・Silvia Federici, *Caliban and the Witch: Women, the Body, and Primitive Accumulation* (New York: Autonomedia, 2004)〔シルヴィア・フェデリーチ『キャリバンと魔女』(小田原琳ほか〔訳〕、以文社、二〇一七年)〕。

・Karl Marx, "The Coming Upheaval," the concluding passage from "The Poverty of Philosophy," in: *The Marx-Engels Reader*, second edition, ed. Robert C. Tucker (New York: W. W. Norton, 1978 [1847]), 218-219〔カール・マルクス「哲学の貧困」(『マルクス＝エンゲルス全集』第四巻、大内兵衛・細川嘉六〔監訳〕、大月書店、一九六〇年、一八九～一九〇頁／『〔新訳〕哲学の貧困』的場昭弘〔編・訳・著〕、作品社、二〇二〇年、一四四～一四六頁)〕。〔なお、この参考文献は「哲学の貧困」からの英語抄訳であるため、邦訳文献頁数も当該箇所のみを示す。〕

・Karl Marx, *Grundrisse: Foundations of the Critique of Political Economy* (London: Penguin Classics, 1993 [1857-58])〔カール・マルクス「経済学批判要綱」(『マルクス資本論草稿集　一八五七―五八年の経済学草稿』第一～二巻、大月書店、一九八一～九三年)〕。

・"Raise Up for $15, Fight for $15," https://fightfor15.org/raiseup/ (accessed May 12, 2020).〔アメリカの政治運動「一五ドルのための闘い」(Fight for $15)のウェブサイト。この運動は在宅介護、空港、コンビニエンスストア、ファストフード店などで労働者の組合組織化を進めるとともに、連邦最低賃金の一五ドルへの引き上げを求めている。二〇二二年四月八日、訳者閲覧。〕

［第13章］
二酸化炭素排出と気候変動

・大気中の二酸化炭素量の増加は、どこに由来したのか？
・二酸化炭素を大気中から取りだし地中に埋め戻すために、活動家のなすべきことは何か？

四〇〇ｐｐｍの衝撃

自分の人生を振り返ると、それを学んだことですべてが一新させられてしまい、自分の既存の見方の多くを改めさせられる時期や瞬間がいくつか存在する。ときに、そうしたものを私は理論的に学んだ。マルクスの論述を深く熟考することから、しばしば、このような刷新が私に訪れた。しかし他の場合には、単なる一片の情報でこうなることもある。たしかに四ヵ月ほど前にふと見つけた一片の情報は、まさに目から鱗が落ちるものであって、自分の見方の多くを考え直させることになった。この情報はアメリカ海洋大気庁（ＮＯＡＡ）が示した一つのグラフにあった〔図表参照〕。このグラフは過去八〇万年の大気中の二酸化炭素濃度の変化を描いていた。八〇万年とは長期に思われるかもしれないが、地質学的にはさほど長く

80万年間における大気中の二酸化炭素濃度の推移

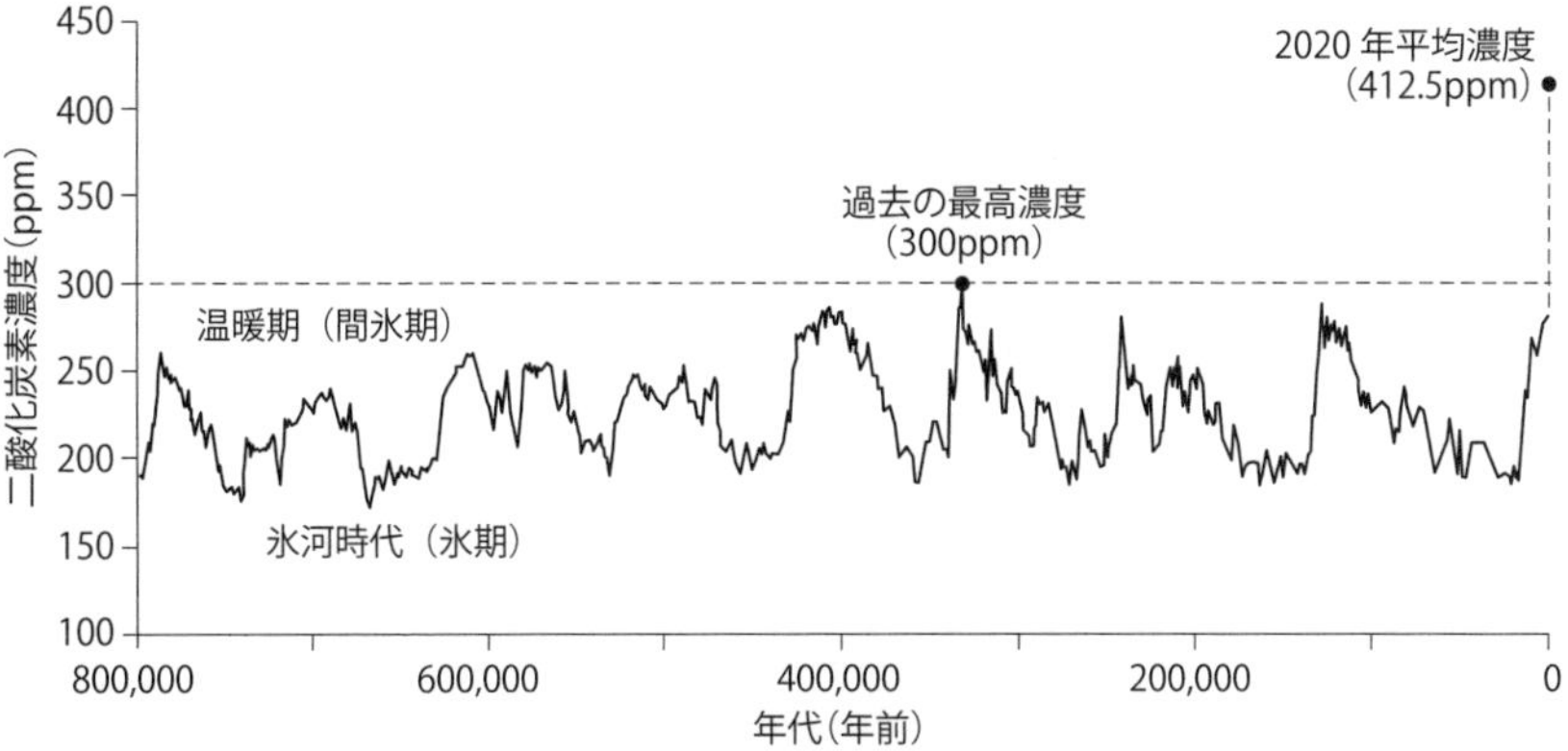

出典：NOAA.Climate.gov（アメリカ海洋大気庁国立環境情報センター）
https://www.climate.gov/media/12987, 2022年4月4日、訳者閲覧。

はない。だがその一方で、地球の温暖化や寒冷化の諸局面を捉えるには十分な期間だ。過去八〇万年で、大気中の二酸化炭素濃度は百万分率で三〇〇ｐｐｍ〔一〇〇万分の三〇〇という割合〕を超えたことはなかった。それは、この八〇万年に一五〇ｐｐｍから三〇〇ｐｐｍのあいだを行ったり来たりしており、最高値であっても三〇〇ｐｐｍを上回らなかった。ところが一九六〇年以降のある時期に三〇〇ｐｐｍに達した。そして直近の過去六〇年のあいだに三〇〇ｐｐｍから四〇〇ｐｐｍ以上になったのである。さて、これは大幅なな急増である。過去八〇万年の変動をはるかに越えるものだ。

私が気になったのは、これが起きた理由であり、そこから予想される出来事であった。予想の一つとしては、この事態を知ったドナルド・トランプが、報告を公表した当の機関である海洋大気庁を廃止するか、あるいは少なくとも、この手の情報はこれ以上公開しないよう指示するかもしれない。しかし、この信じられない量とその増加の意味は、大気中の二酸化炭素濃度がすでに非常に高い、ということだ。これまでどおりのあり方で人間が居住しつづけるのに問題があることはほぼ間違いない。地球上のすべての氷原が一晩で溶けるわけではなく、五〇年か、もしかしたら一〇〇年かかるかもしれないが、いずれにせよ行き着くところにまで行くであろう。もしそうなったら海面は急速に上昇し（グリーンランドの氷床はすでに縮小している）、ヒマラヤ山脈の雪塊は消えてなくなり、こうしてインダス川やガンジス川は基本的に毎年ある時期になると干上がるであろう。インド亜大陸全域に干ばつが頻発し、世界の他の地域も激変を被るであろう。

この四〇〇ppmの原因とは何か？　何が起こったのか？　ここで論じにくい領域に、あえて踏み込んでみよう。というのは、その一つの答えが中国での出来事だからである。まもなく、これについては述べることにしよう。しかし、まず一言、確認しておかなければならないのは気候変動に関する別問題だ。気候変動は暴走するという点である。つまり、もし気候変動が北極圏の永久凍土を溶かすと（すでに進行中の事態だが）、永久凍土の融解はメタンガス——二酸化炭素以上に、はるかに温室効果の高いガス——を放出させ、さらに気候変動を加速させるのである。

環境問題に対する終末論的言説

海洋大気庁のデータによって、気候変動問題やその対策についての私の態度は変わった。ここで少し振り返る必要がある。私が初めて環境問題を意識したのは六〇年前のことだが、それ以来、環境問題について抱いていた全般的私見を話しておくことにしよう。私の学生時代、世界の多数の運動の中心的発想には、惑星地球は、持続可能で生存に不可欠な資源基盤としては不十分になりつつある、というものがあった。その当時、人々が最も気にかけていた資源は、エネルギー——とりわけ石油や化石燃料の利用可能量——であった。これが一九五〇年代から六〇年代にかけてのことである。一九六〇年代になると、さらなる運動が起こり、一九七〇年（最初のアースディの年）までに、天然資源基盤に制約される成長の限界に加えて、今度は、廃棄物処分場としての地球利用問題や汚染問題にも著しい関心が集まった。大量の文献が出版され、地球の環境容量は無限ではなく、環境危機が差し迫っていると言われた。

最初のアースデイは、環境問題が起こりうるという事実に企業国家アメリカでさえ目覚めはじめた画期であった。『フォーブス』〔アメリカの有名な経済雑誌〕は、環境に存在する諸限界についての特集を組んだ。この特集の最初の論説はリチャード・ニクソン大統領によるもので、基本的な論調は、環境を気にかけなくてはならない、いつも環境を支配できるわけではない、というものであった。政治権力の側も、ここに何かしら問題があるかもしれないと認めたのである。『フォーブス』は、なすべき対応についてすてきなアイデアを提示し、とくに都市空間形成《アーバナイゼーション》に関連して、いくつもの新しい都市計画を提示した。多くの木々に囲まれた新しい都市計画だ。――ここには、今で言う「グリーンウォッシング◆」の企業側の証拠が数多く示されている。

しかし環境運動内の急進派は、この病弊を資本主義のせいだと非難した。〔一九六九年の〕カリフォルニア州サンタバーバラ沖での原油流出事故を受けて、大学生たちが自動車のシボレーを砂浜に埋め、化石燃料の過剰消費と過剰依存への象徴的抗議運動を行なった。一九七〇年の最初のアースデイに向けて、おびただしい数の運動が起こった。食物連鎖や大気環境などに多くの人々が不安を抱いた。しかし〔当時、自分の勤務先の大学があった〕ボルティモア市のアースデイのイベントで私の印象に残ったのは、アフリカ系アメリカ人の姿がほとんど見かけられなかったことである。人口の半分をアフリカ系アメリカ人が占めるこの町で、だ。参加した観衆はもっぱら白人中間層であった。このイベントがあったその同じ週に、ボルティモアのレフト・バンク・ジャズクラブを訪れた。そこは圧倒的に黒人のたまり場になっており、白人は少しばかり周りにいるくらいであった。音楽はすばらしかった。その際ジャズ演奏家が環境問題について触れ、聴衆から喝采を浴びた。彼らにしてみれば「われわれの最大の環境問題はリチャード・ニクソン」であった。明らかに、環境問題の定義には大きな隔絶がある。

◆アースデイ　地球環境について考える日として提案された記念日。同じ名称で呼ばれる日はいくつかあるが、広く知られているのは、一九七〇年のアメリカでの学生運動をきっかけに広まった四月二二日。

◆グリーンウォッシング　利潤目的の事業を、環境問題解決策として偽装すること。

この体験から私は、環境保護運動家の発言《レトリック》の多くを懸念するようになった。とりわけ抵抗感を抱いたのは、世の終末は近いと予言する環境保護運動、つまり世界は資源を使い果たし、環境災害となってすべてが崩壊するであろうと主張する一派に対してである。このような終末論的表現を私はずっと認めなかったが、それは環境問題が見当違いであるとか、ある一面から見れば大したことないとか考えているわけではない。実際、それは現実問題であり、出てくる問題には対応すべきだと思われる。私が共有しなかったのは、当時もそれ以降もずっと流布されている多くの終末論的展望だけだ。終末論的展望を除けば、環境問題への取り組みは深刻に捉えるべきものの一つである。問題をきちんと管理すれば、大気汚染、水質汚染、二酸化炭素濃度は、法令や規制活動などで対処できるのであり、明日、何かしなければすべてが崩壊するなどとパニックに陥る必要もない。

◆一九七〇年代にさかのぼると、経済学者のジュリアン・サイモン◆と環境保護主義者のポール・エーリックのあいだで有名な賭けが行なわれた。エーリックは、世界は人口過剰になっており、資源は使い果たされつつあり、食料供給は減り、人々は自ら災害を招こうとしていると主張した。ジュリアン・サイモンは、これは事実無根だと否定した。そこで彼らはジュリアン・サイモンの発言をめぐって賭けをした。それは、今後一〇年間で主要農作物価格はその時点よりも下がるというものであった。価格が下がれば、環境に固有な希少性に深刻な問題はないことが示される。エーリックは賭けに乗った。そして一〇年後、彼らは農作物価格全体を検証し、ジュリアン・サイモンが賭けに勝ったのである。

これ以降、エーリックが賭けに負けたのは、一九七〇年が賭けの始まりとしては不利な年であったからだと指摘する人もいた。つまり商品価格がとくに高い時に賭けをはじめれば、それが次の一〇年で下がる可能性は高くなる。もし商品価格が安い時に賭けをはじめれば、逆のことが起こるであろう。その後、誰かが指摘したように、一九八〇年に賭けを開始し、一九八〇年から九〇年にかけての価格動向を検証すれば、エーリックが正しかったであろう。したがって「われわれは困難な環境状況にあるのか否か」という問題は昔からずっと残りつづけている。一方には、人類の活動を環境がほぼ無限に吸収できると考える資源無限論者がいる。他方には、環境崩壊が進行中だと考える終末論者がいる。二〇〇年前にもマルサス◆の賭けが行なわれた。マルサスによれば、人口の複利的成長は不可避的に自然資源の制約にぶつかり、国際的な飢饉や貧困がもたらされるとともに、社会の堕落、暴力、戦争が勃発すると言われたのである。

二酸化炭素の絶対量の削減

このすべてをめぐって長らく論争が交わされてきた。ずっと抱いてきた私見としては、環境問題は真剣に受け止めるべきだが、終末論的な筋書きや展望は心底、疑わしいというものであった。しかし、この見方が本当に変わったのは、過去八〇万年にわたって三〇〇ppm以上の二酸化炭素濃度が見られなかったのに今では四〇〇ppmだとわかった時であった。この四〇〇ppm超という数値が意味するのは、注視し制御すべきは炭素排出率ではないということである。むしろ大気中の温室効果ガス濃度の既存の絶対水準に注目しはじめなければならない。現在の水準では、乾燥も加速し、地球の温度も急上昇し、海面も急激に上がり、極端な気象現象もますます頻繁になるなど確実である。このことからすると、炭素排出率の制限政策、つまり近年、主に論じられている政策は変更されなければならない。

温室効果ガス（二酸化炭素とメタン）の既存濃度を下げることは喫緊の課題である。本書の第8章で私は、変化率で世界を考察することと、変化の絶対量で世界を考察することとの違いについて論じた。そこで触

◆**ジュリアン・サイモン**　アメリカの経済学者・経営学者、一九三二〜九八年。人口、天然資源の研究で知られ、人口増加の経済的利益を主張。

◆**ポール・エーリック**　アメリカの生物学者、一九三二年〜。資源の有限性と人口増加の影響に関する研究で知られる。

◆**マルサス**　トマス・ロバート・マルサス、一七六六〜一八三四年。イギリスの経済学者。過少消費説・有効需要論を唱えるとともに、人口増加が食糧増加を超えることから過剰人口と貧困の発生を主張した。

れたことだが、初期水準がきわめて低ければ、きわめて大きな変化率であっても、ほんのわずかな影響しか起こさないかもしれない。逆に初期水準の量がとても大きければ、変化率は小さくても、増加量は莫大なものになる可能性がある。

しかし近年の大気中の二酸化炭素の量的増大はどこに由来したのであろうか？　資料が示すところでは、発生源の一つは二〇〇〇年以後の中国の発展である。この発展は大規模なインフラ開発を引き起こした。私のお好みの例証は、中国のセメント使用量のグラフである〔本書一二一頁参照〕。この使用量は急増しており、中国が二年半で消費したセメント量は、アメリカで一〇〇年かかった消費量より約四五％も大きかった。一九九〇年代以降、中国は〔その経済規模を〕急速に拡大してきたが、この過程は二〇〇七〜〇八年の危機において猛烈に加速した。中国の輸出市場（とりわけアメリカ向け輸出市場）が崩壊したため、それがインフラ開発計画に置き換えられたからである。このような開発は世界の他の国では考えられなかったであろう。中国以外の世界が緊縮経済に向かうなか、中国は経済拡張政策に向かった。

私は先に、中国が巨大なインフラ拡張を引き受けたことで、二〇〇七〜〇八年の恐慌からグローバル資本主義を救ったと主張した。中国がグローバル資本主義を救ったのは、そうしたかったからではなく、この方法でしか輸出産業の崩壊によって生じた過剰労働力問題を緩和できなかったからである。したがって中国がグローバル資本主義を救ったかわりに、温室効果ガス排出量も大きく増えた。これが四〇〇ppm以上への急増をもたらした発生源の一つである。しかし、このように発展した場所は中国だけではない。ブラジルやトルコの近年の拡張政策を検討すれば、二〇〇七〜〇八年の恐慌への対応として同様の事態が進行中だとわかるし、この点も温室効果ガス排出に対して相応に影響している。

この話の一つ目の含意は、われわれは議論を変化率に限定することはできず、既存の量の重要性を認識すべきだということである。大気中から二酸化炭素を、できるかぎり除去するにはどうしたらよいか考えなくてはならない。この一部は、海洋への二酸化炭素吸収によって自然になされている。海洋では甲殻類が、二酸化炭素を自らの殻に変えたりしている。これは自然による吸収だ。しかし考えださなければならないのは、農業を通じた炭素吸収法である。現在の問題の根底には、地中に集積された炭素の放出がある。つまりはるか昔、複数の地質時代にわたって蓄積されたエネルギーが放出されている。三〇〇ppmの世界に戻りたいのであれば、地中から取りだしている炭素を、地中に埋め戻さなくてはならない。それは本来、植物によって、そしていくらかは甲殻類によって、地中に蓄えられた。われわれはその蓄積されたエネルギーのすべてを地中から取りだし放出させている。今や四〇〇ppmを三〇〇ppmに戻すための真剣な議論が求められており、これを可能にする唯一の方法は、二酸化炭素を大気中から取りだし、地中に戻す方法を見つけだすことだ。

　このための一つの可能な方法は森林再生である。ただし森林再生は、新たに成長する人工林に限定される。世界の森林再生は大気中の二酸化炭素を減らすであろう。さまざまな森林再生計画があり、北半球では森林被覆面積も純粋に拡大している。大問題の地域はアマゾン川流域、スマトラ島、ボルネオ島、そしてアフリカ大陸の熱帯雨林であって、これらは途方もない破壊を被っている。アマゾン川流域や東南アジアでの森林破壊は、悲惨なことに加速しつづけている。ブラジルで政権を握ったボルソナロは、ドナルド・トランプと同様、気候変動をばかげたこととしてまったく信じておらず、アマゾン川流域での破壊を拡大させ、牛の放牧場、大豆畑、その他の利用のために切りひらこうとしている。したがって熱帯雨林保護と森林再生に向けた闘いは、政治活動の重要領域の一つなのだ。

　もう一つの選択肢もあるが、これについて私は専門家ではなく、最近になって知ったばかりのことなので、読者は本書を離れて自分でも調べていただきたい。そのうえで言えば、それは二酸化炭素を取り込んで土壌に戻すような作物の栽培である。現在では〔主要な作物栽培によって〕地中六インチ［約一五センチ］まで二酸化炭素は埋め戻せるが、鋤で深く耕すなら、二酸化炭素は再び放出されてしまう。農業技術や農法における根本的変革が必要になるであろう。しかし地中六フィート［約一・八メートル］に二酸化炭素を埋め戻す穀物もあり、これは二酸化炭素を地中深くにまで運ぶ。地中深くにまで根をはる根系が、その深さにまで二酸化炭素を運んでいき埋め戻すのである。このような作物を栽培できるなら、二酸化炭素を大気から抽出し、地中に埋め戻す作業をはじめられるかもしれない。

これはとても重要な可能性である。しかし、こうした作物栽培を農業従事者に行なってもらうには、どうすればよいのか？　そのためには何が必要で、どのような影響が農業にもたらされるのか？　ここに一つの希望の兆しがある。ヨーロッパ連合にもアメリカにも農産物過剰があることから、農業従事者への休耕補償金制度がある。これは土地の一部を生産から外すことを意味している。それならば休耕補償ではなく、二酸化炭素を実効的に地中に戻せる作物を栽培することに補助金を支払ってはいかがであろうか？　しかし四〇〇ppmから三〇〇ppmに濃度を下げるのに、この支払金額はどれくらいのものとなるか？　私にはわからない。だが、このような技術や技法が展開されるべきである。したがって温室効果ガス排出物の生産という観点からすれば、二酸化炭素を大気中から取りだし、元々あった地中に埋め戻す方法を真面目に考えなくてはならない。これ以外に唯一、斬新な方法があるとすれば、炭素抽出のための大規模機械設備を考案し、製作して、炭素を地中に埋めることであろう。

二酸化炭素排出と資本蓄積

こうして過去八〇万年にわたる二酸化炭素濃度の変化を描いたグラフは、私の世界観のすべてを変えることになった。気候変動問題は、以前は通常の技術と賢明な介入とで対応できるものと考えていたが、われわれの考え方や行動や生活のすべてを根本的に変えなければならないとの認識に至ったのである。しかも化石燃料の消費を減らし、炭素排出率を減らすという見方だけでなく、二酸化炭素を大気中から取りだし、元々あった地中に埋め戻す手立ての模索をも真剣に考えはじめなければならない。

われわれは気候変動問題と二酸化炭素排出についてもっと真面目に考える必要がある。――とりわけ世界各地の新興市場国や中国において、排出量の絶え間のない増加を制御し引き下げる手立てが検討されなければならない。しかしアメリカやイギリスやヨーロッパ諸国の政府が「こんなことをしていてはいけない」とでも言うと、それらの国々は苦情を述べつつ、まったく正しくもこう応じている。

そちらが過去一〇〇年したことで今のように発展できたのですから、われわれが、これからの一〇〇年、同じことをして、なぜいけないのですか？

インド、中国、ブラジル、トルコの炭素排出量はずっと増加しつづけている。われわれの模索すべき経済発展の構築手段は、炭素排出原単位〔一定量の生産物やエネルギーをつくる場合の炭素排出量〕の増加や化石燃料使用の増大によるものであってはならない。

われわれの思考や経済的、政治的実践のなかで対処されなければならないような一つの緊急事態がここに存在する。しかし注意しておきたいが、このすべての背景に控える大問題は資本蓄積なのだ。結局のところ、中国での資本蓄積への衝動が、彼らなりの発展を必要としたのである。中国や新興市場国が抜本的に拡大したことによって、温室効果ガス排出量は急増したが、これによって二〇〇七～〇八年以降のグローバル資本主義は大きく救われた。もしそうだとすれば、資本主義の存続は、それらの国々の経済拡張政策に依存しており、その犠牲として二酸化炭素排出量が急増するという状況にある。しかし私がここで訴えるのは、既存の濃度こそが問題だということだ。国際社会は――できるだけ早く――これに対処しなければならない。そしてこれは必ずや、その背後の原動力に疑問を投げかけることになる。この原動力とは何よりもまず、無限に複利で増大しようとする資本蓄積である。

［参考文献］

・David Harvey, *Justice, Nature, and the Geography of Difference* (Cambridge, MA: Blackwell, 1996).

［第14章］

剰余価値率か剰余価値量か

・資本家が、より関心を抱くのは、実際に獲得する剰余価値量なのか、剰余価値を獲得させるはずの剰余価値率なのか？
・利潤率均等化についてのマルクスの議論は、いかなる内容であるのか？
・マルクスの議論は、一九八〇年代以降のグローバリゼーションの時代を理解するうえで、どのように役立つのか？

利潤率均等化による価値移転

マルクスの『資本論』第一巻を教えようとすると、最初の章◆で価値の概念が登場する。マルクスによれば、価値とは社会的必要労働時間である。そうすると学生はきまってやって来ては、こう尋ねる。

労働者を雇っていない企業があったらどうなるのでしょう？　それは価値を生産しないという意味なのでしょうか？

人間労働という活動の多くに人工知能が取って代わるはずだと漠然と考えられてきているが、そうだとすれば近年この質問は、より重要なものになってきている。この問いはまったく妥当だが、その答えは興味深いものになる。そこで、これについて少し時間を割いて考えてみたい。

『資本論』第一巻のその後の一章で◆、マルクスは剰余価値率と剰余価値量の関係を検討している。彼は次のように問う。資本家は自ら獲得する剰余価値量と剰余価値率のどちらに関心を抱くのか？　マルクスの著作を知る多くの人は、資本家はほとんど剰余価値率だけを見ていると考えがちである。マルクスが『資本論』第三巻で利潤率の低下を強調することを知っているからだ。しかし『資本論』第一巻では、主な焦点は剰余価値の量にある。なぜなら資本家に力を与えるのは量だからである。剰余価値率の上昇は単に剰余価値量を増加させる一手段として現われるにすぎない。

同じ章でマルクスは別の矛盾についても展開する。ここは書きだすことにしよう。というのも私見ではマルクスは、社会的必要労働時間が技術や労働過程の性格に左右されると警告しているからである。彼はこの章の終わりにかけて、異なる資本によって生産された価値と剰余価値の量が、それが使用する労働によってどう異なるかを述べている。〔ところが〕ここに矛盾が示唆される。マルクスはこう書いている。

〈誰でも知っているように〉相対的に多くの不変資本および少ない可変資本を使用する〔つまり、あまり労働者を雇用しないがために、産出させる剰余価値も少なくなる〕紡績業者は、だからといって、相対的に多くの可変資本および少ない不変資本を動かす〔つまり、労働者を多く雇用するため、剰余価値も多く生産させる〕製パン業者よりも手に入れる利得または剰余価値が小さいというわけではない。

◆最初の章　カール・マルクス「資本論　第一部」（原著一八六七年）、『マルクス＝エンゲルス全集』第二三巻、大内兵衛・細川嘉六［監訳］、大月書店、一九六五年、第一章「商品」。

◆その後の一章　同前、第九章「剰余価値率と剰余価値量」。

この外観上の矛盾を解決するためにはなお多くの中間項が必要〈……〉である。◆

マルクスがこのようなことを述べる際には、ご承知のように彼の膨大な労作のどこかに、この注目すべき矛盾への解答が見いだせるはずである。この解答がない場合でも、その矛盾の機能の仕方を説明しようと推敲した記述があるはずだ。

マルクスが『資本論』第一巻を書いている際、すでに『資本論』第三巻のもととなった草稿が書かれていたこともまた知られている。そこで、この点で彼が何を言っているか確かめるために、ただちに第三巻を見てみよう。その答えは利潤率の均等化に関する章◆にある。資本家は「市場」で活動する際には、利潤率に関心を抱くのであって、剰余価値率には関心がない。剰余価値率は生きた労働の搾取度を「生産」において示すものでしかない。資本家は利潤率をめぐって互いに競争しあう。この競争が起こるがゆえに、長期的傾向として収斂されるかたちで、労働者を多く雇用するか否かにかかわらず、すべての会社や企業に標準利潤率がもたらされるのである。

この標準利潤率が生みだされるとなると事実上、価値の移転が起きていることになる。つまり労働集約型活動に従事している会社、企業、地域から、資本集約型生産から資本集約型生産様式に携わっている地域、企業、社会部門へと、価値は移転する。別言すれば労働集約型生産から資本集約型生産への価値移転が起きる。これは、ときに「資本家的な共産主義」とも称される。ルールはこうだ。「各資本家からはその用いる労働に応じて〔剰余価値を生産し〕、各資本家にはその前貸しする資本に応じて〔剰余価値を分配する〕」。〔人件費はかかるが全体としての前貸資本は少ない〕労働集約型生産および労働集約型経済機構から、〔大規模設備投資のため前貸資本も多くなる〕資本集約型の企業や経済機構へと一種の助成金が流れる。この価値移転は利潤率をめぐる市場競争を通じて起こる。これが完全競争市場の効果であり、マルクスの最も重要な発見の一つなのだ。

これは興味深い問題を引き起こす。たとえば政策決定者として、どのような工業化が望ましいのか決めねばならないとすると、労働集約型工業化と資本集約型工業化のいずれを求めるのか？　この答えは、もし労働集約型形態をめざせば、資本集約型形態に価値を移転させることになるというものだ。慎重な政策決定者であれば、こう言うであろう。労働集約型産業による工業化は望ましくない、と。この好例と思われるのがシンガポール経済だ。一九六〇年代前半にマレーシア連邦から追放された際、シンガポールはこれから何をするのか、どのような種類の工業化戦略を採るのか考えなければならなかった。シンガポールの決定は、香港などのような労働集約型の経済活動には向かわず、資本集約型の経済活動に向かうというものであった。この決定は実行された。シンガポールは資本集約型生産に関わることで利益を得られるという好例である。このことから労働集約型工業化で世界市場に参入した多くの各国経済のうち、一部（バングラデシュなど）が貧しいままとなるのも、あるいは別の一部（過去の日本、韓国、台湾、そして今日の中国など）が資本集約型経済に転換しようと図るのも理解できるのである。

この価値移転と、結果として生じる助成金は、研究すべき対象である。利潤率の均等化を通じて、労働集約型の経済機構や企業から、資本集約型の経済機構や企業へと価値が移転させられる。この移転は維持される。したがって、ここから生産性の低い一国経済が、生産性の高い一国経済との競争状況に陥ると、結果として、資本集約型経済を助成することになる理由もわかるのである。たとえばギリシャがヨーロッパ連合に加盟した際、資本集約型経済のドイツに比べると、ギリシャは労働集約型で低生産性経済であった。結果、ギリシャがドイツを助成する。これはドイツ人にとっては大きなショックであろう。というのはドイツ人の一般的な見方では、ギリシャ人が不精で怠惰で文化的に遅れているから、貧しいギリシャ人にドイツ人は資金を貸しつけたというものだからだ。だがそうではない。ギリシャの問題は、生産性の

◆相対的に多くの不変資本および……である　同前、四〇三頁。

◆利潤率の均等化に関する章　カール・マルクス「資本論 第三部」（原著一八九四年）、『マルクス＝エンゲルス全集』第二五巻、大内兵衛・細川嘉六［監訳］、大月書店、一九六六～六七年、第九章「一般的利潤率（平均利潤率）の形成と商品価値の生産価格への転化」。

低い労働管理体制があるということにある。ひいては利潤率均等化傾向をともなう自由市場メカニズムによって、どれほど懸命にギリシャ人が働いても、彼らの生む価値の大部分がドイツに吸い取られる。自由貿易は公正な貿易ではまったくないのである。

完全機能市場が促す資本の地理的集積

以上が、この経済の機能のあり方であるが、ここに至って、われわれは重要な点も理解しはじめる。それは資本集約度をめぐる闘争であり、どの一国経済が資本集約型になりうるのか、という闘いである。このメカニズムについてはすぐ後に立ち戻るが、ここで基本的なことは、中国は長らく労働集約型経済に依存してきたが、最近、資本集約型経済に向かう方針が打ち出されたという点だ。もしそうなればヨーロッパやアメリカの資本集約型経済へと流れる中国からの価値移転は減少するであろう。トランプと中国人とのあいだで知的財産権や技術をめぐって衝突が起きている。言うまでもないが、今では技術は資本集約度の助けとなる。アメリカは、技術に関わる専門知識の中国への移転を防ぎ、アメリカを利するように、中国を労働集約型経済のままに留めようとしている。しかし中国はこれ以上、労働集約度を高止まりにさせておくことはできない。その理由の一部は、人口動態上の理由――労働力が不足しはじめている――からであり、またもう一部は、〔ここまで述べた〕市場の本性に対応せざるをえないという別の理由からである。

労働集約型生産は中国から、カンボジア、ラオス、ベトナムへと、さらにはバングラデシュへと移転されつつある。ここで、たとえば資本集約型経路をとったシンガポールの軌跡と、労働集約型経路をとったバングラデシュのそれとを検証するのが有用だと思われる。バングラデシュが混乱した経済を抱えており、まったくうまくいっていないことは即座にわかる。そこで用いられているすべての労働者によって膨大な価値が生みだされているにもかかわらず、そうなのだ。他方でシンガポールは、さほど多くの労働者を用いていないにもかかわらず、膨大な価値を獲得している。バングラデシュや類似の各国経済からシンガポールへの〔価値〕移転が起きている。アメリカと中国のあいだに現在ある緊張関係の一部は資本移転をめぐるものである。中国の目標は二〇二五年までに資本集約型経済に移行することであり、これは当然アメリカのライバルとなるであろう。トランプはそれを阻止するのに躍起になっているようだ。

この問題の重要性はマルクス主義者のあいだでは一般的に認識されている。しかしマイケル・ロバーツ◆が最近、彼のウェブサイトで批判的に述べたことだが、技術水準の低い資本主義貧困国から、帝国主義的富裕国への価値移転は、近年のマルクス経済学者には著しく無視されてきた。では、この労働集約型の産業部門や経済機構から、資本集約型の産業部門や経済機構への価値移転を通じて、われわれは何を見ることになるのか？　一番肝心なこととして資本集約度の高い場所は、それ自体がさらに資本集約度を高める傾向にある。この点は早くにスウェーデンの経済学者グンナー・ミュルダール◆によって述べられていた。彼がその存在を指摘したメカニズムによれば、自由貿易と利潤の均等化条件のもとで豊かな地域がより豊かになる一方、貧しい地域は停滞するか衰退する。この過程をミュルダールは「循環的ならびに累積的因果関係」◆と呼んだ。これが起こるのは、資本が不可避的に、活力ある産業部門、都市、地域に引きつけられ、活力のない産業部門、都市、地域からは、そこの富、人口、資源、人材、技能を流出させるからである。

マルクスはもっと早くにこの発展力学に注目した。ここで『資本論』から引用しよう。

◆マイケル・ロバーツ　イギリスの在野のマルクス経済学者、生年不詳〜。ロンドンのシティで経済専門家として長年勤めたのち、二〇〇九年からマルクス経済学者として複数の著作を発表している。

◆グンナー・ミュルダール　カール・グンナー・ミュルダール、一八九八〜一九八七年。スウェーデンの経済学者。一九七四年、ノーベル経済学賞を受賞。

◆循環的ならびに累積的因果関係　グンナー・ミュルダール『経済理論と低開発地域』（原著一九五七年）、小原敬士〔訳〕、東洋経済新報社、一九五九年。

〈……〉交通がとくに容易であること、また、それにより資本の回転が〈……〉速められることが、一面では生産中心地の集積を促進し、他面ではその市場地域の集積を促進する。特定の諸地点で人口と資本量との集積がこのように促進されるにつれて、少数の手の中におけるこの資本量の集積も進行する。◆

各国の資本主義経済では吸い込み音◆への対応が進行している。この音は、価値が全世界から抽出され、資本集約度も高く技術的優位性のある場所へと集積されつつあることとの反響である。強力な傾向として——そして思うに、これが現在の資本主義経済に関連して、しきりに論じられている点でもあるが——、大都市圏中心地（ニューヨークやシカゴやサンフランシスコなど）が、あらゆる人材と資本とを引き込み、こうして資本主義的な発展と成長の中心地に転化し、個人が巨額の財を築ける主要な場にもなっている。たとえばアメリカに目を向ければ、国内総生産のおよそ三分の二は、一〇かそこらの大都市圏中心地で創出されていることがわかるであろう。主要都市は、資本にとっても人材にとっても抗いがたい誘引地となっている。

さて、この一連の過程は興味深い。というのも古典派経済学者、のちには新古典派経済学者は、完全機能市場が中立性、本来的平等性、公平性を備えていると想定したうえで、自分たちの議論を打ち立てたからだ。しかし今、目の当たりにしているのは、利潤率が均等化させられる場合、完全機能市場が不公正市場に転化する事態である。言い換えれば、市場システムは公正でありうるという思い込みが、利潤率均等化を通じて打ち砕かれる。さらに進んで、こう言うこともできるかもしれない。資本主義を組織する最も不公正なやり方は、市場システムで利潤率を均等化させることだ。なぜなら、それは平等でも公正でもないのに、あたかもそうであるかのように見えるからである。これは「不平等なものを平等に扱うほど不平等なものはない◆」ということの古典的事例だ。利潤率の均等化は富と権力の地理的不均等発展をもたらす。

利潤率均等化とグローバリゼーションの歴史

では利潤率均等化が生じる時代はいつなのか？　これは歴史的に検証されなくてはならない。マルクスが事実上、述べているのは、利潤率均等化は不公正な貿易構造を生みだし、豊かな地域や国はより豊かになり、貧しい地域や国はより貧しくなるということだ。新古典派経済学の議論は、自由市場が公正な取引であることによって、平等な結果をもたらすであろうというものだが、マルクスの議論はこれとは違う。自由市場は、富と権力の極端なかたちでの集積を生みだす。したがって利潤率の均等化が起きつつあることの兆候は、地域的、国家的、社会的不平等の拡大であろう。

マルクスが執筆していた頃、現実には利潤率均等化に適した体制は存在しなかった。多くの商品の輸送費はとても高額で、貿易にも多くの関税や障壁があったからである。一八六〇年代には利潤率均等化の可能性は地域内でさえさほど高くなかったし、国際的には皆無であった。しかし通信・運輸手段のイノベーションによって、その可能性は高まりはじめた。ロンドンの貿易業者は、ブエノスアイレス、オデッサ、シカゴの小麦価格の情報を得たものだし、それゆえ運輸と通信とを通じて利潤率均等化へとかなり近づいたのである。——鉄道と蒸気船と電信の登場は、少なくとも主要商品価格の均等化を世界中で可能にした。

◆**交通がとくに……進行する**　カール・マルクス「資本論 第三部」（原著一八八五年）、『マルクス＝エンゲルス全集』第二四巻、大内兵衛・細川嘉六［監訳］、大月書店、一九六六年、三〇六頁。

◆**吸い込み音**　一九九二年のアメリカ大統領選挙に無所属で出馬したロス・ペロー（一九三〇～二〇一九年）は、北米自由貿易協定に反対する演説で、「巨大な吸い込み音（giant sucking sound）が、南に向かうであろう」と述べた。これ以降、低賃金地域への雇用移転と先進資本主義諸国での雇用喪失を通常はさす。ハーヴェイは、この雇用喪失は同時に、先進資本主義諸国での資本集約の高度化と並行すると解している。

◆**不平等なものを……はない**　アメリカ第三代大統領を務めたトマス・ジェファーソン（一七四三～一八二六年）によって、ギリシャ哲学から引用されたとされる言葉。

しかし後に理解されるのは、グローバルな貿易体制を構築するにあたって、利潤率均等化は優先事項ではなかったということである。たとえば〔一九四五年に発効した〕ブレトンウッズ協定は資本規制を課し、これによって資本は簡単には世界を動きまわれなかった。アメリカ経済は閉鎖経済ではなかったが、アメリカ内外に資本が出入りしづらかったゆえに、相対的には閉鎖的であった。

その当時、アメリカ経済は適切にも、それ自体で完結するかのように見られることができた。労働者はその経済圏のなかで有利な立場を求めて闘い、労働運動はそのなかで機能した。この一国経済のなかでの生産組織は独占的性格すら帯びており、たとえばポール・スウィージー◆とポール・A・バラン◆による独占資本主義についての古典的文献を読むと、彼らの言うことには、独占資本主義そのものの最適例はデトロイトだということになるであろう。この場合、〔デトロイトに本拠を構える〕主要三大企業〔ゼネラルモーターズ、フォード、クライスラー〕だけが〔自動車生産で〕価格主導権をもち、しかも互いに関連しあっていた。ただしスウィージーとバランに関するかぎり、このような状況は、独占構造を話題にしたい際に使えるような典型例であった。一九六〇年代には、たとえばドイツや日本の企業から競争はしかけられていなかった。それはだいぶ遅れて一九七〇年代や八〇年代に到来した。

労働者はアメリカ国内で有利な立場を求めて闘った。それはイギリスでも、フランスでも、ドイツでも同様であった。われわれはドイツの労働者階級、フランスの労働者階級、イギリスの労働者階級、そしてアメリカの労働者階級について語ることができた。いずれの労働者階級も、明確に境界が定められた地域のなかで有利な立場を追求した。というのも資本規制体制によって彼らはおおむね守られており、その他の各国経済で活動する世界の労働者と競争しなくてもよかったからである。この資本規制体制は、ブレトンウッズ体制の崩壊、すなわち一九七一年にドルが金本位制から切り離されるまで継続した。この崩壊以後、労働者は突然、世界中の労働力と競争せざるをえなくなった。これ以前であれば唯一、競争がもたらされたのは、どこか他の地域からの組織的移民だけであった。ドイツはトルコ人労働者を輸入し、フランスは北アフリカのマグレブ諸国〔チュニジア、アルジェリア、モロッコ〕から労働者を輸入し、スウェーデンはユーゴスラビア西インド諸島から労働者を輸入し、アメリカは一九六五年に移民管理制度を開放した。

一九六〇年代に労働者側の主要問題を起因させたのは、労働資格と労働法を共に掘り崩す目的のために移民が活用されたことであった。結果として、ヨーロッパ各地で、またある程度はアメリカにおいてさえ、労働者階級運動の多くで反移民感情が一定の高まりを見せた。言うまでもないが、この大規模な復活をまさに今、目の当たりにしている。ところが一九七〇年代に突如として、資本規制が廃止され、資本は世界のあちこちを自由に移動しはじめるようになった。資本の規制障壁の廃止は、輸送費の低減や通信手段の向上にも後押しされて、資本の可動性を高めた。最終的には、とくに一九八〇年代以降になると、利潤率の均等化がより顕著になる状況が見られはじめる。

ここで示したいのは次の点だ。利潤率均等化が確立されることになる歴史的諸条件は、一九世紀の大半にわたって、そしてブレトンウッズ体制期の終わりまで存在しなかった。しかし一九八〇年代以降のグローバリゼーションという時代そのものの本当の特色は、利潤率均等化が起きたという点である。つまり、この時代において、労働集約型経済から資本集約型経済へと価値が、はるかに大規模に移転する可能性が生じている。言い換えると、労働集約型経済と資本集約型経済の差異が前面に出る。したがって、これは今や闘争の一つの焦点になる。世界の一地域が資本集約型になるのを阻止しようと熾烈な闘争が行なわれている。アメリカが対中国関係で現在試みているのが、この闘争だ。

［バルカン半島西部にあった社会主義連邦共和国。一九九〇年代初頭からの内戦とともに解体］とポルトガルから労働者を輸入し、イギリスは旧帝国領であった南アジアや

◆ポール・スウィージー　アメリカの経済学者、政治活動家、一九一〇〜二〇〇四年。マルクス経済学の立場から独占と恐慌を研究。第二次世界大戦後、ハーバード大学の教職を断念したのち、社会主義系月刊誌『マンスリー・レビュー』を一九四九年に創刊するなど、アメリカ社会主義思想の代表的理論家となった。

◆ポール・A・バラン　アメリカの経済学者、一九一〇〜六四年。ロシアで生まれ、ドイツからアメリカに亡命。第二次世界大戦後、スタンフォード大学教授となり、生前はアメリカでただ一人のマルクス経済学者の大学教員であった。

中国は二〇二五年までに資本集約型経済に移行しようとしているが、この事実に対してアメリカがとても慌てているのはなぜか？　なぜアメリカは、これまでの中国への技術移転に非常に憤慨しているのか？　その結果、なぜ知的所有権をめぐる大闘争が、目下のところ、トランプと中国政府の主要な交渉案件として問題になるのか？　たしかに、マルクスが一九世紀半ばに『資本論』を執筆していた頃、労働集約型経済と資本集約型経済との差異は、歴史的にはさほど重要ではなかった。ただしマルクスは理論的には、この差異が決定的に重要だと喝破していた。しかし今や、われわれは、純粋な資本主義経済に可能性としてはともないうるとマルクスが見なした特色が、現実に実現した時点に達している。それゆえ、アメリカと中国の新たな技術紛争の勃発も目の当たりにすることになる。

［参考文献］

・Karl Marx, *Capital: A Critique of Political Economy, Volume I* (London: Penguin Classics, 1990 [1867]), Chapters 1, 10-11［カール・マルクス「資本論　第一部」、第一章「商品」、第八章「労働日」、第九章「剰余価値率と剰余価値量」（『マルクス＝エンゲルス全集』第二三巻、大内兵衛・細川嘉六［監訳］、大月書店、一九六五年、四七～一一二、三〇〇～四一〇頁／『新版　資本論』第一巻（第一～四分冊）、新日本出版社、二〇一九～二〇年、六五～一五〇、三九八～五五一頁）］。

・Karl Marx, *Capital: A Critique of Political Economy, Volume III* (London: Penguin Classics, 1990 [1894]), Chapter 9［カール・マルクス「資本論　第三部」、第九章「一般的利潤率（平均利潤率）の形成と商品価値の生産価格への転化」（『マルクス＝エンゲルス全集』第二五巻、大内兵衛・細川嘉六［監訳］、大月書店、一九六六～六七年、一九六～二一七頁／『新版　資本論』第三巻（第八～一一分冊）、新日本出版社、二〇二〇～二一年、二六八～二九六頁）］。

・Paul Sweezy and Paul A. Baran, *Monopoly Capital: An Essay on the American Economic and Social Order* (New York: Monthly Review Press, 1966)［ポール・バラン、ポール・スウィージー『独占資本

——アメリカの経済・社会秩序にかんする試論』(小原敬士〔訳〕、岩波書店、一九六七年)〕。

・Michael Roberts, "Michael Roberts Blog," https://thenextrecession.wordpress.com (accessed May 12, 2020).〔マイケル・ロバーツのウェブサイト。二〇二一年四月八日、訳者閲覧。〕

第V部
21世紀における疎外の諸相

［第15章］
疎外

・マルクスは疎外の概念をどのように定義したか？
・マルクスの疎外論は、労働者の現状理解にあたって、どのように役立ちうるのか？

疎外概念の紆余曲折

疎外という概念は、左翼思想の歴史において若干の紆余曲折を経ている。だが今日、この概念を再生したいと思うもっともな理由がある。この概念には政治と経済の関係を理解する手助けとしてたいへんな重要性があると思われる。この概念が紆余曲折の歴史をもつ理由の一つは、マルクスがその初期に好んで疎外について語り、一八四四年に「経済学・哲学草稿」を書いた際、疎外概念が彼の思考において傑出した役割を果たした、という点にある。しかし当時、マルクスが疎外の定義の基礎としていた考えは、われわれの日常の現実が、人類のもつ潜在力と調和していない、というものであった。当時のマルクスは人間性について、どちらかといえば観念論的な考え方をしていた。この観念論は類的存在という彼の概念の土台となっている。資本は、類的存在としての人間に与えられた完成可能性の実現を妨げる、と彼は論じた。これは観念論的、ユートピア的考え方であったが、資本の支配下にある労働者階級に湧き上がる疎外・喪失・分離といった主観的感覚を把握するのに非常に重要な役割を果たした。

疎外は、科学的概念としてまったく余計だとは言えないものの、その基礎にあるのは、人間とは何ができる存在かという、どちらかといえば人間主義《ヒューマニスト》的な考えであり、資本家階級が権力を握る市場システムに置かれるとその能力は発揮できないとされた。初期の著作でのこうした疎外の想定は、当のマルクス自身にとっても問題含みのものであった。一八四〇年代の終わりに至るまでにマルクスは異なる解釈を提示することで、類的存在という観念論的概念には依拠しなくなった。次第に彼は諸概念を歴史的に詮索するようになっていった。諸概念は、資本主義下で現実に存在する諸関係を反映することになる。マルクスはより科学的な方法を模索したが、観念論的概念としての疎外はこの方法にはそぐわなかった。この理由からマルクス主義の歴史のなかで一つの傾向が生じ、とくにこれは一九六〇年代と七〇年代に有力となった。それは、マルクス主義の科学的形態から疎外概念を抹消しようとする傾向であり、理論的には、アルチュセール◆といった人々に支持され、政治的には、当時ヨーロッパにあった各国共産党にも支持された。この抹消は、当時のソヴィエト連邦が掲げた共産主義の教義に忠実に従うものであった。

「経済学批判要綱」における二重の疎外

一九六〇年代以降、マルクス主義において疎外の概念は、非科学的で検証不可能だという理由から全般的に放棄された（エーリッヒ・フロム◆のようなマルクス主義的人間主義者は例外であった）。この概念は、社

◆アルチュセール　ルイ・アルチュセール、一九一八〜九〇年。フランスのマルクス主義哲学者。マルクス思想の科学認識論的・構造主義的再理解を試みた。晩年、精神錯乱をきたし妻を絞殺したが、そのなかにあって新たに「偶然の唯物論」を構想した。

会主義科学ならびに共産主義科学とされるべきものの一部ではないと考えられた。しかしマルクス自身が一八四〇年代後半に疎外概念を放棄したという議論は次の事実とはうまくかみあっていない。マルクスは一八五七～五八年に「経済学批判要綱」〔以下、「要綱」と略記〕を執筆した際、疎外概念について大々的に再び言及したのである。だがこの概念は非常に異なる形態をとり、非常に異なる役割を果たしており、したがって一八四四年草稿時の意味とは非常に異なる意味をもっていた。

「要綱」では、この概念の用法は次のようだ。われわれは自分に属するものから切り離され、これを制御できなくなると、われわれは自分の属するものから疎外されるということになる。マルクスの論じるところでは、ある人物から他の人物への交換というまさにその行為こそが、その譲渡の際に商品の疎外を生みだす。ここで疎外は専門用語として定義される。しかし、やがて市場の働きの理解を深めるにつれて、この専門用語の定義は展開され、より広範な重要性を帯びるようになる。

「要綱」でマルクスは、労働過程から労働者が疎外される事態を吟味している。この疎外は次のような意味だ。労働者は資本家に雇用され、商品を生産するが、実際には自身の生産した商品に対して何の権限もなく、商品に結実した価値に対しても何の権利もない。労働者の提供した労働力はその生産物から疎外される。だが、これは特殊に定義された疎外であり、その根底には、労働者によって創造された価値が資本のものとなり、商品が資本のものとなるという事実がある。さらに労働過程そのものに対する指揮管理も労働者から奪われる。道具や技能を自在に扱える労働者は、モノの生産方式を決めるにあたって、まだ一定の力をもっている。しかし時代が進み、機械が導入され、工場制度が確立すると、労働者は機械の付属物と化し、生産物だけでなく労働過程からも疎外される。労働過程、労働生産物、そこに含まれている価値、これらがすべて労働者から疎外される。この喪失が一つの政治的主張の根拠となる。つまり自ら生産した価値と商品とに対する権利を労働者が取り戻せるような社会がつくりだされるべきなのだ。

しかし、疎外されるのは労働者だけではない。資本家も同様な問題を経験するとマルクスは論じる。資本家は、少なくともブルジョア的理論においては、自由な法的個人であって、私的所有権をもち、平等な市場システムで取引する。資本蓄積の出発点は、ミルトン・フリードマンの言葉を借りれば「選択の自由◆」が資本家にあり、そして市場交換に由来する平等と選択の自由とを資本家が享受することにある。これに対してマルクスは、この市場システムが平等と自由の普遍性にもとづくという点には同意するものの、彼が取り組まなければならなかった問題は、そのシステムが資本家にとっても不平等と不自由とに転化する事態である。その答えは、個人が市場システムを制御していない、という点にある。実際、好むと好まざるとにかかわらず、このシステムは特定の活動を資本家に強制する。「競争の強制法則」が個々の資本家の行為を支配するのであり、それゆえ個々の資本家は自由に選択することなどできない。これをしろ、あれをするなと、個々の資本家は市場によって規律づけられる。この見方はマルクスとアダム・スミスとに共通する。スミスは次のように論じる。市場の見えざる手の力が、あらゆる企業家の動機や欲望をまとめ上げる。そして支配するのは市場の見えざる手なのだから、いかなる企業家の動機も欲望も、その結果に対してさほど重要なものではない。アダム・スミスは、この結果は万人の恩恵になると単純に想定した。この結論にマルクスは『資本論』で異を唱え、決定的な反証を行なった。だがマルクスもスミスも一致していたのは、資本家もその生産物から疎外されているという点である。

「要綱」でマルクスが説明するのは、疎外された労働と疎外された資本との労働過程における遭遇である。この二重の疎外は、資本主義的生産様式そのものの基礎をなす。したがって疎外は、資本主義体制の中心に埋め込まれている。資本の批判理論を形成する際に鍵となる科学的概念として疎外は舞い戻る。影響力の大きかったアルチュセールの議論では、マルクスは一八四八年の認識論的切断を経て、疎外を扱う言語から、疎外概念を締めだす言語に切り替わったとされる。ところが一八五八年のマルクスによる疎外概念

◆エーリッヒ・フロム　ドイツの社会心理学者、一九〇〇〜八〇年。マルクス主義と精神分析学を結びつける一方、ファシズムの心理学的起源の研究で知られる。

◆選択の自由　ミルトン・フリードマン、ローズ・フリードマン『選択の自由――自立社会への挑戦』（原著一九八〇年）、西山千明［訳］、日本経済新聞出版、二〇一二年。

の復活が示すのは、われわれの政治経済学理解に疎外概念を引き戻す方法がある、ということかもしれない。ただし一八五八年のものは、マルクスが一八四四年に展開した疎外概念とは大きく異なっている。

このことが一番はっきりとわかるのは、『資本論』の労働日に関する章◆だ。そこにはこうある。資本家は、価値創造力をもつ使用価値としての労働者を一定時間、雇用する。労働者は、商品としての労働力と等価の交換価値を受けとり、資本家は〔労働者の〕労働日を延長して、利潤の元手となる剰余価値を創造させる。資本によって領有された労働が剰余価値である。これが労働者の経験する疎外だ。〔その一方で〕競争の強制法則によって資本家は、自分の雇う労働力の搾取を最大化せざるをえなくなる。私が自分の雇った労働者を一日六時間しか働かせないのに、私と競争関係にある他の誰かが同じ賃金で一日八時間働かせるなら、すぐに私は倒産するであろう。たちまち、あらゆる資本家が競争相手を打ち負かそうと、できるかぎり労働日を伸ばそうとする。この資本家同士の競争によって個々の資本家は、善人か悪人かに関わりなく、何らかの防止機構がないかぎり、労働日を最大限延長せざるをえない。この防止機構こそ、労働日の長さを規制する国家の立法行為である。労働過程における労働と資本の二重の疎外から労働者搾取が生じるのだが、一日一〇時間労働、一日八時間労働、あるいは週四〇時間労働などの規制が、この搾取に制約を設けるのである。

労働過程での疎外の深化

だが疎外の問題はさらに追究する余地がある。労働者は、労働過程から、さらには自身の生産した商品から、どの程度の満足感を得ることができるのであろうか？　ここにおいてマルクスが一八四四年に口にした事態の主観的側面にわれわれは立ち戻ることになる。もろもろの抽象によって資本は支配される。支配階級の支配的諸観念が支配することによって批判の余地はなくなる。これによって見落とされるのは、搾取されていると感じ、自分たちの仕事への感謝も尊敬もないと感じる労働者の主観性である。主観的な疎外感が回帰する。労働する人々が疎外されていると感じるのは、その雇用条件のせいだ。つまり投入した労働への報酬が不十分だという事実であり、あるいは生産過程が機械の使用によって外部から遠隔操作されるため、労働者に指揮管理権がまったくないという事実である。時間編成は労働過程での業務条件の命じるところによるため、労働者の時間は資本によって疎外される。こういったあらゆる点から言えるのだが、労働者一人ひとりに疎外の諸条件が潜在しており、この諸条件が労働者の抗議によって政治的に表現され、主観的条件である階級意識を高める可能性がある。ここに「経済学・哲学草稿」で語られた疎外の主観性が再登場するのだが、しかしそれはもはや人間の完成可能性からの疎外ではない。疎外が生まれるのは、毎日働きに行き、決まった時間働き、わずかな報酬しか得られないという、日々の退屈で決まりきった仕事によるのである。なかでも尊厳と敬意をもって扱われないということが最も残酷な仕打ちだ。この場合、労働諸条件は強力な政治的疎外感をもたらしかねない。強烈な反資本主義的不満が高まるには、われわれの思考と政治運動のなかで疎外概念を再燃させ復興させる必要がある。

疎外は主観性に強く影響する。生産的な労働力が、疎外されていると感じながらも一心不乱に労働に打ち込むなどというのはまったく想像しがたい。疎外の主観的状態は、労働過程と、そこから得られる自尊心という満足感とのあいだを引き離す。これは必ずしも労働者がいかなる満足感も得られないというわけではない。労働者が面白いと思えるようなかたちに労働者自身の手で労働過程を組織させて、一定の個人的価値観を付与させることも可能だ。労働者は自分の仕事に自尊心を示すことが多い。労働者が一定の満足感を得つつ、資本のもとで雇用されることも見られるであろう。資本家のなかから、いわゆる「X効率」◆の促進戦略が現われることもある。これは疎外の埋めあわせとなりうるように、従業員同士で、ある

◆**労働日に関する章**　カール・マルクス「資本論 第一部」（原著一八六七年）、『マルクス＝エンゲルス全集』第二三巻、大内兵衛・細川嘉六［監訳］、大月書店、一九六五年、第八章「労働日」。

◆**X効率**　従業員の勤労意欲といった企業の内部要因から生じる効率の総称。アメリカの経済学者ハーヴェイ・ライベンシュタイン（一九二二～九四年）が提唱した。

いは従業員と管理職と資本家のあいだで、特殊な社会的関係を発展させる戦略である。たとえば一九七〇年代、自動車製造業では「QCサークル◆」が設けられ、労働者を参加させて製造現場を自主的に管理・改善させようとする動きがあった。作業集団間での友好的競争関係は職場を活性化させるかもしれない。根底にある客観的疎外は存続したとしても、状況次第では、主観の置かれた状況によって労働者の疎外感は軽減されるかもしれない。

しかしながら大多数の人々にしてみれば、資本主義のもとでの労働過程の諸条件は深刻な不満を喚起する。各種調査によると、アメリカの労働力人口のおよそ五割ないし七割は自分の仕事に興味がなく、愛着ももたず、そればかりか自分の仕事を嫌ってさえもいる。これは資本主義的労働過程の本性に根差した事態である。というのも労働者と同様、資本家ももはや自由に選択できないからだ。機械化、自動化された労働過程が増えてしまい、したがって労働者には、興味をかきたてるような真に創造的な役割がまったくない。これが最も利潤の上がる労働過程なのだから、資本家はそれを導入せざるをえない。一九七〇年代、八〇年代に登場したQCサークルが、自動車会社間の競争の過熱につれて、一九八〇年代に早くも消えていったことは偶然ではないと思われる。資本は、そのあるべき技術も、労働条件も自由に選択できない。そして従業員は工場の門をくぐると、この労働条件を押しつけられる。

そのうえ、もちろん認めなければならないことだが、新たな分業の出現も影響した。これにともなって多くの工業関連職が消えるとともに、無内容で身体的満足感もないような、かなり無意味なサービス職や監視・警備職が増えてきた。自動化《オートメーション》が、またごく最近では人工知能が、労働過程に影響するにつれて、何かしら満足感の得られる職務体系はますます生まれにくくなっている。実際、社会の現状は、大雑把に二種類の労働に分割できるであろう。一方は、よりやりがいのある精神労働であり、他方は、工業分野での定型的肉体労働や、銀行など多くのサービス業における定型的労働である。

現在の労働条件は、より子細に検討しなければならない。どれほどの疎外が起きているのか？　雇用構造とともに、そして正規労働の減少と不安定労働の増加とともに、疎外感が広く高まってきているのではないか？　数年前と比べて、労働過程から得られる満足感は減退しているのではないか？　疎外された労働が自動化され、いたる所で人工知能に引き継がれて、ひいては人々が退屈な定型的職務を行なう必要もなくなり、ついには誰もがやりたいことのできる時間をもてるようになる——こうした状況に至るまでに、疎外された労働を最小化する試みが社会主義経済の到来であるとすれば、この主張の何と有意義なことであろう。社会主義社会の大きな特徴の一つは、豊かな自由時間が万人にあることである。つまり人々が必要と欲求から解放され、「必然性の国のかなたで真の自由の国が始まる」とマルクスの書いたような世界に暮らせるようになることだ。どうやら必需品をすべて備え、疎外された労働のすべてを自動化し、疎外された仕事を週のうちわずか数時間かそこらに減らすことができれば、残りの時間は望むことを望むままになせるようだ。

労働過程における疎外は、このようなかたちで「要綱」のマルクスの議論に回帰する。マルクスの『資本論』では、疎外という言葉はじつのところあまり出てこないが、疎外の事実はさまざまな箇所で指摘されている。単なる機械の付属物に労働者が変えられてしまうような事態、生産手段を制御する存在から、生産手段によって制御される存在へと労働者が変貌する事態——こうした事態にマルクスは関心を寄せる。また彼は、労働日の設定にともなう疎外、あるいは労働過程における意思決定に関わる疎外についても語っている。事実上、マルクスはそれとは明言せずに、「経済学・哲学草稿」で駆使したさまざまな範疇を復活させる。マルクスが強調するのは、労働者の生産する価値も商品も、資本のものとなってしまうことから、労働者自身が制御できなくなり、それゆえ労働者は労働過程も制御できなくなるということであ

◆**QCサークル**　企業の労働者管理方式の一種。同じ職場の中で、製品の品質管理や作業能率改善などのために従業員同士が全員参加で自己啓発を行ない議論しあう「自主的」な小集団活動のこと。QCとは品質管理（quality control）の略。元来は品質管理部門向けの労働者管理方式としてアメリカで生まれたが、日本企業では一九六〇年代に全職場部門で採用されるようになり、このことが一九七〇年代に世界でも知られるようになった。

る。そこにある疎外は重要だ。さらに自然との疎外された関係も加わる。自然との物質代謝関係における略奪採取様式《エクストラクティビズム》は加速している。資本は野放しとなれば、己が富の二つの主要源泉を、つまり労働者と大地とを、破壊する。

「経済学・哲学草稿」に描かれたあらゆる疎外が『資本論』にも見いだされうる。ただし『資本論』では、これらの疎外は資本蓄積の科学的理解に埋め込まれている。労働者も資本家も疎外され、資本の運動法則と抽象とに労働者も資本家も突き動かされる。この法則と抽象こそ、支配階級の支配的諸観念によって物神崇拝の対象となり、客体化されているものだ。疎外の話題のこの部分は、今日の世界ではいっそう重要なものになっており、この点は認めざるをえない。これが現今の多くの不満の種なのだ。

労働の疎外を埋めあわす代償的消費様式

ここまで論じてきたのは労働過程における疎外であり、分業の変化や無意味な仕事の増加によるこの疎外の拡大であり、自然からの略奪採取の増殖と資本‐労働関係の緊張化とに由来する疎外問題の増幅である。一九六〇年代、七〇年代以降、多くの労働者が自らの疎外に気づくようになり、これに対処しようと積極的に取り組んだ。疎外の度合いを軽減させるべく労働過程の再構築が要求された。労働者職場委員会、労働者協同組合、その他の労働者団体を結成して、まったく異なるあり方で生産を組織しようとしたのである。アンドレ・ゴルツ◆などの一部マルクス主義者は、これは勝ち目のない闘いだとし、もっと重要なことが別に起こっていると主張した。一九六八年の反乱の要求の焦点は、当時の若者たちの個人的自由と社会正義にあった。これに対して資本家階級と企業は、これらの要求をかなえるにあたって若者世代の必要と欲望に注意を傾け、選択の自由と文化的表現の自由を中心に消費様式を再編しようとした。

ここから生まれたのが「代償的消費様式」とでも言うべき理論と実践である。これは労働者と資本のあいだのファウスト的取引◆のようなものだ。つまり資本は労働者に次のように言う。

たしかに、労働過程をあなた方のお気に召すようなものにすることはできません。でもその代償として、あなた方が労働過程を離れて自宅に帰れば安価な消費財という豊かさを手にできるでしょう。そこから、あなたの求める夢のような幸せのすべてを取り出せるでしょう。これらの消費財はすべて、仕事中の惨めな一時《ひととき》という現実を償ってくれるのです。

ここから、そこそこ裕福な労働者階級を創造しようとするプロジェクトがはじまった。代償的消費様式という考えはきわめて重要なものとなり、一九七〇年代から八〇年代にかけてさまざまな新しい形態の消費が爆発的に広まった。これに関して最も重要なのは、こうした消費が普通の意味での大量消費ではなかったという点である。その多くは隙間《ニッチ》的消費であった。実際、資本は消費者の隙間《ニッチ》に対応し、また場合によってはこの隙間《ニッチ》をつくりだしもした。これによって社会は断片化した。さらにはアイデンティティ政治と文化戦争も利用——場合によっては形成——されることで、生活様式の差異化が促され、文化的表現やセクシュアリティなどのさまざまな様態が助長された。

代償的消費様式は、企業から見れば、職場での疎外体験の解決策の一つであった。だが代償的消費様式の問題は、まずもって次の点にある。商店に行って欲しいものを何でも購入できるよう、十分な有効需要が消費者になければならず、つまりは十分なお金を消費者が手にしていなければならない。資本家側の対応は必ずしも賃金増大ではなく、むしろ消費財価格の低下であった。賃金は停滞したが、この賃金で買え

◆**アンドレ・ゴルツ**　ウィーン出身の哲学者、一九二三〜二〇〇七年。第二次世界大戦後フランスに移住し、サルトル（一九〇五〜八〇年）の実存主義的マルクス主義の支持者として、一九六〇〜七〇年代のフランス新左翼の理論家となった。政治的エコロジー運動にも加わり、賃金奴隷制や社会的疎外からの解放を唱えた。

◆**ファウスト的取引**　利益や権力のために倫理的価値観を捨てる合意をすることの比喩。ファウスト博士が現世での幸福のために、自らの魂を悪魔メフィストフェレスと取引したヨーロッパの伝説にもとづく。

る対象は、消費財の全般的価格低下のおかげで増加した（消費財の多くは中国で生産された）。賃金水準が停滞しても、労働者階級の物質的福利は改善できた。個人単位での賃金水準が停滞しても、労働力人口への多くの女性の参入によって世帯収入は上昇したことから、物質的福利の改善はかなり現実のものとなった。この参入は、一部には労働節約型の家事技術や家事サービスの増大によって、また一部には消費様式による誘導によって後押しされた。だが、ここに至っても代償的消費様式が機能するのかは明確ではない。

代償的消費様式の機能不全

消費者側に対する資本の関与を検討するとわかるのだが、資本は、欲求や必要や欲望を変容させることで、「合理的消費」に必要な市場を創造する。この場合、合理的というのは、資本の見地からのそれだ。しかし代償的消費様式は二、三の理由からうまく機能しなかった。第一に、一九八〇年代も終わりになるにつれて、先端技術を応用したライン製造の復活と自動化《オートメーション》とによって、裕福な労働者階級は攻撃にさらされた。一九八〇年代初頭によく言及された「豊かな労働者」（それはまた主に男性であった）は徐々に攻撃にさらされ、さまざまな手段で組合の力も弱められた。この手段には、政治的攻撃とともに、自動化《オートメーション》でもって工場内の労働者階級を置き換え、労働者を不要化することも含まれている。住民の大部分の購買力が低下し、この代償的消費様式ができるかできないかのギリギリの位置に置かれるようになった。代償的消費様式に組み込まれていた者たちは、自分に実際提供される商品類について一定の欲求不満を抱きはじめた。

販売側については興味深い歴史がある。私が思いだすのは、フランス第二帝政期のパリでの新しい百貨店を描いたエミール・ゾラ◆の小説〔『ボヌール・デ・ダム百貨店』〕である。パリの知事〔ゾラの小説では、パリのあるセーヌ県知事をモデルにした銀行頭取〕が百貨店の店主に「どうやったらこんなに利益を上げられるのか」と尋ねる。戻ってきた答えは、顧客として「女性の心をつかめ」、そうすれば男性が支払わざるをえなくなる、というものであった。ここに仕組まれていた方法はジェンダー的差異を活用している。私は百貨店に行くたびに、小説でのこのくだりを思いだす。ほぼどこの百貨店でも最初に出くわすのは香水やハンドバッグや女性向け商品だからである。男性向け商品を見つけるには、四、五階、上に行かなくてはならない。だから「女性の心をつかめ」は今なお重要なのだ。だが一九四五年以後、もう一つの路線が現われた。消費者として「子供の心をつかめ」である。この形態での消費様式はいっそう巧妙に搾取的なものになり、独自の仕方で疎外を生むものとなった。

代償的消費様式はどれほど満足いくものであるのか？　まず製品の多くはかなり粗悪ですぐに壊れてしまう。これは好都合だ。というのも市場が飽和しないように、長持ちする製品を資本は望まないからである。代償的消費様式とは、できるかぎり毎日新たな流行を創りだし、長持ちしないじつにさまざまな製品をこしらえることである。こうすれば、飽きや不満が生まれかねない消費者市場にも活気が注入される。さらに言えば、時間と手間を節約してくれるとされる家事技術の多くも、結局のところ実際にはそうはならない。

ここから私は『資本論』の興味深い一ヵ所を思いだす。そこでマルクスはジョン・スチュアート・ミルについて語っている。なぜ新しい工場技術が労働の重荷を軽減せず、むしろ多数の労働者の行く末を悪化させるのかとミルは首をかしげる。マルクスは、これは当然だと応じる。なぜなら新技術の目的は労働の重荷の軽減ではなく、労働力の搾取率の向上にあるからだ。◆新規の大量消費型家事技術の多くについても同じことが感じられる。どの家庭も冷蔵庫、食器洗い機、洗濯機、テレビ、ビデオ・ゲーム機、携帯電話、その他ありとあらゆるものを備えなければならなかった。これが資本主義経済内に生じる余剰生産能力の

◆エミール・ゾラ　フランスの小説家、一八四〇～一九〇二年。自然主義文学を提唱。ドレフュス事件では右翼的軍部の陰謀を弾劾した。代表作に『ジェルミナール』『居酒屋』『ナナ』など。

◆そこでマルクスは……向上にあるからだ　カール・マルクス「資本論　第一部」（原著一八六七年）、『マルクス＝エンゲルス全集』第二三巻、大内兵衛・細川嘉六［監訳］、大月書店、一九六五年、四八五頁。

多くを吸収する。しかし、これらの家庭用品と耐久消費財の役割は、できるだけ短期間で新市場を創出し拡張することにあった。製品の大半は長持ちしない。三、四年ごとにコンピュータを買い替え、二年ごとに携帯電話を買い替えなくてはならない。

瞬間的消費様式の開拓と疎外の昂進

消費は急速に回転しており、瞬間的で非排他的な消費形態を資本が開拓しはじめるところにまで来ている。多くの資本が、たとえばネットフリックス〔アメリカの映像ストリーミング配信事業企業〕の映像シリーズ作品に投下されている。この映像作品は多数の人々に瞬間的に消費され、かつ非排他的である。つまり私がそれを視聴していても、他の誰かが同じものを視聴する邪魔にはならないのだ。消費のあり方が変化しはじめている。長持ちして特定の必要を満たすもの、たとえばナイフ、フォーク、お皿のようなものを製造するのではなく、スペクタクルをつくる巨大産業が創出されている。ふとした時に新作公開映画を次々と観ていくのは魅力的な行為だ。そのほとんどの作品は噂に聞いたこともないが、映画製作には大量の資本がつぎ込まれている。この資本が、瞬間的な、あるいはごく短期の消費者市場を維持している。ネットフリックスで番組の一話を一時間視聴すればそれで終わりだ。視聴しおわれば、消費したことになり、そうしたら次の一時間の視聴に向かう。イッキ見型消費様式が幅を利かす。リアリティ番組〔一般人の日常行動とされる映像をドラマ仕立てで楽しむテレビ番組〕が幅を利かし、ついには毎日のニュースさえ消費者スペクタクルに変えられてしまい、有害な政治的影響を及ぼしている。消費者の世界全体が変化し転換しつつある。しかし、この変化や転換は必ずしも、より大きな満足をもたらすものではない。代償的消費様式もまた疎外をもたらしかねない。

たとえば観光業の成長について考えてみよう。観光業はもちろん現在、一大産業であり、大量の投資がつぎ込まれている。観光業とは、人々がある場所を訪れ、ようするにその場の眺めを一日消費すると、次の場所に行き、今度はそこの眺めを消費する、というものだ。これは瞬間的消費のとくに興味深い形態である。しかし観光業は、ありとあらゆる否定的影響を及ぼしつつある。どこかのんびりした静かな場所に行きたいと思っても、そこは何千人もの人々でごった返しているかもしれない。観光客が多すぎて楽しむことのできない消費者向けの場所がヤマほどある。私は最近フィレンツェを訪れたが、すぐに逃げだしたくなった。観光業が過剰すぎて、そこの良い部分が完全に台無しであった。一部の都市では現在、観光業規制が試みられている。たとえばバルセロナは過剰な観光産業に苦しんでおり、Ａｉｒｂｎｂ［エアビーアンドビー。宿泊施設・民泊のマッチングサイト］やホテル建設に制限をかけようとしている。というのも地域の特色が壊れはじめ、観光客の満足感も薄れ、地元住民にとっても耐えがたいものになりつつあるからだ。一見の価値がある美しい場所であっても、群衆でごった返し、ホットドッグやハンバーガーで空腹を満たし、コカ・コーラで渇きをいやす――そのようなところに誰が行きたいと思うのか？

この種の消費様式は、かつては何らかの代償を与えてくれるように思われたものの、今ではもはや満足のいくものではない。その結果、代償的消費様式からの広範な疎外が起こっている。想像のうえでは可能な事柄が続々と増えているというのに、われわれの生活の二つの基本的要素、すなわち居住地で送る日常生活、そしてそれぞれが携わる労働の日常的リズムという二つからは、有意義な満足感がますます失われつつある。その不満が示すのは、われわれの社会の向かう先がどこかおかしいという感じだ。「自分たちの社会の向かう先は良い方向か、悪い方向か」と尋ねれば、大半の人は悪い方向と答えるであろう。自分たちを守ってくれる仕組みが、どこかに何かないのか？　今や無規制な生産と消費の両方が社会を席巻しているが、労働日の長さを規制したように、こうした生産と消費も制御できるものが何かないのであろうか？

疎外と政治

事態の政治的側面は悪化の一途だ。だからこそ疎外の問題がますます重要になると私は思う。日常生活や娯楽の可能性からも、そして労働からも、人々が疎外されているとすると、その不満に対応してくれる仕組みや政治的手段その他が求められそうである。宗教の興隆、とくにキリスト教福音派とイスラム過激派は、日常生活と日々の労働の無意味さに対する一つの応答である。まして支配階級の支配的諸観念のとおりに動く政治過程に対して広範な不満が噴出しているのは言うまでもない。この支配的諸観念においては、市場と資本の効率性がすべてであり、かたや環境は、そして文化的意義のある他のすべてのものは、関係ないか重要でないと見なされている。

労働過程からの疎外、現代的消費様式との関連で蔓延した疎外、政治過程と関わる疎外、伝統的に物事の対処を支援し人生の意味を与えてくれた多くの仕組みに関わる疎外――これらの疎外を包含した状況が生じている。これらがすべて組み合わさると恐ろしいことになる。疎外された人々がただそこに甘んじるほかなく、不満を抱え、受動的攻撃状態◆で集団形成から引きこもり、何もかもが無意味に思えるがゆえに何事にも無関心になるとすれば、これは危険な事態だ。複合的疎外の浸透した世界では隠された怒りも明白になりつつあり、ちょっとした引き金があれば暴動として爆発し、無謀な暴力に発展する。

疎外された人々は傷つきやすく、予期できない突然の大衆行動を引き起こしかねない。ここで前面に出てくるのが、この全体的不快感は誰のせいなのかという問いだ。メディア支配を通じて支配的諸観念を統制する資本は、資本自体だけは責任がないと確実に答える。続いて、罪を負うべき別の犯人探しが行なわれる。たとえば移民であり、怠け者であり、私（あるいはあなた）と違う人たちであり、道徳的規範に背く人たちであり、自分の宗教観やその種の何かを共有しない者たちなどだ。こういう連鎖は、ある種の政治的不安定を生みだすのが通例であり、暴力的対立に発展することすらある。世界のいたる所でこういう事態が起こるとともに、権威主義的人物が突如現われ、大衆の怒りを味方につける。しばしばカリスマ的なこの新指導者たちは次のように語るであろう。

その怒りを私に託せ。その怒りの矛先を示し、問題の根源へと誘おう。

移民、社会的少数者《マイノリティー》、有色人種、フェミニスト、社会主義者、世俗主義者などが一列をなして身代わり《スケープゴート》になる。簡単に言えば現在、われわれの身のまわりで行なわれている政治は、このようなものだ。この現状説明が単純過ぎるというのは重々承知している。だが、こういう粗雑さにも一定の長所がある。資本以外なら誰でも何でも責めるがよい、われわれの社会的宇宙の聖なる神は資本なのだ。しかし資本は、継続的な指数関数的成長と蓄積力学から見て絶望的状況に到達した。つまり社会的不平等が急拡大し、負債懲役の深刻化とともに賃金奴隷制も拡大し、環境的諸条件も急速に悪化している。薄っぺらな代償的消費様式と社会的包摂についての空虚な身振りとで人々は持ちこたえようとするが、この可能性も急激に消えつつある。不平不満は多種多様だ。疎外という概念が、政治的対話のなかで復活させられなければならない。この概念を抜きにして現在、政治の世界で進行していることは理解できないであろう。基本的に、すべての人々が疎外状況に陥っている。

さまざまな人生が挫折し見捨てられており、結果的に、薬物依存症やアルコール中毒、オピオイド依存症などのまま放っておかれる。平均余命は世界各地で低下しており、イギリスやアメリカ国内の多くの地域でさえもそうなのだ。

疎外されている、見捨てられている、無視されていると感じる人々のあいだには不快感が蔓延している。彼らは、自身の内に潜む怒りを解き放ちその矛先を示すカリスマ的指導者に声援を送り、この指導者に従う以外にできることはないと感じる。世界中で極右ポピュリズム運動の台頭が見受けられる。たとえばブラジルの状況は破滅的だ。ボルソナロだけが問題なのではない。社会そのものが極度に右傾化しており、この状況を利用して、権威主義的、ネオ・ファシズム的政治を土台にした資本権力の再建が試みられつつ

◆受動的攻撃状態　怒りなどの否定的感情を直接表わさず、消極的かつ否定的な態度・行動で相手に反抗・攻撃する状態のこと。

ある。同様の出来事はハンガリーとポーランドでも起こっており、ドイツやフランスでもこちらに向かう素振りが見られる。インドにはモディがおり、トルコにはエルドアン、エジプトにはシシ◆、フィリピンにはドゥテルテがいる。

じつにさまざまな破滅的政治形態が出現している。この根本にある経済的、政治的諸条件が吟味されなければならない。右翼的政治運動の脅威は、その根元から絶つ必要がある。しかし、このためには、自分の不快感の根本原因を理解させる代替的《オルタナティブ》な政治経済学も創出されなければならない。だが革命的変革も起こさず、主導的《ヘゲモニック》な社会過程も、これに関連した支配的な精神的諸観念も野放しのままとするなら、われわれはファシズム的権威主義に深く飲み込まれてしまうであろう。悲劇的結果を迎える潜在的可能性があるのだ。われわれの現状の創出にあたっては、さまざまな要素が作用する。だが疎外の諸構造を徹底的に見極めないことには、現在の困難から脱出することは不可能であろう。目下のところ、われわれを包み込んでいるのは、この疎外の諸構造なのである。

［参考文献］

・Karl Marx, *Economic and Philosophical Manuscripts of 1844* (Moscow: Progress Publishers, 1959 [1844])［カール・マルクス「一八四四年の経済学・哲学草稿」（『マルクス＝エンゲルス全集』第四〇巻、大内兵衛・細川嘉六［監訳］、大月書店、一九七五年、三八三～五一二頁／『経済学・哲学草稿』、長谷川宏［訳］、光文社古典新訳文庫、二〇一〇年）］。
・Karl Marx, *Grundrisse: Foundations of the Critique of Political Economy* (London: Penguin Classics, 1993 [1857-58])［カール・マルクス「経済学批判要綱」（『マルクス資本論草稿集　一八五七―五八年の経済学草稿』第一～二巻、大月書店、一九八一～九三年）］。
・Karl Marx, *Capital: A Critique of Political Economy, Volume I* (London: Penguin Classics, 1990 [1867]), Chapter 10［カール・マルクス「資本論　第一部」、第八章「労働日」（『マルクス＝エンゲルス

全集』第二三巻、大内兵衛・細川嘉六［監訳］、大月書店、一九六五年、三〇〇〜四一〇頁／『新版 資本論』第一巻（第一〜四分冊）、新日本出版社、二〇一九〜二〇年、三九八〜五三四頁）］。
・Émile Zola, *Au Bonheur des Dames (The Ladies' Delight)* (New York: Penguin Books, 2001 [1883])［エミール・ゾラ『ボヌール・デ・ダム百貨店——デパートの誕生』（吉田典子［訳］、藤原書店、二〇〇四年）］。

◆**シシ**　アブドルファッターフ・サイード・フセイン・ハリール・アッ＝シシ、一九五四年〜。エジプトの軍人・政治家。二〇一一年の「アラブの春」で誕生したムルシー政権を二〇一三年のクーデターで打倒し、自らエジプト大統領（二〇一四年〜）となる。

［第16章］
疎外の実相
——工場閉鎖の政治力学

・ゼネラルモーターズの工場閉鎖が労働者、その家族、そしてその子供たちに与えた衝撃について、ラトーヤ・ルビー・フレイジャーのフォトエッセーは何を教えてくれるのか？
・デトロイトの自動車会社が独占資本主義の仕組みの好例であったのは、なぜか？
・グローバリゼーションによって、労働者に対する資本の見方はどう変わったのか？

工場閉鎖の衝撃

私は最近〔二〇一九年九月〕シカゴで、芸術家ラトーヤ・ルビー・フレイジャー◆と一緒にたいへん興味深い週末を過ごした。彼女は少し前から写真家として活動していて、文化人サークルではよく知られた存在である。そんな彼女が、〔オハイオ州〕ローズタウンにあったゼネラルモーターズの工場閉鎖が労働者にどのような影響を及ぼしたかを調査・記録することにした。閉鎖の告知は二〇一八年の感謝祭とクリスマスのあいだに行なわれた。これはちょっとした驚きでショックであった。労働者の多くは、ゼネラルモーターズはたいへん順調だと思っていたからである。ゼネラルモーターズは高い利益を上げ、膨大な資産をもっていたが、それでも同社の小型乗用車「シボレー・クルーズ」を製造していたこの工場を閉鎖しようとした。フレイジャーはローズタウンに行くことを決め、この閉鎖が労働者とその家族にどのような衝撃を与えることになるかを捉えようとした。

　ローズタウンに到着して彼女は気づいたのだが、当然のことながらゼネラルモーターズからは歓迎されなかった。彼らは彼女を工場に近づけないようにし、その語調にはいくらか脅しのニュアンスさえ含まれていた。そこで彼女は現場から離れたところで仕事をしなければならなかったが、これにより彼女の仕事は特別の色合いを帯びることになった。工場の個々の労働者と仕事をするだけでなく、その家族とも彼らの自宅で関わることになったからである。この問題では家族も深刻な影響を受けることになった。閉鎖が発表された際、ゼネラルモーターズ傘下の別の場所で仕事を見つけられると会社側は労働者に約束した。しかしどこに配置転換され、どこに行かなくてはならないかは、正確には誰にもわからなかった。その後、しばらく音沙汰のない状態が続いた。それから労働者は一通の手紙を受けとることになる。そこには別の現場への異動を希望するか、あるいはゼネラルモーターズとの雇用関係を即刻解消するか、このどちらかを四日のあいだに決めるよう書かれていた。後者の場合、労働者は各種の福利厚生を失うことになっていた。決断するのにたった四日しかなく、新たな職場への引っ越しには三週間の猶予しか与えられなかった。これが、たとえば母親か父親が工場で働いている家族にいかなる意味をもったか想像してみてほしい。これはたいへんな衝撃であった。家族を全員連れて行くか？　夫か妻だけが引っ越すのか？　どれくらい遠くに引っ越すのだろう？　六〇〇マイル［約九六五キロメートル］、それとも一〇〇〇マイル［約一六一〇キロメートル］離れるのだろう

◆ラトーヤ・ルビー・フレイジャー　アメリカの写真家・映像作家、一九八二年〜。製鉄所や工業地帯を主題にした作品を発表している。

か？

これはきわめて過酷な影響を及ぼした。そしてフレイジャーは、胸の痛むような意思決定過程の目撃者となり、この決定が引き起こした家族の苦痛や子供の衝撃を記録に留めた（親が別の工場に移り、三週間に一度くらいしか会うことができなくなるという事態に突然、子供たちは直面した）。あるいは家族全員が引っ越すとなれば、この家族の社会関係も支援ネットワークもすべて途絶することになる。こんなに急いで決断しなくてはならないという衝撃は関係者の心に傷を残し、フレイジャーのフォトエッセー〔あるテーマを複数の写真で表現した作品〕はその傷を浮き彫りにしている。しかし彼女の作品には別の側面もある。フレイジャーがしたかったのは、フォトエッセーと記録とを残すことだけではなかった。かなり残酷な会社の仕打ちに対して、それぞれの家族がどう反応し語ったか、そしてこの出来事全体についてどう感じたのか——これらのために彼女は一連のインタビューで声を与えたのである。

ローズタウン工場建設の背景

ゼネラルモーターズのローズタウン工場は一九六〇年代後半に建設された。それは工業部門での労使関係における特別実験だともてはやされた。一九六〇年代、労働者に配慮した労働過程を開発する試みが大いに強調された。労働過程に対する、より参加型の労働者関与が試みられた。「X効率」と呼ばれるものが文献で大いに強調された時期にローズタウン工場は建設された。労働者が疎外され、生産への関与に気持ちが向かわない場合と比較すれば、疎外されていない労働者ほど実効性も効率も上がる、というわけだ。当時、いくつかの自動車会社に新しい労使関係構造をつくろうとする動きがあった。そこでは法令順守、協調関係、労働者間の協力関係が重視された。資本主義的工場内の労働過程においては、その発端から、ひたすら労働者を抑圧し、支配することが規範となっていたが、これとは正反対の事態が強調されたのである。

さて、こうした試みが可能となったのは、一九六〇年代の〔アメリカ〕自動車産業のきわめて特殊な状況のおかげであった。自動車産業はゼネラルモーターズ、フォード、クライスラーという三大企業に集約されていた。当時の文献では、この状況は独占資本の古典的形態として描かれた。これらのデトロイトに本拠を置く三つの自動車会社は、厳密には独占ではなく寡占状態にあったのだが、ほんの数社でありながら価格主導権をもち、アメリカ経済を支配していると一般に見なされた。当時、外国企業は活躍していなかった。つまりトヨタもフォルクスワーゲンもBMWも彼らを脅かす存在ではなかった。当時の文献であるスウィージーとバランの『独占資本』を読んでみれば、デトロイトの自動車会社は、独占資本の現実の仕組みの好例と見なされた。その手段は価格協調、価格主導権、価格操作であった。この状況のおかげで自動車会社には、労働組合との交渉の余地が、ある程度、与えられたのである。

一九五〇年代から六〇年代にかけて自動車労働組合の力が増すにつれ、いわゆる「パターン・バーゲニング」という〔産業横断的〕団体交渉手順が生まれた。ようするに自動車製造労働者は一つの自動車会社を選んで、たとえばこう要求する。

よし、労働契約を再交渉して、生計費の上昇にあわせて賃金も上がる生計費調整条項といったものを加えようじゃないか。

労働者たちがフォードとの契約をうまくまとめることができれば、今度は彼らは別の自動車会社に行って次のように言う。

ねえ、フォードの回答はこうだったよ。おたくもだいたい同じことをしてほしいのだけど。

この別の会社も同様の措置を講じるかもしれないが、まったく同じものにはしない。こうすることで独占禁止法に抵触するのを避け、会社同士は競合関係にあると主張できるのであろう。しかし実際はそれほど競いあっているわけではないし、労働者も、各社の齟齬のないかたちで、そこそこ好ましい契約を結ぶことが期待できた。「そこそこ好ましい」と言ったのはごく限定的な意味においてである。というのも職場条件、賃金率、社会的少数者《マイノリティー》の雇用などをめぐって常に多くの闘争、紛争が起こり、自動車製造労働者のなかには強力な運動がさまざまに生じたからである。たとえばデトロイトの「革命的組合運動」、また後の「革命的黒人労働者連盟◆」は実際、当時可能であった要求をはるかに超えたものを自動者会社に突きつけていた。

労使協調戦略が昂進させる階級意識

一九六〇年代当時、企業は労働者と協調し、労働者を経営参加させようとした。強制だけではなく同意も駆使して統治するためである。この同意には、労働過程の一定局面、たとえば作業分担やその類いに対する労働者管理が含まれていた。ローズタウン工場は資本の見地から革新的な労働過程として造られたのであり、そこでは同意が重視されたのである。ローズタウン工場の労働者は会社と特別な関係にあった。この点でローズタウンはゼネラルモーターズの事業所のなかでも特別な性格を帯びていた。面白いことにローズタウンでの実験はその直接的目的については失敗であったと思われるのだが、この理由は非常に興味深い。自動車会社の言い分では、労働過程の編成と作業分担に労働者が関与するようになると、労働者はその関与をより強めようとし、したがって効率も増し、自分の環境と製品への自尊心も高まる可能性があった。これが正しかったことは実証されている。労働は疎外の度合いを弱めた。だがこれは同時に、自身の生産諸条件の決定に労働者が関与することを意味しており、いったん関わると、彼らはさらに多くの決定権を求めた。ローズタウンは、まさに労働者の意識が向上し、彼らの関与が強まったがゆえに、労働者闘争の中心地となった。労働者は責任を自覚し、少しでも権限が付与されたと感じると、これに応じてその権限付与の意味についてさらに考えはじめた。こうして協調的試みのモデルケースであったはずのローズタウンは、戦闘的闘争の場と化したのである。

　フレイジャーの見いだしたところ、生産過程での自尊心、この工場の一員であることの自尊心という伝統は決して消え去ってはいなかった。だからこそ、この工場閉鎖は二重の衝撃を与えた。それは単なる工場閉鎖ではなかった。人生のあり方、存在のあり方が突如として疑問にふされたのである。工場の閉鎖は、あらゆる次元で心に傷を残した。それは家庭生活と社会関係を破壊した。それは一定の自尊心をともなった生産過程への関与の喪失でもあった。それゆえ労働者が自身の仕事と生産物の優秀さを誇りに感じていればいるほど、閉鎖の事実は二重に受け入れがたいものとなった。

　興味深いことだが、工場閉鎖の一因は、トランプの経済政策の一貫性の無さにあると見なさざるをえない。トランプの公約は、肉体労働《ブルーカラー》の製造業従業員の支援であった。しかしローズタウン工場の操業が続いていた理由の一つは、規制があったために、大手自動車会社がSUV車［二酸化炭素排出量の多いスポーツ用多目的車］に生産を集中できなかったことにあった。SUV車を生産する方が経済的利益も高く、環境には配慮するものの経済的には利益の小さい小型乗用車の生産などにわざわざ煩わされることもない。

　ローズタウン工場は規制にしたがい、ゼネラルモーターズの小型乗用車——クルーズ——を生産していた。だがトランプがこの規制を廃止すると、ゼネラルモーターズが小型乗用車を製造する必要はもはやなくなってしまった。トランプは、反環境保護主義者としての環境規制緩和熱から、ローズタウンの雇用を

◆**「革命的組合運動」、また後の「革命的黒人労働者連盟」**　一九六〇～七〇年代にミシガン州デトロイトで結成されたアフリカ系アメリカ人の労働団体。クライスラー社ダッジ本工場で一九六八年に結成された「革命的組合運動」が、四〇〇〇人規模の山猫ストライキを敢行。これに影響されて同様の名前を称する団体が州内に複数結成されると、一九六九年、これらが統一して「革命的黒人労働者連盟」を称した。短期間ではあるものの、黒人解放運動とマルクス＝レーニン主義を指導原則として、アフリカ系アメリカ人労働者を中心とした戦闘的政治運動を展開した。

なのだ。維持していた規制を廃止してしまった。それゆえローズタウンでの雇用喪失は部分的にはトランプの所業

この歴史のもう一つの重要な部分は、一九六〇年代、デトロイトの三大自動車会社の寡占状態が国外企業との競争から保護されていたという事実だ。国際的なブレトンウッズ体制が資本規制にもとづいていたからである。つまり資本はアメリカを自由に出入りできなかった。もちろん、これは資本の移動がなかったということではない。だが異なる国家は実際に保護された領土単位となっており、そのそれぞれの内部で準独占状態を形成できたのである。アメリカという保護された領土単位を三大自動車メーカーが支配できた。だが多くの理由から資本規制は一九七一年に廃止された。結果、アメリカ市場は外国資本に開かれ、海外の自動車会社がアメリカ国内に入り込めるようになり、デトロイトの寡占状態に競争を挑んできた。一九七〇年代後半から八〇年代前半にかけて、大規模な投資の波が押し寄せ、日本とドイツの自動車会社が参入した。デトロイトの独占力は、とりわけ小型乗用車市場で挫かれた。日本企業は、より高品質で安価な製品を有していたのである。

一九八〇年代、デトロイトの企業は激しい国際競争に突如として直面し、経済的な苦境に陥った。デトロイトの企業は自動車製造労働者との協調戦略を放棄し、より強圧的な戦略に移行したが、これはすでに一九七〇年代、八〇年代にはじまっていた。だが階級意識の高い戦闘的労働者がいたローズタウンにおいてより強圧的な戦略を実行すると、相当な数の闘争が起こることになった。一九六〇年代後半から七〇年代前半の労使関係の関連文献では、自動車産業における労働者サークルや生産サークルが話題にされた。これにはアメリカ労働省からの一定の支持もあった。しかし一九七〇年代後半から八〇年代前半には、こういう記述は皆無となる。その趣旨はこう変わった。

労働者階級を元の居場所に戻さなくてはいけない。はるかに強圧的な労務管理制度を創りだす必要がある。

この結果、資本は労働者を、簡単に脇に投げ捨てることのできる使い捨て労働力と見なすようになり、工場での労使関係は現実に変わったのである。

二〇〇七〜〇八年の帰結――労働者と地域社会《コミュニティ》の放棄

だがその後、二〇〇七〜〇八年の経済危機が起こり、自動車会社は喫緊の困難に直面した。アメリカでは住宅危機とともに消費者の購買力が崩壊した。七〇〇万世帯が家を失ったが、これでは新車も購入できない。ゼネラルモーターズは倒産寸前の状態となった。実際のところ厳密には、法的な破産手続きに入ったのであり、政府の救済を受けることを余儀なくされた。ゼネラルモーターズは短期間、国有化され、国家に経営を引き継がれ、国家の資金援助を受けた。労働契約の見直しに同意した自動車製造労働者たちもゼネラルモーターズを救いだした。これは重要なきっかけとなった。実際、自動車製造労働者は、自身を雇用している会社を救うことで、自分の仕事を守ったのだ。このため労働者は自分たちの賃金要求を引き下げ、福利厚生――医療給付と年金給付――の取り分を減らすほかなかった。組合との合意が結ばれ、労働力の二層構造が導入された。従来の標準的契約のもとにあった古くからの労働者は賃金率を維持し、そしてさらに重要なことに、医療と年金の権利に関するその特権を保持した。ゼネラルモーターズの新規雇用者は第二層に置かれた。彼らは賃金率、年金、医療で同様の権利をもたない。つまり同じ工場で横に並んで同じ仕事をしていながら、異なる契約条件で働く二種類の人間がいることになった。事実上、古参労働者は年功序列で昔の待遇を維持し、他方、新しく入社する若者たちは、著しく切り下げられた新契約条件を受け入れざるをえなかった。国家介入と労働組合の譲歩という二重効果によってゼネラルモーターズは二〇〇七〜〇八年の苦境から着実に救いだされ、今や同社はアメリカで最も利益を上げる企業の一つにさえなったのである。

フレイジャーとの会話のなかで労働者たちがしきりに語ったのは、自分たちは会社を救うためにとても寛大に多くのものを与え、苦労して獲得した以前の利益の多くを手放したのに、なぜローズタウン工場が閉鎖されなくてはならないのか理解できない、というものであった。現在、会社は信じがたいほどの利益を上げているが、まさにその瞬間に突如手のひらを返し、労働者を、会社を救うために犠牲を払った忠実な従業員としてではなく、取るに足りない使い捨て可能な存在として取り扱っている。さらにミズーリ州、ミネソタ州など別の工場への異動を決めるのに四日間しか与えられないというのは、とくに過酷に思われた。そして思いもしなかったのは次のことだ。もし異動を受け入れなければ、あらゆる福利厚生を失ったのである。この最後通牒がどのようなストレスを与えたか想像してみてほしい。家族のために年金手当、医療手当を受けとっていて突然、六〇〇マイルか一〇〇〇マイル離れたどこかの工場への異動を受け入れないとそれらを全部失う、という事実を突きつけられる。何をどうすればよいのか？　どう話しあえばよいのか？　そして話しあって決めるまでに四日間しかないのだ。この事態は私には良心のかけらもないものだと思われるが、ここからわかるのは、組合交渉が比較的認められた産業部門の一つにおける労使関係の現状であり、したがって、こうしたことは労働人口全体にとっても起こりうることなのである。この提案を受け入れられないと決めた人たちもいたが、彼らはその結果を甘んじて受け入れるほかなかった。その決断によって自分の生活水準、自分の社会保障は現実に切り下げられたが、家族がバラバラにならざるをえないのであれば、多数が地域社会《コミュニティ》での価値ある社会関係を維持する方を選んだのである。

こうした一連の経過は、労働過程に対する資本の見方がどういうものかを明確にすると思われる。労働とは単なる使用価値であり、生産の一要素であり、使い捨て可能で、一定の事情と法の許す範囲内で所有されうるものなのである。それだけだ。これに対して労働者にとっては言うまでもなく、労働とは、家族生活と社会関係そのものであり、作業現場とともに地域社会の事柄にも関わるものであり、組合の役割、組合員など、あらゆるものの相互活動と相互関係を示してくれるものなのである。この点を視野に入れることは重要だ。というのも現在、資本主義的企業の力点は効率性と利潤率にあるからである。これ以外はじつは重要ではない。ゼネラルモーターズと組合は共に地域社会の生活のなかで密接に絡みあっていたが、地域社会の生活条件に対して企業は無責任なのである。

たとえばユナイテッドウェイ◆は大規模な慈善事業支援団体であり、これまで数多くの地域社会サービスや文化活動や社会福祉団体などの資金援助にあたって大きな存在感を示してきた。ゼネラルモーターズ従業員からのユナイテッドウェイへの寄付金は莫大な額であった。会社自体、従業員寄付に合わせて同額の拠出も行なってきた。もし従業員の寄付が一〇万ドルであれば、会社も一〇万ドル出した。だが工場閉鎖によって、これらがまとめて失われようとしていた。慈善寄付によって地域社会もまとまっていた。しかしゼネラルモーターズでの雇用がなくなれば、寄付もできなくなることは明らかである。地域社会は、その社会機構、社会関係、そして社会的、文化的整備機能の深刻な崩壊に直面している。

自動車産業の未来

資本の歴史を見れば、成長する会社もあれば破綻する企業もある。これは周知の事実だ。何があろうと工場閉鎖はできないはずだと言っているわけではない。大問題は、それをどのように、なぜ行なうのか、である。ゼネラルモーターズの場合、最高経営責任者のメアリー・バーラ◆の言葉《レトリック》では、ゼネラルモーターズという団体《コミュニティ》は一大家族だと繰り返し強調されているが、まさにその同じ瞬間にこの一大家族が、さまざまな家族関係を片っ端から破壊している。

◆ユナイテッドウェイ　アメリカの共同募金組織《ネットワーク》。一八八七年に創設。アメリカ最大の非営利団体として国内の一八〇〇以上の団体を連携させ、官民の諸団体と協力し教育・医療などの地域社会問題に取り組んでいる。

◆メアリー・バーラ　アメリカの実業家、一九六一年〜。ゼネラルモーターズの工場労働者から昇進し、二〇一四年より同社初の女性最高経営責任者を務める。

だがゼネラルモーターズには新たな方針が立ち現われている。それは電気自動車だ。そこで現在、ゼネラルモーターズが言うには、同社は将来、自動車会社ではなく先端技術企業を間違いなくめざすとしている。ゼネラルモーターズはテスラ〔アメリカの電気自動車会社〕を手本にして、電気自動車生産に参入すると言っている。自動車産業には実際、問題がある。この業界は環境汚染と気候変動の大きな一因となっている。一般的に言えば疑いえないことだが、われわれは自動車と化石燃料利用から別のものに移行しなければならない。世界規模で見れば自動車生産――とくに伝統的な形態での自動者生産――には多量の過剰設備が存在する。これではまったく意味がない。サンパウロの主要な経済基盤は自動車産業だが、この町は交通渋滞と大気環境のひどさでも悪名高い。自動車の大量生産に別れを告げるには、何らかの計画、何らかの社会秩序の再編が必要である。ローズタウン工場が永久に操業しつづけるべきだと言いたいわけではない。いつの日か自動車にさほど依存しない社会で暮らしたいと望むことになるかもしれないし、そうなれば社会の経済基盤を変革しなければならなくなるであろう。この点は認めなければならない。だが、それとはまったく別問題として、一五年から二〇年かけた計画を立てて、別の何かへと移行するためにローズタウンの既存の社会構造とそこで利用できる技能を用いることもできる。これについて考えられる方法は一つしかない。何らかの一貫した計画によって、自動車産業での配置転換と再構成を進めて別のものに移行するしかない。自動車生産から人工知能制御型電動車両システムへの移行を考えるべきだと言われることには、たいして私は気にしていない。それで良いと思うし、皆そう考えるべきだと思う。ローズタウンの経験について異議を唱えたいのは、利潤を上げる必要から、使い捨て商品のように労働者を見捨て投げ捨てたそのやり方である。

さらには地域社会《コミュニティ》全体も投げ捨てられ、社会関係、社会給付構造などの点で築き上げられた多方面にわたる地域社会資源も放棄された。こうした移行をもっとうまく成し遂げる何らかの方法がなければならない。そしてこの方法は無論、ほぼ間違いなく資本が受け入れようとはしないものであろう。資本家は依然として同じやり方を続けている。ゼネラルモーターズは労働者には、いかなる絆も感じていない。ゼネラルモーターズがすべてを捧げるのは株主と最高経営責任者だけだ。最高経営責任者への法外な報酬と株主への高配当の確保という名目で、ゼネラルモーターズは、まだ存続能力を秘めた従業員を、地域社会を、そしてさまざまな社会関係からなる組織構造全体を破壊し、あとに残ったのは恐るべき可能性だけであった。オハイオ州ではオピオイドの蔓延《パンデミック》が猛威をふるっているが、この根底には失業があり、アイデンティティと意味の喪失があり、そしてまさに疎外の深化がある。これこそオハイオ州の地域社会を荒廃させている元凶である。

　組合への何の相談もなければ、さまざまな地域社会団体とも何の議論もないままに、突然の工場閉鎖で社会的犠牲を押しつける——このような事態を引き起こさせない何らかの方策が提起されなくてはならない。ゼネラルモーターズは、会社が窮地にあった際には組合との対話も厭わなかったが、今は順調なのだから、この種の対話は不要だとする。こうして会社は元従業員たちを使い捨てのゴミのように扱い、自分たちの思い描く将来構想から放逐できるのである。フレイジャーのすばらしいフォトエッセーと、労働者やその家族の回想記録は、現在進行中の不必要な悲劇を明らかにしている。このような物語に接すれば反資本主義に誰もが毅然と向かうであろう。反資本主義こそが唯一可能な政治姿勢なのだ、と。

〔参考文献〕

・Paul Sweezy and Paul A. Baran, *Monopoly Capital: An Essay on the American Economic and Social Order* (New York: Monthly Review Press, 1966)〔ポール・バラン、ポール・スウィージー『独占資本——アメリカの経済・社会秩序にかんする試論』（小原敬士［訳］、岩波書店、一九六七年）〕。

・"LaToya Ruby Frazier: The Last Cruze," https://renaissancesociety.org/exhibitions/536/latoya-ruby-frazier-the-last-cruze/ (accessed May 12, 2020).〔ラトーヤ・ルビー・フレイジャーによるローズタウン工場閉鎖をめぐるフォトエッセーは「ラスト・クルーズ」と題され、二〇一九年九月から一一月にかけてシカゴで写真展が開催された。このウェブサイトはその写真展の記録である。二〇二二年四月八日、

訳者閲覧。〕

第Ⅵ部
感染症流行《パンデミック》と資本主義
――生存基盤の破壊に抗して

［第17章］新型コロナウイルス感染症時代の反資本主義運動

・正当性を揺るがされ弱体化している支配的な新自由主義的経済モデルが、〔新型コロナウイルスの〕感染症流行《パンデミック》の不可避の影響を吸収し存続できるとすれば、どのようにしてなのか？
・階級その他の社会的障壁や社会的境界に対して感染症は無関心だとする都合の良い神話は、どう位置づけられるべきか？

資本主義の仕組みに対する二重の見方

私は、毎日流れてくるニュースを解釈し、理解し、分析しようとする際、さまざまな出来事を位置づけるのに、資本主義の仕組みに関する別々の――ただし交錯しあう――二つのモデルを用いることにしている。第一の段階は、資本の流通・蓄積の内的諸矛盾を描くことである。そこでは貨幣としての価値の流れが、生産、実現（消費）、分配、そして再投資――マルクスの言う異なる諸「契機」――を経て、利潤を求める。これが、終わりなき拡大と成長の螺旋運動という資本主義経済モデルである。この運動は、たとえば地政学的対立関係や地理的不均等発展、金融諸機関、種々の国策、技術再編、そして社会的諸関係と分業の網の目の無限の変容を通じて、さまざまな様相を呈するのであり、これにつれてはるかに複雑なものとなる。

しかしながら私の思い描くこのモデルは、さらに次のようなもののなかに埋め込まれてもいる。つまり世帯や地域社会《コミュニティ》での社会的再生産というより広範な文脈であり、自然（ここには都市空間形成《アーバナイゼーション》と建造環境という「第二の自然」も含まれる）との物質代謝関係の——常に進化も付随させた——進行であり、そして時間と空間とを横断して人間諸集団が必ず創造するじつにさまざまな文化的、科学（知識基盤）的、宗教的、状況依存的《コンティンジェント》な社会構成体である。これら後者の諸「契機」のなかでは、社会的制度や政治紛争、イデオロギー的対立関係、喪失感、挫折感、疎外感が変わるにつれて、人間の欲求、必要、欲望が生き生きと表明され、知識や意味が渇望され、何かしらの使命の探求が展開する。このすべてが、独特な地理的、文化的、社会的、政治的多様性を抱える一つの世界のなかで遂行される。この第二のモデルは、いうなれば、独自の社会構成体としてのグローバル資本主義の私なりの現実理解を構成している。その一方で、この社会構成体は経済というエンジンによって一定の歴史的、地理的発展経路をたどって駆動するのだが、第一のモデルの理解の重点は、この経済エンジン内部の諸矛盾にある。

二〇二〇年一月二六日に初めて私は、中国で蔓延しつつあったコロナウイルスのことを読み知ったのだが、そのとき即座に、資本蓄積のグローバルな発展力学に対する影響について考えてみた。自分の経済モデル研究からわかっていたことだが、資本の流れの連続性における閉塞と中断は価値喪失をもたらし、もし価値喪失が広範かつ根深いものとなれば、これは危機の始まりを示すことになろう。またこれも私にはよくわかっていたことだが、中国は、世界で二番目の規模の経済大国であり、二〇〇七〜〇八年の「金融危機の」余波にあったグローバル資本主義を救った国であった。したがって中国経済へのいかなる打撃も、グローバル経済に深刻な影響を与えることになる。ただし、いずれにせよグローバル経済は厄介な状況にすでにあった。資本蓄積の現行モデルは数多くの面倒な事態にずっと陥っていたように思われる。サンティアゴからベイルートに至る、ほぼあらゆる地域で抗議運動が起きており、その多くの焦点は、支配的経済モデルが人々の大多数にはうまく機能していないという事実にあった。この新自由主義的モデルは擬制資本に絶えず依存しつづけ、貨幣供給と債務創出が大規模に拡大している。このモデルが目下直面しつつある問題は、資本の産出可能な価値量に対して、その実現のための有効需要が不足する、という点である。それではこの支配的経済モデルは、その正当性を揺るがされ、モデル自体が弱体化しつつあるなかで、ここまでの感染症流行《パンデミック》の不可避の影響をどのように吸収して生き延びることができるのか？　その答えは、この混乱がどれほど長く続き広がるかに大きくかかっている。というのもマルクスが指摘したように、価値喪失が起こるのは、単に商品が売れないからというわけではなく、一定期間内に商品が売れないからなのである。

「自然」との物質代謝関係と新型コロナウイルスの発生

「自然」は文化や経済や日常生活の外部にあり、そこから切り離されているとも考えられるが、このような考えを長らく私は否定してきた。自然との物質代謝関係という、より弁証法的な関係的見地を私はとっている。資本は、自らの再生産のための環境的諸条件を変容させるが、この際、意図せざる結果（気候変動など）とも絡みあう。しかもその背後では、自律的で独立した進化の諸力もまた環境的諸条件を永続的につくり変えている。この観点からすれば、真の自然災害というものは存在しない。たしかにウイルスは絶えず変異している。しかし、ある突然変異が生命を脅かす状況をもたらすか否かは人間の行動にかかっている。

これには二つの側面が関連する。第一に、有利な環境的諸条件がそろえば、活発な突然変異の確率は高まる。生息環境《ハビタット》の急速な変容とか、たとえば多湿の亜熱帯地域での自然依存型ないし小農生産型の食料調達システムとかが、突然変異の一因になりかねないというのは妥当な予測である。この種の食料調達システムは中国の長江以南や東南アジアなど多くの場所に存在する。第二に、急速な宿主間感染に有利な諸条件は〔これとは〕大きく異なる。人口密度の高いヒトの集まりがあれば、宿主として標的になりやすいであろう。周知のことだが、たとえば麻疹《はしか》の流行は、より大規模な都市部の人口密集地でしか蔓延しないが、人口過疎地では急速に衰える。ヒト同士の相互交流やヒトの移動、行動の自制、あるいは手洗いの失念は病気の伝染に影響する。近年、SARS〔重症急性呼吸器症候群〕、鳥インフルエンザ、豚インフルエンザの発生は中国か東南アジアからであるようだ。過去一年間を見ると、中国ではアフリカ豚熱も深刻な影響を与えており、豚の大量殺処分と豚肉価格の高騰とを引き起こした。この点を述べるのは別に中国を非難するためではない。ウイルスが突然変異したり拡散したりする環境リスクの高い場所は他にもたくさんある。一九一八年のスペイン風邪は〔アメリカの〕カンザス州から生じた可能性がある。アフリカではHIV・エイズが培われたかもしれないし、ウエストナイル熱やエボラ出血熱がこの地域からはじまったことも確かである。その一方でデング熱はラテンアメリカではびこっているようだ。しかしウイルスの蔓延の経済的影響と人口学的影響は、主導的《ヘゲモニック》な経済モデルにそもそも存在していたような、さまざまな脆弱性や亀裂に左右される。

新型コロナウイルス感染症（COVID-19）がまず武漢で見つかったことは、さほど私を驚かせはしなかった（ただし武漢がこの病気の発生源であるかどうかは、まだわからない）。現地での影響が相当なものになりかねないのは明らかであったし、武漢が重要な生産拠点であるとすれば、おそらく世界規模での経済的影響も出かねなかった（だが、この規模について私は計りかねていた）。大きな問題は、感染と拡散がどう起こるかであり、ワクチンの発見までどれくらい長引くかであった。過去の経験が示すところだが、グローバリゼーションの昂進の否定的側面の一つは、新しい感染症の急激な国際的拡散を止められないことだ。ほぼすべての人々が旅行するような、高度につながりあった世界にわれわれは生きている。拡散が起こりうる人的ネットワークは広大に開かれている。危険性（経済的および人口学的なそれ）があるとすれば、この混乱が一年以上は続くかもしれないという点にあった。

新自由主義の四〇年を経ての感染症流行《パンデミック》

最初の一報が伝わると、世界の株式市場はまずは下落したが、驚くべきことにその後一ヵ月以上かそこらで市場は高値の新記録を続発させた。報道の指摘によれば、中国以外のいかなる場所も生活は通常のままであるらしかった。われわれは〔二〇〇二～〇三年に流行した〕SARSの再来を体験していると信じ込んだようだ。高い致死率をともなったSARSは、今から振り返れば要らぬパニックを金融市場に引き起こしたが、結局かなり迅速に抑え込まれ、世界への影響も小さかった。新型コロナウイルス感染症が現われた際、大方の反応はSARSの再来だと思い描いて、パニックになるまでもないと見なしていた。感染流行が猛威をふるった中国は、その影響を抑え込もうと情け容赦なく慌てて取りかかったが、この事実がために世界の残りの国々は「向こう側」の出来事と誤って捉え、問題そのものを見失った（世界の一部には中国人嫌悪の厄介な兆しもともなった）。ウイルスがなければ中国の成長は一つの成功物語となっていたが、これにくさびが打ち込まれたのを見て、トランプ政権の一部界隈は歓喜をもって迎え入れさえした。

しかしながら武漢経由のグローバル生産網《チェーン》が途絶したという話題も広まりはじめた。これらはほとんど無視されたか、特定の製品ラインや特定企業（たとえばアップル）の問題だと見なされた。価値喪失は局所的、個別的であって、体制的《システミック》なものではなかった。マクドナルドやスターバックスなど、中国の国内市場で大規模事業を展開していた企業は一時閉店しなければならなかったが、消費者需要の低下の兆しも過小評価された。中国の旧正月とウイルスの発生とが重なったことが、この一月の影響をわからなくさせた。気の緩んだこの対応は見当はずれもはなはだしかった。

韓国では本格的流行が起こり、イランなどの二、三の他の国々でも感染症例が多発したが、ウイルスの国際的蔓延に関する当初の報道は時々流れる余談的なものであった。最初の激烈な反応に火をつけたのはイタリアでの爆発的流行である。二月中旬に株式市場の暴落がはじまると、その後やや揺り戻したが、三月中旬までに世界中の株式市場は正味、約三〇％の下落となった。指数関数的な感染拡大は、しばしば支離滅裂で、ときにパニックに陥るような一連の対応を引き起こした。トランプ大統領は疾病や死の高波の見込みに直面して、クヌート王◆をまねた。いくつかの対策が奇妙なかたちで過ぎ去っていった。アメリカ連邦準備制度理事会がウイルスに直面して金利を引き下げたのは異様に思われた。この動きがウイルスの進行防止ではなく、市場影響の緩和を意図したと広く認められたのだから、なおさらである。

ほとんどあらゆる地域で公的機関と医療サービス制度が人手不足にみまわれた。南北アメリカ大陸とヨーロッパ全域での四〇年にわたる新自由主義によって人々は、この種の公衆衛生危機に無防備にも完全にさらされるままとなった。かつてのSARSやエボラ出血熱への不安が、何をなすべきかの適切な教訓と多くの警告とを与えていたにもかかわらず、こうなったのである。「文明」世界だと思われる多くの地域では、地方自治体や地域機関や国家当局が一様に最前線となって、この種の公衆衛生を守ったり保安上の緊急事態に備えたりする。ところが当の機関は緊縮政策のせいで、とっくの昔に資金不足に陥っていた。この緊縮政策は〔単なる「緊縮」ではなく〕、企業・富裕層向けの助成金は支払い、企業・富裕層向けの減税措置は財源補填できるように策定されていた。

利益の上がらない感染症研究に対しては、営利企業である大手製薬会社はほとんど、またはまったく関心を寄せていない（たとえばコロナウイルス全体は一九六〇年代以降よく知られていたのである）。大手製薬会社が疾病予防に投資することもめったにない。公衆衛生危機への準備体制に投資することにもほとんど関心がない。こうした会社は治療法の考案には熱心だ。われわれが病めば病むほど会社は儲《もう》かる。疾病予防事業は株主価値に寄与しない。むしろ、この価値を下げるかもしれない。公衆衛生対策に適用されたビジネスモデルによって削減されたのは、非常時に必要な対応余力であった。予防事業は、官民連携《パートナーシップ》の確

◆クヌート王　一一世紀のイングランド王クヌートの伝説。クヌートは波に対して押しとどまるように命じたが、波は止まらなかった。この逸話から、抗いえない力に立ち向かおうとする人間の姿をさす。

保に足るような魅力的分野でさえなかった。トランプ大統領は、疾病予防管理センター（ＣＤＣ）の予算を削減し、国家安全保障会議内にあった感染症対策部会も解散させた。その意図は、気候変動を含むあらゆる研究資金を削減したのと同じである。これについて擬人的な隠喩を用いるとするなら、自然は、暴力的で無規制な新自由主義的略奪採取様式《エクストラクティビズム》の手で四〇年間にわたり徹底的に虐待されてきたが、新型コロナウイルスとは、この事態に対する自然の復讐だと結論づけられるであろう。

おそらく特徴的なことだが、新自由主義化の度合いの小さな国々――中国、韓国、台湾、シンガポール――の方が、これまでのところイタリアよりも良好なかたちで感染症流行《パンデミック》を切り抜けた（ただしイランの状況は、この議論が普遍的原則ではないことを示すかもしれない）。ＳＡＲＳに対して中国が当初、数々の隠蔽と否認とによって、かなり誤った対応をとったことは多くの証拠が示すところである。これとは対照的に今回は、習近平国家主席が動いて、韓国と同様の措置をとり、報告と検査の両面で透明性の確保を命じた。だが、たとえそうだとしても中国では貴重な時間が失われた（ほんの数日ですべてが変わる）。しかしながら中国で注目に値するのは、武漢を中心とする湖北省に感染症の発生を封じ込めたことである。北京や中国西部、さらには中国南部では、感染症は同じような猛威をふるわなかった。三月の終わりまでに中国政府は湖北省で新たな感染事例は発生していないと表明し、ボルボ〔中国資本傘下のスウェーデンの自動車会社〕は自動車生産を通常どおり再開すると発表した。中国以外のグローバル自動車産業が操業を停止していたさなかにおいてである。ウイルスの地理的封じ込めのために講じられた諸措置は包括的で、行動制限も厳しいものであった（また、まさにそうでなければならなかった）。これは政治的、経済的、文化的な理由から中国以外ではほとんどまねできないであろう。中国からの報告の示すところでは、その処置と政策は医療介護どころではなかった。さらに言えば中国とシンガポールは個々人への監視権限を行使したが、その水準は権威主義的で人権侵害の域に達していた。しかし、これは全体として見ればきわめて有効であったようだ。ただし統計モデルの示唆によれば、わずか数日前に対策措置が発動されていたなら、感染死の多くも回避されたのかもしれない。これは重要な知識であるが、いかなる指数関数的成長過程も一定の変曲点を越えると、量の増大が完全に制御不能になる（ここでもう一度注意しておくが、「率」との関係で「量」は重大なものになる）。トランプは何週間にもわたって時間を無駄にしたが、この事実のために多くの人命が犠牲になるのはほぼ確実であろう。

代償的消費様式の最先端モデルの崩壊

今や経済的影響は地球全域で制御不能になりつつある。特定産業部門や企業間の価値連鎖《バリューチェーン》の途絶は、当初考えられた以上に体制的《システミック》で相当な規模のものだとわかった。長期的影響としては供給網《サプライチェーン》が短縮するか多角化する一方、非労働集約型生産に——雇用への大きな影響をともないつつ——移行することになり、人工知能型生産システムへの依存も強まる可能性がある。生産網《チェーン》の途絶は、労働者の一時解雇や一時帰休を引き起こし、最終需要も減退させる一方、〔この途絶の影響を受けて縮小する〕原材料需要は生産的消費を減退させる。需要側へのこれらの影響だけで少なくとも軽微な景気後退はもたらされたかもしれない。

しかし最も大きな脆弱性は他のところにあった。二〇〇七〜〇八年以後に急拡大した消費様式が崩壊し、壊滅的結果がもたらされたのだ。これらの消費様式は、消費の回転期間を可能なかぎりゼロに近づけることにもとづいていた。このような消費形態に投資が殺到していたということは次の点と切り離せない。つまり指数関数的に増大する資本が、できるかぎり最短期間で回転する消費形態のなかに最大限吸収されてきたのである。この象徴が国際観光業であった。二〇一〇年から一八年にかけて国際観光客数は八億人から一四億人へと増加した。このような瞬間的な「体験型」消費形態にともなって、空港、航空路線、ホテル、飲食店、テーマパーク、そして文化イベントなどへの大規模インフラ投資が必要とされた。資本蓄積のこうした現場は今では暗礁に乗り上げている。航空会社は倒産に瀕し、ホテルはもぬけの殻となり、接客業での大量失業も差し迫っている。外食は好ましからざるものとされ、飲食店やバーは各地で閉鎖された。料理の持ち帰り《テイクアウト》でさえも危ないらしい。ギグ・エコノミー〔インターネットを通じて単発仕事を受注する働き方〕その他の不安定労働に従事してきた膨大な数の労働者が、生計手段も手元にないままに解雇されつつある。文化的祭典、サッカーやバスケットボールの大会、コンサート、企業や専門家のコンベンション、さらには選挙関連の政治集会など、さまざまなイベントも中止されている。これらの「イベント・ベース」の体験型消費様式はおしまいだ。地方自治体の歳入には、ぽっかりと穴があいた。大学などの教育機関は閉鎖されている。

現代資本主義の最先端モデルの消費様式は、その多くが現状では機能できない。アンドレ・ゴルツの言う「代償的消費様式」への衝動は鈍ってしまった（代償的消費様式において本来なら、疎外された労働者は、熱帯地方の浜辺に行くパック旅行によって、その精神を回復するはずなのだが）。

しかし現代型資本主義経済の七、八割でさえも牽引しているのは大量消費である。過去四〇年のあいだに消費者の信頼と感情は、有効需要を動員する鍵となり、資本はますます需要主導型、必要主導型のものになっている。この経済的エネルギー源は大波乱を被ってこなかった（数週間にわたって大西洋横断飛行を遮断したアイスランドでの火山噴火といった、いくつかの例外はある）。だが新型コロナウイルス感染症を根底にして、大波乱どころか、大崩壊が、最富裕国での支配的消費形態の核心で起きている。終わりなき資本蓄積という螺旋運動は内に向かって崩壊し、しかもそれは世界の一部から他のあらゆる地域へと広がっている。これを救えるものが唯一あるとすれば、政府助成に喚起された大量消費を魔法のごとく無から生みだすことだ。このためには、たとえばアメリカ経済全体の社会化が必要になるであろう。これを社会主義と呼ばないにしてもだ。いずれにせよ、幅広い権限のある政府は不要だといったような、これまで広範な人気を博してきた懐疑論は鳴りを潜めている。そして善政と悪政とには違いがあるということが、より広範に認められつつある。債券保有者や金融業者の利害に政府を従属させることは（二〇〇七～〇八年以降、実際にそうであったのだが）、金融業者にとってさえも、まずい考えだと悟られつつある。

最前線にさらされる「新しい労働者階級」

都合の良い神話によれば、階級その他の社会的障壁や社会的境界に対して感染症は無関心だと言われる。そのようなことわざの多くにあるように、ここには一定の真実もある。一九世紀のコレラの流行では階級障壁が劇的に乗り越えられ、今日まで続く公衆衛生医療運動の誕生をもたらしたほどであった（ただし、この運動は専門家の手によるものになった）。この運動が守ろうとしたのが万人なのか、あるいは上層階級だけなのかは、必ずしも定かではない。しかし今日、階級的、社会的影響やその結果はそれぞれ異なるものとなっており、このことがまた別の筋書きを教えてくれる。経済的、社会的影響は、いたる所であからさまな「慣習的」差別を通して引き起こされる。第一に、増加する患者を介護するはずの労働要員は、世界中のほぼどこにあっても通常、ジェンダー的、人種的、民族的に極度な偏りを示している。たとえば空港その他の物流部門を見てみると、階級にもとづく労働力の現状が示されている。

こうした「新しい労働者階級」が最前線に位置している。この階級は、その仕事柄、ウイルスに感染する恐れがきわめて高い労働要員となるか、あるいはウイルスによって余儀なくされた経済縮小のせいで何の資産もないままに一時解雇されるか、そのいずれかの矢面に立たされている。たとえば在宅仕事ができるのは誰か、そしてできないのは誰かという問題がある。これは社会的分断を際立たせる。接触や感染があった際に、補償があろうがなかろうが、自己隔離したり待機したりする余裕があるのは誰なのかといった問題も同じだ。ニカラグア（一九七二年）やメキシコシティ（一九八五年）での〔巨大規模《クラス》の〕地震を「階級《クラス》型震災」と呼ぶことをかつて私は学んだが、これとまさに同じように新型コロナウイルス感染症の進展は、階級的、ジェンダー差別的、人種差別的感染症流行《パンデミック》の特徴のすべてを示している。「頑張ろう」といった美辞麗句には、ご都合主義的に懐柔策が潜まれているが、その実態――とくに中央政府の側――には、もっと悪意ある動機が暗示されている。アメリカの現在の労働者階級（主にアフリカ系アメリカ人、ラテンアメリカ系住民、および賃金雇用関係にある女性からなるそれ）は醜悪な選択肢に直面している。供給機能の要所（食料品店など）の継続や介護の名目のもとに感染を被るか、あるいは何の福利厚生（たとえば適切な医療給付）もないままに失業するか、このいずれかだ。私のような有給職員《サラリーマン》は在宅で勤務し、以前と同じ給与を得ているが、その一方で最高経営責任者たちは自家用ジェット機やヘリコプターで飛びまわっている。

ほぼ世界中の労働力が長い年月をかけて社会に適応させられ、善良なる新自由主義的主体としておとなしくふるまってきた（つまり万一の時には自分自身を責めるか神のせいだとするが、資本主義が問題だとは思いもよらない）。しかし善良なる新自由主義的主体ですら、この感染症流行《パンデミック》への対応はどこかおかしいと気づく可能性がある。

新型コロナウイルス危機と反資本主義運動

大きな問題は「この事態がどのくらい続くのか」である。それは一年以上になる可能性もあるし、長くなればなるほど労働力などの価値喪失も大きい。大規模な国家介入がなければ、失業率は一九三〇年代に匹敵するレベルにまで上がるのはほぼ間違いない。だが国家介入を行なうとなると、新自由主義的気質に逆らわなければならなくなる。社会的日常生活に対しても経済に対しても予期せざる直接的影響が起きている。しかし、そのすべてが悪いわけでもない。現代型消費様式は過剰となるにつれて、マルクスの描写で言う「過剰消費、狂乱消費」に近づいたのであり、「これは奇矯・奇怪なものになり果てることで」体制全体の「没落を示◆」していた。この無謀な過剰消費は環境劣化に大きな役割を果たしてきた。航空便の運航中止、徹底した輸送・移動抑制は、温室効果ガス排出に関しては肯定的結果をもたらしている。武漢の大気環境は大幅に改善されたし、アメリカの多くの都市でも同じことが起きている。エコツーリズム向け観光地は、ヒトの足による踏みつけから回復する時間を得られるであろう。ヴェネツィアの運河には白鳥が戻ってきた。見境のない無意味な過剰消費嗜好が抑え込まれるにつれて、長期的にはいくつかの恩恵ももたらされうる。エベレスト〔登山〕での死者が少ないのは良いことかもしれない。そして誰も声高には言わないが、ウイルスの人口学的な〔致死率〕バイアスは結果として人口ピラミッドに作用し、「介護産業」の未来や社会保障負担に長期的影響をもたらすかもしれない。日常生活はゆっくりとしたものとなり、これは一部の人々には歓迎されるであろう。緊急事態が相当長引くなら、社会的距離の推奨ルールは文化的変化につながるかもしれない。ほぼ確実に利益を得る体験型消費様式が唯一あるとすれば、それは私の言う「ネットフリックス」型経済である。これは、とにかく「イッキ見型視聴者」の要求には応えている。

経済面での対応には条件が課せられているが、この条件は二〇〇七～〇八年の崩壊からの脱出方法に示されている。この際には銀行救済措置とともに超金融緩和政策がとられたが、さらにそれを補完するかたちで、中国でのインフラ投資の大規模拡張が生産的消費を激増させた。中国の政策の方は、〔今回は〕必要とする規模では再現できない。二〇〇八年に〔アメリカで〕まとめられた包括的救済策は銀行業界に重点的に取り組むものであったが、ゼネラルモーターズの事実上の国有化も必然的にともなっていた。〔二〇二〇年三月時点で報じられたことだが、〕市場需要の崩壊と労働者の不満とに直面して、デトロイトの三大自動車会社が少なくとも一時的に閉鎖しようとしていることは、ことによると重大事態であるかもしれない。もし中国が二〇〇七～〇八年の役割を繰り返すことができないとするなら、現下の経済危機による負担は、今やアメリカに移行するのだが、ここに究極の皮肉がある。つまり経済的にも政治的にも有効でありうる政策は、バーニー・サンダースの提案以上にはるかに社会主義的であり、しかもこれらの救済計画がドナルド・トランプの庇護のもとで——おそらく「アメリカを再び偉大な国に」（Make America

---

◆「過剰消費……没落を示」　カール・マルクス「経済学批判要綱」（原著一八五七～五八年）、『マルクス資本論草稿集　一八五七—五八年の経済学草稿』第二巻、大月書店、一九九三年、五九頁。

Great Again）との仮面のもとで――着手されなければならないということだ。二〇〇八年の救済策に感情的に反発した共和党支持者は、こぞって屈辱を味わうか、ドナルド・トランプに反抗せざるをえなくなるかであろう。後者の場合、緊急事態を根拠に選挙が中止され、帝王的大統領制の創設が宣言されることで、暴動と革命から世界と資本とが救われる可能性もある。実行しうる唯一の政策が社会主義的であるとするなら、支配的寡頭制はこの政策を、民衆のための社会主義ではなく、国民社会主義《ナチズム》に変えようと間違いなく行動を起こす。反資本主義運動の任務はこの事態を阻むことにある。

［参考文献］

・Karl Marx, *Grundrisse: Foundations of the Critique of Political Economy* (London: Penguin Classics, 1993 [1857-58])［カール・マルクス「経済学批判要綱」（『マルクス資本論草稿集　一八五七―五八年の経済学草稿』第一～二巻、大月書店、一九八一～九三年）］。

◆**バーニー・サンダース**　アメリカの政治家、一九四一年～。「民主社会主義者」を自認し、バーリントン市長・連邦議会下院議員を経て、無所属でありながら連邦議会上院議員に当選（二〇〇七年～）。二〇一六年と二〇二〇年、アメリカ大統領民主党候補の予備選挙に出馬。時給一五ドルへの最低賃金引き上げ、公立大学の授業料無償化、国民皆保険制度などを主張した。いずれも次点で落選したが、大衆的人気は根強いものがある。

◆**アメリカを再び偉大な国に**　ドナルド・トランプの二〇一六年と二〇二〇年の大統領選挙スローガン。

［第18章］集団的窮地に対する集団的対応

・知識形態としての科学技術の動員は、資本主義内部の生産過程に組み込まれた労働のあり方にどのような影響を与えるのか？
・労働者の自己解放についてマルクスは何を主張しているのか？
・代替的《オルタナティブ》な社会主義社会を構想する好機として、現在の危機を活動家はどう捉えればよいのか？

新型コロナウイルスが蔓延するニューヨークから……

私はこの章をコロナ危機まっただなかのニューヨーク市で書いている。進行中の事態に対してどう対応すればよいのか、それを正確に知ることが難しい時期にある。普通、この種の状況であれば、われわれ反資本主義者は街頭に出てデモ行進と扇動活動を行なうであろう。だが集団的活動が求められるまさにその瞬間に、何もできずに個人的隔離状態にあるというのは、私としてはもどかしい状況だ。しかしマルクスの有名な言葉にあるように、人間は自分の選んだ事情のもとで歴史をつくることはできない。だから、われわれは直面した機会を最大限利用するにはどうすればよいかを考えなければならない。

私自身の境遇は比較的恵まれている。私は自宅からではあるが、仕事を継続できている。失業していないし、給料も支払われている。私はウイルスから逃れてさえいればよい。年齢とジェンダーから私は重症化しやすい部類に該当し、対人接触は推奨されていない。そのため私にはＺｏｏｍ［インターネットを介してコンピュータやスマートフォンを利用したビデオ会議システム］での会合のあいまに思案したり執筆したりする時間がたっぷりとある。だが、ここニューヨークの状況の特殊性をくどくどと書くよりも、可能な代替案《オルタナティブ》についての考えを示し、反資本主義者がこの種の状況についてどう考えるかを問うてみる方がよいと考えた。

労働者の自己解放と新しい社会の諸要素

まず一八七一年のパリ・コミューンという、失敗に終わった革命運動の実相についてのマルクスの論評を取り上げるところからはじめよう。マルクスはこう書いている。

> 労働者階級はコミューンに奇跡を期待しなかった。彼らは、人民の命令によって実施すべき、できあいのユートピアを何ももっていない。自分自身の解放をなしとげ、それとともに、現在の社会がそれ自身の経済的作用因によって抗しがたくめざしている、あのより高度な形態をつくりだすためには、労働者階級は長期の闘争を経過し、環境と人間とをつくりかえる一連の歴史的過程を経過しなければならない。このことを、労働者階級自身が自覚している。彼らは実現すべき理想を何ももっていない。彼らのなすべきことは、崩壊しつつある古いブルジョア社会そのものにはらまれている新しい社会の諸要素を解き放つことである。◆

このくだりについて、いくつか私見を述べさせていただきたい。まず言うまでもないが、社会主義者のユートピア思想に対してマルクスはいくぶん対立的であった。こうした思想が、一八四〇年代、五〇年代、六〇年代のフランスには数多くあった。フーリエ◆、サン=シモン◆、カベー◆、ブランキ◆、プルードン◆などからなる伝統である。マルクスの感覚では、空想的《ユートピア》社会主義者は夢想家で、今ここにある労働諸条件を実際に変革しようとする実践的活動家ではなかった。今ここにある諸条件を変革するには、資本主義社会の特質そのものを正確に捉える必要があった。

だがマルクスにとってきわめて明白であったのは、革命的プロジェクトは労働者の自己解放に焦点を置かなくてはならないということである。この定式の「自己」という部分が重要だ。世界変革のためのいかなる決定的プロジェクトも、同時に自己変革が必須となるのである。したがって労働者も自分自身を変え

◆労働者階級は……解き放つことである　カール・マルクス「フランスにおける内乱」（原著一八七一年）、『マルクス=エンゲルス全集』第一七巻、大内兵衛・細川嘉六［監訳］、大月書店、一九六六年、三二〇頁。

◆フーリエ　フランソワ・マリー・シャルル・フーリエ、一七七二～一八三七年。フランスの初期社会主義者。社会的運動の「情念引力の理論」を提唱し、農業協同体「ファランジュ」を構想した。

◆サン=シモン　サン=シモン伯爵クロード・アンリ・ド・ルヴロワ、一七六〇～一八二五年。フランスの社会主義思想家。資本家を含む「産業者」が指導する社会体制を構想する一方、この産業社会に適応した人道主義「新キリスト教」を提唱した。

◆カベー　エティエンヌ・カベー、一七八八～一八五六年。フランスの社会主義者。理想的共産主義社会を構想した。一八四八年のフランス二月革命に参加したが敗北。その後、アメリカに渡り共産主義社会を建設しようとしたが失敗。

◆ブランキ　ルイ・オーギュスト・ブランキ、一八〇五～八一年。フランスの社会主義者・革命家。当時の革命運動のほぼすべてに関与し、のべ三三年にわたり収監。少人数の武装秘密結社による権力奪取を介した社会主義革命を主張。

◆プルードン　ピエール・ジョゼフ・プルードン、一八〇九～六五年。フランスの社会主義者。不平等の原因として私的所有を批判し、相互扶助社会、地方分権の連合体を構想。近代無政府主義（アナーキズム）の先駆者とも言われる。

なければならないであろう。これがパリ・コミューン当時、マルクスに強くあった思いだ。だが彼はまた、資本それ自体が実際に変革の可能性をつくりだし、長期の闘争の果てに、疎外された労働から労働者が解放されるような新しい社会の特徴を「解き放つ」ことが可能になるであろうとも記している。革命的任務とは、崩壊しつつある古いブルジョア的社会秩序の胎内にすでに存在しているこの新しい社会の諸要素を解き放つことなのだ。

われわれが生きているのは、崩壊しつつある一つの古いブルジョア社会であるという点については、とりあえず同意しておこう。この社会には、あらゆる醜悪な事柄（人種差別や外国人嫌悪など）も明らかにはらまれていて、これらが解き放たれるのを見たいとは私は毛頭思わない。しかしマルクスが言っているのは、このひどく崩壊しかけている古い社会秩序の内側にあるものすべてを解き放つということではない。彼が言っているのは、崩壊中のブルジョア社会のうち、労働者と労働者階級の解放に資する面を選別すべきである、ということだ。ここから提起される問題は、そのような可能性とは何であり、どこに由来するのか、である。この点についてマルクスは、パリ・コミューンに関する論説では説明していない。しかし彼の初期の理論的著作の多くは、まさに労働者階級にとって建設的可能性だと思われるものの解明に紙幅が割かれていた。彼がその解明に最大限、取り組んでいるのは「経済学批判要綱」〔以下「要綱」と略記〕と呼ばれる草稿である。これは一八五七～五八年の〔経済〕危機の年に書かれた、たいへん大部で複雑な未完の原稿だ。この著作のいくつかの文章は、パリ・コミューンを擁護する際にマルクスの念頭にあったであろう事柄をまさに浮き彫りにしている。「解き放つ」という考えは、ブルジョア的資本主義社会の内部で当時進行中の出来事を理解することと関係する。これこそマルクスが倦むことなく理解に努めたものであった。

資本主義における技術発展

「要綱」においてマルクスは技術変化の問題、資本主義に内在する技術発展の問題と長々と格闘している。彼の示すところによれば、資本主義社会は本質的に、イノベーションに、そして新たな技術的、組織的可能性の形成に重点を置くようになる。こうなるゆえんは、個人資本家としての私が他の資本家と競争関係にあり、その状況で私の技術が競争相手のそれよりも優れていれば、私の方が超過利潤を手にできるからである。このようにして個々の資本家は皆、競争相手以上の生産的技術を求めようとする。この理由ゆえに技術発展が資本主義社会の核心に埋め込まれている。マルクスはこの点を『共産党宣言』（一八四八年執筆）の頃から認識していた。これが一大推進力の一つとなることで、資本主義は永続的な革命的性格を帯びることになる。資本主義が既存の技術に満足することなど決してない。資本主義は、より進んだ技術をもつ人物、企業、社会に見返りを与えるのだから、資本主義は常に技術改善を追求する。最も洗練され活力ある技術を所持する国家、国民、あるいは大国勢力圏こそ先頭に立つ存在となる。したがって技術発展は資本主義のグローバル構造のなかに組み込まれている。資本主義の始まりの段階から今に至るまでそうなのだ。

マルクスのこの見地は啓発的であり、また興味深い。通常、技術革新の推移が想像される際には、誰かが何かをつくっているところとか、あるいは自分がつくっているモノについて技術改善を模索している様子とかが思い浮かべられるものだ。つまり技術発展は特定の工場、特定の生産システム、特定の状況に特有なものだと考えられる。しかし結局のところ、多くの技術は実際、ある生産領域から他の領域へと波及するものなのである。技術は包括的なものになる。たとえばコンピュータ技術は、利用したい人なら誰でも、どんな目的にも利用できる。自動化技術《オートメーション》は、じつにさまざまな人々にも、あらゆる産業にも活用できる。一八二〇年代、三〇年代、四〇年代と時代を経るにしたがい、イギリスでは新技術の発明は独立自営の商売にすでになっていたとマルクスは記している。つまり自分の雇用する労働者の生産性を向上させるような新技術に関心を寄せる人間は、織物業者など製造業者本人ではなくなっている。そのかわり新技術を考案しようとするのは起業家なのであり、しかもその技術はあちこちで使えるのである。マルクスの時代であれば、この一番の好例は蒸気機関であった。その活用範囲は、炭鉱排水作業から蒸気機関車製造と鉄道建設にまで及ぶ一方、織物工場の力織機の動力にも蒸気機関は使われた。したがって、もしイノベーションという商売に参入したければ、開始地点としては工学技術と工作機械産業が適していた。そして工作機械製造に特化したバーミンガム市周辺での経済活動全体が、新たな技術の生産だけでなく、新製品の産出をも指向したのである。すでにマルクスの時代までに技術革新は、独り立ちした独自の商売になっていた。

技術が商売となると、つまりイノベーションが、既存特定市場での新規の技術需要に応じて機能するよりもむしろ新たな市場そのものを創出するようになると、何が起こるのか――この点をマルクスは「要綱」で詳細に究明している。そういう場合、新たな技術は資本主義社会の発展の最先端となる。これは広範な影響を及ぼす。一つの明確な帰結としては、技術は停滞したり安定したりすることは決してなく、すぐに陳腐化していく。最新技術に追いつくことは緊張も多いし、多額の費用がかからないともかぎらない。陳腐化の加速は既存企業には破滅的事態ももたらしかねない。それにもかかわらず社会の全産業部門――電子産業、製薬産業、生物工学産業など――が、イノベーションのためのイノベーション創造に没頭する。想像力を捉えるようなイノベーション（たとえば携帯電話やタブレット端末）を創造できれば、あるいはきわめて応用可能性の広いイノベーション（たとえば半導体）を創造できれば、誰にでも勝ち抜ける見込みがある。したがって技術自体が商売になるというこの考えは、まさに資本主義社会の特質についてのマルクスの説明の核心をなしている。この点が資本主義を他の生産様式から区別する。イノベーション能力は人類史上どこにでも存在した。古代中国でも、また封建制のもとにおいてすら、技術は変化した。しかし資本主義的生産様式の特異な点は、技術が一つの商売となり、その汎用的製品が生産者にも消費者にも売り込まれるという単純な事実にある。これは資本主義にきわめて特有な事態だ。これが、資本主義社会を発展させる決定的原動力の一つとなる。これが、好むと好まざるとにかかわらず、われわれの生きる世界なのだ。

マルクスは続けて、この発展の非常に重要な必然的帰結を指摘する。技術が商売になるためには、新たな知識が一定の方法で動員されなければならない。これにともなって応用される独特な知識形態、独特な世界理解が科学技術である。生産現場での新技術の創造と一体になるかたちで、科学技術が知的学問分野として興隆する。マルクスの言及によれば、科学技術の応用と新たな知識の創造が、この技術革命のために必要となる。これがまた資本主義的生産様式の特質の別の一面を明らかにする。技術発展は、世界に関する新たな――ときに革命的な――精神的諸観念や新規の科学技術的知識の発展的創出とつながっている。科学技術の領域は、新たな知識と理解の産出・動員とかみあわされる。ひいてはこの発展を促進すべく、マサチューセッツ工科大学やカリフォルニア工科大学のようなまったく新たな機関が創設されたのである。

技術発展が労働（者）に及ぼす影響

マルクスはさらに続けて次のように問う。これは資本主義内部の生産過程に対して何をもたらすのか、また、この生産過程に組み込まれた労働（そして労働者）のあり方にいかなる影響を及ぼすのか？　資本主義以前の時代、たとえば一五世紀、一六世紀には一般的に労働者は生産手段（道具）を制御し、こうした道具の利用に熟練を積んだ。熟練労働者は、ある種の知識や理解の独占者となり、これは――マルクスの指摘によれば――一種の技巧《アート》と考えられるのが常であった。しかし工場制度が登場する時代になると、もはやこうはならないし、しかも現代世界に至ればなおさらだ。労働者の伝統的な熟練技能は余計なものだと宣告される。技術と科学がその地位を乗っ取り、技術と科学と新たな知識が機械のなかに組み込まれるからである。技巧《アート》は消滅する。そしてマルクスも「要綱」の驚くべきくだりで、新たな技術と知識がどのように機械に埋め込まれるのかを語っている（興味があるなら、英訳ペンギン文庫版「要綱」の六五〇～七一〇頁だ）。すなわち技術や知識はもはや労働者の頭のなかにはなく、労働者は脇に追いやられ、機械の付属物、機械の世話人になる。労働者のものであった知性と知識のすべて、資本と肩を並べるある種の独占力を労働者に授けていたあの知性と知識のすべてが消失する。かつて労働者の技能を必要とした資本家は、その制約から解放され、技能は機械のなかに具現される。科学技術によってつくりだされた知識は機械のなかに流れ込み、機械は資本主義的発展の「魂」となる。これがマルクスの描く状況だ。

こうして資本主義社会の発展は、果てしないイノベーションに決定的に依存するものとなる。果てしないイノベーションという商売を通じた科学技術の動員が、その発展の駆動力となる。マルクスはその当時にあって、この事態を明確に理解した。このことすべてを一八五八年に書いていたのだ！　しかし、われわれの現状となると、言うまでもないが、この問題は決定的で危機的なものとなっている。人工知能の問題はマルクスの議論の現代版である。今われわれが知るべきことは、科学技術によって人工知能の開発がどの程度まで進むのか、そして人工知能が生産過程にどの程度利用されてきており、将来的にはどの程度利用される可能性があるのか、である。この明らかな結果として、労働者は解雇されるであろうし、生産過程内で想像力や技能や専門知識を発揮する労働者の能力も事実上さらに奪いとられ、彼ら自身の価値喪失となるであろう。

この事態からマルクスは「要綱」で次のような論評を書くことになる。これはとても、とても興味をそそると思うので引用させていただきたい。

〈……〉生産過程の単純な労働過程から科学的な過程——この過程は自然の暴威を自分に役立つように従わせ、こうしてそれを人間の必要に役立つように作用させる——への転化が、固定資本の属性として、生きた労働に対立して現われる〈……〉。〈……〉こうして、労働の諸力はすべて資本の諸力に移し換えられる〈……〉。

今や科学的専門知識や知見は資本家の指揮命令下にある機械のなかにある。労働の生産力は固定資本に移転され、労働者の外部にある。労働者は脇に追いやられる。したがって生産と消費に関して言えば、固定資本が、われわれの集団的な知識と知性の担い手に転化する。

さらに続けてマルクスが注目するのは、崩壊しつつあるブルジョア的秩序が、労働者に資するかもしれないものを胚胎するとはどういうことか、という点である。それはこうだ。

〈資本は〉ここでは――まったく意図しないで――人間の労働を、力の支出を最小限に減少させる〈……〉。このことは、解放された労働の役に立つであろうし、また労働の解放の条件なのである。◆

言い換えれば、マルクスの見方によると、自動化《オートメーション》や人工知能といったものの登場は、労働の解放の条件と可能性とを創造する。パリ・コミューンのマルクスの論説から私が引用した文章では、労働者と労働の自己解放という問題が中心に置かれていた。その解放のための条件は利用されなければならない。しかし潜在的に解放に資するようなこの条件とはいったい何であろうか？　答えは簡単だ。この科学技術の全体が労働の社会的生産性を向上させつつある。あの機械の面倒を見る一人の労働者は、ごく短時間で膨大な

◆英訳ペンギン文庫版「要綱」の六五〇〜七一〇頁　カール・マルクス「経済学批判要綱」（原著一八五七〜五八年）、『マルクス資本論草稿集　一八五七―五八年の経済学草稿』第二巻、大月書店、一九九三年、四〇七〜四九九頁。

◆固定資本　比較的長期にわたって生産過程で何度も機能する生産資本。固定資本の価値は、一回の生産の度ごとに徐々に生産物に移転する。具体的には機械・工場・建築物・車両・船舶などをさす。

◆生産過程の……移し換えられる　前掲マルクス「経済学批判要綱」、『マルクス資本論草稿集』第二巻、四八二〜四八三頁。

◆ここでは……条件なのである　同前、四八四頁。

量の商品を生産することができる。ここで再び「要綱」のマルクスの文章から引こう。

> ところが大工業が発展するにつれて、現実的富の創造は、労働時間と充用された労働の力量とに依存することがますます少なくなり、むしろ労働時間のあいだに運動させられる諸作用因の力に依存するようになる。そして、これらの作用因――それらの強力な効果――それ自体がこれまた、それらの作用因の生産に要する直接的労働時間には比例せず、むしろ科学の一般的状態と技術の進歩とに、あるいはこの科学の生産への応用に依存している。〈……〉現実の富の姿は、むしろ、充用される労働時間とこれの生産物のあいだの途方もない不比例のなかに〈……〉はっきりと現われる――そしてこのことを暴露するのが大工業である。◆

そして見方を変えて、ここでマルクスは当時のリカード派社会主義者◆の一人〔チャールズ・ウェントワス・ディルク〕の著作を引用する。

> 一二時間のかわりに六時間の労働がなされるとき、一国民は真に豊かである。富とは剰余労働時間〈……〉への指揮権ではなく、すべての個人と全社会のための、直接的生産に使用される時間以外の、自由に処分できる時間である。◆

労働者を含め「諸個人の自由な発展◆」の可能性を資本主義がつくりだすのは、この理由からである。ところで、すでに述べたことだが、もう一度言っておこう。集団的活動が追求する究極目標は、個人の自由な発展である。このことこそマルクスが常に強調してやまなかった点だ。「マルクスにあっては集団的活動が目的であって、そのために個人主義が抑圧される」という広く流布された考えは誤解である。これではあべこべだ。マルクスが集団的活動を動員しようとしたのは、個人の自由を獲得するためなのである。

この考えについては少し後でまた取り上げよう。しかし、ここで決定的目標とされるのは、個人の自由な発展の可能性である。

　このすべての前提に「必要労働の全般的縮減」◆がある。必要労働とは、社会の日常生活を再生産するのに必要な労働量のことだ。労働生産性が上昇すると、社会の基本的必要をごく容易に満たすことができる。これによって自由に処分できる豊かな時間が、諸個人の芸術的、科学的発展の可能性を解き放つようになるであろう。さしあたり、これは少数の特権者のみがもてる時間であろうが、究極的には、自由に処分できる時間を万人が得るであろう。つまり高度な技術を利用して、基本的に必要なもの〔基本的必然性〕を満たせるからこそ、諸個人を解き放ち、その望むことをさせることが重要になる。マルクスの言うところ問題は次の点にある。

〈資本は〉それ自体が、運動する矛盾である。すなわち資本は、〔一方では〕労働時間を最小限に縮減しようと努めながら、他方では労働時間を富の唯一の尺度かつ源泉として措定する。◆

だからこそ必要労働時間はどうしても必要なものなのだが、資本は、この必要労働時間の形態での労働

◆ところが……大工業である　同前、四八九頁。

◆リカード派社会主義者　一九世紀初頭、リカードの経済学説に依拠して、全生産物が労働者に帰属すべきとする労働全収権を主張したイギリスの一群の思想家。マルクス以前にあって、資本と労働の不等価交換の制度化として資本主義を批判した。

◆一二時間のかわりに……自由に処分できる時間である　前掲マルクス「経済学批判要綱」、『マルクス資本論草稿集』第二巻、四九一頁。

◆諸個人の自由な発展　同前、四九〇頁。

◆必要労働の全般的縮減　同前、四九〇頁。

◆それ自体が……措定する　同前、四九〇頁。

時間を減少させ、過剰労働時間の形態での労働時間を増加させる。この過剰労働時間の形態こそ、マルクスの言う剰余価値である。この剰余を獲得するのは誰なのか——これが問題だ。マルクスが明確にした問題とは、剰余がないということではなく、労働者にとっての剰余がない、ということである。その傾向は「一方では、自由に処分できる時間を創造することである」が、他方では資本家階級の利益のために「それを剰余労働に転化することである」◆。自由に処分できる時間は労働者の解放にふりむけられるはずなのに、現実にはそうはならない。現実にはブルジョアジーの私腹を肥やすためにふりむけられ、したがってブルジョアジー内の伝統的手段による富の蓄積にふりむけられる。ここに中心的矛盾がある。〔じつは〕マルクスはこう言っている。

本当のところ、一国民の富というのは、どう理解したらよいのだろう？

そして彼は続ける。

なるほど、富というものは、誰かの意のままになっている貨幣その他もろもろの観点から理解できるよね。

しかしマルクスにしてみれば、やはり答えは〔先ほどの引用のとおり〕次のようになる。

一二時間のかわりに六時間の労働がなされるとき、一国民は真に豊かなのだ。富とは剰余労働時間への指揮権ではなく、すべての個人と全社会のための、直接的生産に使用される時間以外の、自由に処分できる時間なのだ。

つまり、ある社会の富を測る基準は、基本的必要が満たされているがゆえに、何の強制もなく、本当にしたいと思うことを誰もが実行できるような、自由に処分できる時間がどれくらいあるのか、となるであろう。そしてマルクスの主張によれば、そのような社会を確実に構築可能にするには集団的運動がなければならない。しかしこの妨げとなるのは、当然ながら、支配的階級関係という現実であり、資本主義的な階級権力の行使である。

集団的活動と個人の自由

これらすべてのことが、コロナウイルスの影響によるロックダウン◆と経済崩壊という現状のなかで興味深いかたちで反響している。われわれの多くが、個人としては自由に処分できる時間を手にしている状況にある。大多数が家に閉じこもっている。仕事にも行けないし、いつもやっていることもできない。この時間で何をするつもりなのか？　子供がいればもちろん、すべきことは結構ある。それでも自由に処分できる時間がかなりある状況にわれわれはたどり着いたのである。第二に、われわれが大量失業を経験していることは言うまでもない。今日〔二〇二〇年四月頃〕示された最新情報では、アメリカでは二六〇〇万人くらいの人々が職を失った。現在は、普段であれば破局的事態と言われるであろう。当たり前だが破局的と言われるのは、職を失うと、お金《かね》もなくなり、したがってスーパーマーケットに行って自分の労働力を再生産できなくなるからだ。多くの人々が医療保険を失い、また他の人々は失業給付を得るのに困難を覚えている。

◆**「一方では……転化することである」**　同前、四九四頁。

◆**ロックダウン**　緊急事態における行動制限措置。「都市封鎖」とも訳される。ニューヨーク州では二〇二〇年三月に新型コロナウイルス感染者が急増した。州政府は三月二二日に、州民サービスに必要不可欠な機能に従事する者以外の出勤停止および自宅待機の行政命令を発効し、ロックダウンを実施。この措置は六月八日より一部解除された。

家賃や住宅ローンの支払いが迫るにつれて、居住の権利は危機にさらされている。アメリカに住む多くの人々、おそらくアメリカの五割にもあたる世帯が銀行に、わずか四〇〇ドルの預貯金しか残していない。これでは、ちょっとした緊急事態への対応がせいぜいであり、現在のような本格的危機には言わずもがなだ。こうした人々は、自分と子供たちに確実に飢えが迫るなか街中を徘徊する可能性が高い。だが、この状況の深層に目を向けてみよう。

　増加する患者の介護を行ない、また日常生活の再生産のための必要最小限のサービスに従事しつづけている労働要員は通常、ジェンダー的、人種的、民族的に極度な偏りを示している。これが現代資本主義の最前線に位置する「新しい労働者階級」である。この階級は、その仕事柄、ウイルスに感染する恐れがきわめて高い労働要員となるか、ウイルスによって余儀なくされた経済縮小のせいで何の資産もないままに一時解雇されるか、そのいずれかの矢面に立たされている。アメリカの現在の労働者階級（主にアフリカ系アメリカ人、ラテンアメリカ系住民、および賃金雇用関係にある女性からなるそれ）は醜悪な選択肢に直面している。供給機能の要所（食料品店など）の維持や介護の名目のもとに感染を被るか、あるいは何の福利厚生（たとえば適切な医療給付）もないままに失業するか、このいずれかだ。この労働力は長い年月をかけて社会に適応させられ、善良なる新自由主義的主体としておとなしくふるまってきた（つまり万一の時には自分自身を責めるか神のせいだとするが、資本主義が問題だとは思いもよらない）。しかし善良なる新自由主義的主体ですら、この感染症流行《パンデミック》への対応はどこかおかしいと気づき、社会秩序の再生産維持のために自分たちが負わされる重荷は不釣り合いだと察する可能性がある。

　ウイルスへの対応という、きわめて深刻なこの危機を抜けだすために、われわれに求められているのは集団的活動である。ウイルスの拡散制御には集団的活動が求められる。ロックダウン、距離を保つ行動など、その種のありとあらゆることだ。この集団的活動が必要なのは、いかようにも好きなように生きる個人として、われわれが結果的に解放されるためなのである。今すぐ好きなことができるわけではない。

　この事態は結局のところ、資本そのものを理解させる格好の喩《たと》えだとわかる。資本がつくり上げようとするのは、われわれの大多数が自分の望むことを自由にできない社会である。というのも現実には、資本家階級の富を生産するのにわれわれは手一杯だからだ。

ひょっとするとマルクスならこう言うのかもしれない。この二六〇〇万人の失業者が、〔その失業状態にもかかわらず〕自活に足る貨幣を獲得できる術《すべ》を見つけ、生存に必要な商品を買い、住む家を借りることが現実にできるのであれば、疎外された労働からの大衆の解放を追求してもかまわないはずだ、と。言い換えれば、この危機から脱出したいというのは、以前たずさわっていたとんでもなく劣悪な仕事に二六〇〇万人の失業者を復職させるべきだと言いたいだけなのか？　危機からの脱出を欲するとは、そういうことなのか？　あるいは、われわれは次のように問うてもよいのではないか？　つまり基本的な財やサービスの生産を何かしら組織することによって、誰もが食べ物を手にし、誰もがまともな住居をもち、いかなる立ち退きにも猶予期間が設けられ、誰もが家賃もなく住めるようになるのではないか？　別言すれば、この瞬間においてこそもう一つの《オルタナティブ》社会の創造が実際、真剣に考えられるのではないか？　このウイルスに対処できるほど不屈で知的であれば、同時に資本と対決してもよいのではないか？　皆、仕事に復帰したいとか、この危機以前の元の状態にすべて戻したいとか言うのではなく、この危機を脱出するにあたって、まったく異なるかたちの社会秩序を創造しようと語るべきではなかろうか？　現在、崩壊しつつあるブルジョア社会に胚胎するもの——その驚嘆すべき科学技術や生産的能力——を選びとり、人工知能、技術変化、組織形態にともなうこうした諸側面を解放することで、既存のものとは根本的に異なる状況を現実に創造してみてはどうか？

煎じ詰めれば、この緊急事態のまっただなかにおいて、われわれはじつにさまざまな代替的《オルタナティブ》体制を実験している。貧しい人や被災地域や被災集団に対する基礎食品の無償提供であり、無料の医療処置であり、インターネットを通じた別種の通信交流環境などだ。実際、新たな社会主義社会の輪郭はすでに明らかになりつつあり、だからこそおそらく右翼や資本家階級も不安のあまり、以前の状態に人々を連れ戻そうとしている。

社会主義的想像力の好機

この瞬間は、代替案《オルタナティブ》がどのようなものかをとくと考える好機である。この瞬間において代替案《オルタナティブ》の可能性が現実に存在する。お決まりの行動だけとりながら「なんたること、この二六〇〇万の人々を今すぐ復職させねば」と嘆くのではなく、ことによると必要なものの共同供給の集団的組織化など、すでに進行中の試みのいくつかを広げようとすべきであろう。これはすでに医療分野で進行中であり、食料供給の社会化を通じて、さらには調理済み食品の社会化を通じてさえも見られはじめている。

ニューヨーク市では今、いくつかの飲食店システムが営業しつづけており、失業中であったり、移動できなかったり、付き合いもなかったりなど、窮地に陥っている多くの住民に対して、寄付によって無料で食事を提供している。つまり「まあそれは緊急時だから仕方ないよね」などと言うのではなく、今こそ、こうした飲食店すべてに向けて次のように言える瞬間だと告げようではないか。

いいでしょう、皆さんの使命は、誰もが少なくとも一日に一度や二度はきちんとした食事をとれるように、住民の皆さんに食べ物を提供することなのです。

そして、こうした社会の諸要素がここにすでに存在している。たとえば多くの学校は〔ロックダウン後、生徒だけでなく誰にでも〕給食などを提供している。だから、これを存続させていこう。あるいは少なくとも自分たちが心がければ可能になる事態があるのだから、これについて教訓を引きだしておこう。

今という瞬間は代替的《オルタナティブ》社会を築くために、この社会主義的想像力を駆使できる時ではないのか？　これはユートピアではない。よろしいか。ここで言われているのは、アッパー・ウエスト・サイド〔ニューヨーク市の高所得層住宅地区〕で閉店してしまって何もせず休業しているような、あのすべての飲食店のことだ。そう、そのとおり。〔そこで働く〕人々に戻ってもらおう。彼らに調理にとりかかってもらい、路上にいる人々に食をもたらし、各家庭にふるまい、高齢者に提供してもらおう。われわれ全員が個人として自由になるためには、こうした集団的活動が必要なのだ。いずれにしても目下失業中の二六〇〇万の人々が仕事に戻らなくてはならないのであれば、一日一二時間労働よりも六時間労働の方が良いし、こうなれば、めでたいことに世界の最富裕国に暮らす意味にも異なる定義がうちたてられる。ひょっとすると、これこそアメリカを真に偉大にする（make America truly great）ことなのかもしれない（〔ドナルド・トランプの選挙スローガン「アメリカを再び偉大な国に」にあった〕「再び」（Again）という単語は歴史の屑籠で朽ち果てさせてしまおう）。

これこそマルクスが何度も、何度も、何度も主張している点だ。つまりブルジョア的イデオロギーが説きつづけている偽物の個人主義とは対照的に、真の個人主義の根源、個人の自由と解放の真の根源とは、われわれの必要なものすべてが集団的活動によって対処され、しかもこの際、一日六時間働くだけで済み、残りの時間は自分がまさに好きなようにふるまえるという状況のことなのである。言い換えれば、この面白い瞬間において、代替《オルタナティブ》的な社会主義社会の構築可能性とそのための積極的活動とを本気で検討できるのではないか？　だが、このような解放の道を歩むためには、まずもって、われわれ自身も自らを解放しなければならない。自己を解放することで、新たな現実とともに新たな想像も可能だとわかるのである。

〔参考文献〕

・Karl Marx, *Grundrisse: Foundations of the Critique of Political Economy* (London: Penguin Classics, 1993 [1857-58])〔カール・マルクス「経済学批判要綱」（『マルクス資本論草稿集　一八五七—五八年の経済学草稿』第一～二巻、大月書店、一九八一～九三年）〕。
・Karl Marx, "Address of the General Council of the International Working Men's Association on the Civil War in France, 1871," in: Karl Marx and V. I. Lenin, *Civil War in France: The Paris Commune*

(New York: International Publishers, 1988 [1871]), 36-85［カール・マルクス「フランスにおける内乱」(『マルクス＝エンゲルス全集』第一七巻、大内兵衛・細川嘉六［監訳］、大月書店、一九六六年、二九三〜三四四頁／『マルクス・コレクションⅥ　フランスの内乱・ゴータ綱領批判・時局論（上）』、辰巳伸知ほか［訳］、筑摩書房、二〇〇五年、一〜六六頁)］。

本書について

デヴィッド・ハーヴェイ

本書のもととなったポッドキャスト番組の着想は、二〇一八年一一月のメディア・イニシアチブ「デモクラシー・アット・ワーク」での討論に端を発した。この着想を実現し、インターネット・オンライン上にポッドキャスト番組を配信するインフラを整えてくれたリック・ウォルフに感謝したい。またシリーズの制作管理を担ってくれたマリア・カルネモラ・マニア、録音と放送データ整形に疲れを知らず取り組んでくれたブライアン・イソームにも感謝したい。

その後、ジョーダン・キャンプとクリス・カルーソが、プルート・プレス社からこの放送番組を本のかたちで出版しようと提案した際には、私は少々驚かされた。その時点では良い考えとは思えず、完全には納得していなかった。だが相対すべき現今の政治状況を考えると、今では教育的意図からしても、本書出版の意義には確信を抱いている。いずれにせよ、ニューヨークで新たに設立されたピープルズ・フォーラムの各種事業を支援すべく、同フォーラムの助けも借りて、自分自身の教育活動上のいくつかの責務と自分の書斎とを公共空間へと変貌させたことは、私にとっては大いなる喜びとなった。「レッド・レター」叢書発刊の一助となることもうれしい。ポッドキャストを手がけた際には、一貫したプランを頭に描いていたわけではなかった。自分のあふれ出す考えを記録するのに、さまざまな進行中の出来事や、自分自身の興味関心、そして親しい仲間や友人の赴くところに委ねていた。結果はいささか混沌としたものに思われるかもしれないが、その一方で、キャンプとカルーソの明敏な編集作業と、叢書編者たちからの提案のおかげで、この企画は具体化した。

最後に、総体性というマルクス主義的見方を反資本主義的戦略の主潮へと引き入れるにあたって、クリス・カルーソから受けてきた多年にわたる支援のすべてに感謝する。

今日という時代は危機にあるが、新たな可能性を見いだす好機でもある。

著者および編者からの謝辞

著者、編者一同からは、この企画を支援してくれたピープルズ・フォーラムに謝意を表し、とりわけクラウディア・デラクルス、マノロ・デロスサントス、ラヤン・フューリハン、デヴィッド・チャン、ベレン・マルコ・クレスポ、ブライアント・ディアス、ファアン・ペラルタ、リタ・ヘンダーソン、その他多くの方々に感謝を申し上げる。著作権担当であるデヴィッド・シュールマンと一緒に仕事ができたことは喜びであった。われわれは「レッド・レター」叢書発刊にあたり、それを励まし支援してくれた彼と、プルート・プレス社の彼の同僚デヴィット・キャッスルとヴェルシュカ・セルバックにも感謝する。製作過程ではロバート・ウェッブが管理してくれた。本書の資料調査支援と録音記録の文字起こしについてはアヤ・オウェイスに、校閲についてはエレーン・ロスに、表紙デザインについてはメラニー・パトリックにそれぞれお礼申し上げる。クリスティーナ・ヘザートン、マニュ・カルカ、カニシュカ・グーネワルデナ、そして研究会の場で貴重な意見をいただくことで本書の出版につなげてくれたコロンビア大学社会的差異研究センターの人種差別的資本主義ワーキンググループにも心から感謝申し上げる。

ジョーダン・T・キャンプからは、ニューヨーク市立大学大学院の場所・文化・政治センターに感謝を申し上げたい。客員研究員として、同センターにおいて創意ある活発な知的共同体に関わることになり、本書の完成に至ることができた。ルース・ウィルソン・ギルモア、デヴィッド・ハーヴェイ、ピーター・ヒッチコック、ザイフェン・リュー、マリア・ルイーサ・メンドンサ、ルー・コルノム、メアリー・テイラー、そしてさらに多くの方々との対話は、この編集作業を豊かなものしてくれた。

クリス・カルーソからは、本書の企画遂行において示されたその寛大さ、世界各地の社会運動の取り組み支援、そしてこれまで一五年間にわたるオンライン上での政治教育における協同作業について、デヴィッド・ハーヴェイにお礼を申し上げたい。略奪された人々や貧困層から有機的知識人を育成するには、厳格な政治教育が必要である。このことの必要性を教えてくれた同志であり助言者でもあるウィリー・バプティスト、ロイ・シンガム、ジェネラル・ベイカー、マリアン・クレイマー、キャスリーン・サリバン、ロナルド・カサノバにも感謝する。妻のリズとわが子ソフィアとルークは希望と意欲とを与えてくれた。このことにも謝意を記したい。

［付録］
ロシアのウクライナ侵攻をどう見るか――暫定的な声明
（二〇二二年二月二五日）

［解題］

本稿は、ロシアのウクライナ侵攻の直後に、デヴィッド・ハーヴェイによってブログにアップされた暫定声明である。もともと私のFacebookアカウント（https://www.facebook.com/seiya.morita.758）に緊急翻訳して投稿したものだ。それから数カ月経ったが、本質的な点では今日も妥当するものだと思われる。この間、ロシアによる暴虐に対する怒りのあまり、ゼレンスキー政権のみならず、NATOやアメリカ帝国主義の行動をも擁護し始める左派が少なからず登場し、他方ではロシアの侵略をプーチン体制もろとも擁護する別の極端な主張も出てきている。どちらもナンセンスである。ハーヴェイがここで示した基本線はわれわれにとっての指針にもなるだろう。なお、今回、本書に収録するにあたって、表題をより分かりやすいものに変えておいた。（森田成也（大学非常勤講師））

ロシアのウクライナ侵攻による本格的な戦争の勃発は、世界秩序に対する重大な転換点をもたらすものだ。今回の事件は、本年の〔アメリカ地理学会〕年次総会（残念ながらZoomによるものだが）に集まった地理学者たちにとっては無視できないものであり、議論の基礎として、専門家ではないコメントをいくつか提示したい。

次のような神話がある。一九四五年以来世界は平和であり、アメリカのヘゲモニーのもとで構築された世界秩序は、互いに競争しあう資本主義国家の戦争志向を抑制する上で十分に機能してきたという神話だ。たしかに、二度の世界大戦を引き起こしたヨーロッパにおける国家間競争はほぼ封じられ、西ドイツと日本は一九四五年以降、平和的に資本主義世界システムに再統合された（それはソ連の共産主義の脅威と戦うためでもあった）。ヨーロッパでは国家間協力のための諸機関・諸制度が整備された（共同市場、ヨーロッパ連合、NATO、ユーロ、等々）。一方、一九四五年以降も、数多くの「熱い」戦争（内戦と国家間戦争）が遂行されてきた。朝鮮戦争とベトナム戦争に始まり、ユーゴスラビア内戦、NATOによるセルビア空爆、二つの対イラク戦争（うち一つは、イラクの大量破壊兵器保有に関する米国のあからさまな嘘によって正当化された）、イエメン、リビア、シリアでの戦争がそうである。

一九九一年まで、冷戦は世界秩序を機能させるうえでかなりの程度、持続的な支えを提供してきた。この冷戦は、アイゼンハワーがかつて「軍産複合体」と呼んだものを構成する米国企業にとって経済的利益になるよう大いに利用された。ソ連と共産主義に対する恐怖心（偽りの恐怖心と本物の恐怖心の両方）を醸成することは、この冷戦政治にとって基本的な手段の一つだった。その結果、軍用ハードウェアにおける技術的・組織的なイノベーションの波が次々と起こり、経済的にも大きな影響を及ぼした。そうした軍事技術の多くは、航空、インターネット、核技術など、広範囲にわたる民間利用をもたらし、こうして、終わりなき資本蓄積を支え、独占市場を通じて資本主義的権力の集中を昂進させることに大いに貢献した。

さらに、「軍事ケインズ主義」への依存は、一九七〇年以降、先進資本主義国の諸国民に新自由主義的緊縮政策が繰り返し実施されてきた過酷な時代における例外として好まれるようになった。レーガンは軍事ケインズ主義に頼りつつソ連に軍拡競争を仕掛けた。それは、ソ連の崩壊を招くことによって冷戦の終結に寄与したが、同時に両国の経済を大きく歪めることになった。レーガン以前の〔高成長だった〕アメリカの最高税率は七〇％を下回ることはなかったが、〔低成長の〕レーガン以降は40％を超えることはなかった（この事実は、高い税率が経済成長を阻害するという右派の主張を論駁するものだ）。一九四五年以降、アメリカ経済の軍事化が進むと、経済的不平等が拡大し、アメリカ国内だけでなく、他の地域でも（ロシアでさえ）支配的寡頭制が形成されるようになった。

ウクライナのような状況において西側の政策エリートたちが直面している困難は、紛争の根本的な原因を悪化させない形で当面する短期的問題に対処しなければならないことだ。たとえば、不安に駆られた人々はしばしば暴力的に反応するが、ナイフを持って向かってくる相手に対して、不安を和らげるために「まあ落ち着け」というような言葉でもって対峙することはできない。相手を武装解除しなければならないが、その際、できれば不安を増幅させないような方法をとる必要がある。目的とするべきなのは、より平和的で協調的で、かつ非軍事化された世界秩序の基礎を築くことであり、同時にこの侵略がもたらす恐怖や破壊、不必要な人命損失を速やかに抑え込むことだ。

ウクライナ紛争でわれわれが現在目にしていることは、多くの点で、かつて「現存する共産主義」とソヴィエト政権の力を解体させたプロセスの産物である。冷戦の終焉とともに、ロシア人は、資本主義のダイナミズムと自由市場経済の恩恵がトリクルダウンによって国中に広がるという、バラ色の未来を約束された。しかし、かつてボリス・カガリツキー〔ロシアの社会主義左派知識人〕による表現に従えば、その現実は次のようなものだった。冷戦が終わり、ロシア人はパリ行きのジェット機に乗っていると信じていたのに、飛行中に「ブルキナ・ファソ〔アフリカの国で貧困と内戦に苦しんでいる〕へようこそ」と言われたようなものだと。

一九四五年以降に日本や西ドイツで起こったことと違って、ロシアの人々や経済をグローバルシステムに有機的に組み込む試みはまるでなされなかった。IMFや西側の主要な経済学者（ジェフリー・サックスなど）からの助言は、新自由主義的な「ショック療法」を移行への特効薬として受け入れることであった。それが明らかにうまくいかなかったとき、西側エリートたちは、被害者の方を非難するという新自由主義のいつものゲームを展開した。つまり、ロシアの人々は自分たちの人的資本を適切に開発せず、個々人の起業家精神に対する多くの障壁を取り除かなかったのが悪いというのだ（したがって、寡頭制（オリガルヒ）が台頭したことも暗黙の裡《うち》にロシア人自身の責任にされた）。ロシア国内の結果は実に悲惨なものだった。GDPは崩壊し、ルーブルは役立たなくなり（お金はウォッカの瓶で計られた）、平均寿命は急降下し、女性の地位は下落し、社会福祉と政府機関は完全に崩壊し、オリガルヒの権力を中心にマフィア政治が台頭し、一九九八年には債務危機が頂点に達した。金持ちのテーブルからパンくずをねだり、IMFの独裁に服従するしか道はないように思われた。オリガルヒの繁栄を例外とすれば、経済的屈辱は全面的なものだった。さらにその上、ソヴィエト連邦は、民衆にあまり相談されることもなく、独立した諸共和国へと解体された。

　ロシアはわずか数年の間に、人口と経済の縮小、産業基盤の破壊を経験し、その規模たるや、過去四〇年間にアメリカの古い地域で経験した産業の空洞化よりも大きなものだった。ペンシルベニア州、オハイオ州、そして中西部における産業の空洞化の社会的、政治的、経済的影響は広範囲に及んでいる（合成麻薬であるオピオイドの蔓延から、白人至上主義やドナルド・トランプを支持する有害な政治的傾向の台頭に至るまで）。しかし、ロシアの政治的、文化的、経済的生活に対する「ショック療法」の影響は、それよりはるかにひどいものだった。西側は、欧米流の「歴史の終わり」なるものを吹聴してほくそ笑むこと以外、何もできなかった。

　さらにNATOの問題がある。もともと防衛的かつ協調的なものとして構想されたNATOは、共産主義の拡大を抑えることと、ヨーロッパにおける国家間競争が軍事的な方向に向かうのを防ぐことを目的に設置された主として好戦的な軍事機構だった。おおむねそれは、ヨーロッパでの国家間競争を緩和する協調的な組織的機関としては多少とも役立った（ただし、ギリシャとトルコはキプロスをめぐる対立を何ら解決していない）。実際には、ヨーロッパ連合（EU）の方がずっと役に立った。ソ連の崩壊とともに、NATOの主要な目的は消滅した。アメリカ国民が国防予算の大幅削減によって「平和の配当」を実現したことは、軍産複合体にとってリアルな脅威となった。その結果、ペレストロイカ初期のゴルバチョフとの口約束に反して、NATOのアグレッシブな利用（それは常にあったが）がクリントン時代に積極的に主張されるようになった。一九九九年の米国主導のNATOによるベオグラード爆撃は、その端的な例である（このとき中国大使館も爆撃に遭ったが、それが偶然なのか意図的なのかは不明だ）。

米国のセルビア爆撃をはじめ、小国家の主権を侵害する米国の介入は、プーチンの行動の先例として想起される。この間、NATOが（明確な軍事的脅威がないにもかかわらず）ロシア国境付近まで拡大したことは、米国内でも強く疑問視されており、ドナルド・トランプはNATOの存在意義をも攻撃している。最近『ニューヨーク・タイムズ』に寄稿した保守派の論客トム・フリードマンでさえ、NATOの東欧への拡大によるロシアへの攻撃的、挑発的なアプローチを通じて、最近の事件に対する米国が責任を負っていることを想起している。一九九〇年代、NATOはまるで敵を探している軍事同盟のように見えた。プーチンはさんざん挑発され、今日ついにそれに乗った。明らかに、ロシアを経済的に破壊された屈辱と、世界秩序におけるロシアの地位に対する西側の無礼な傲慢さに怒っている。

米国と西側の政治的エリートたちは、相手に屈辱を与えることが、外交問題においてしばしば長期的で破局的な影響をもたらす破滅的な手段であることを理解すべきだった。ベルサイユ条約においてドイツに与えた屈辱は、第二次世界大戦の火種となる重要な役割を果たした。政治的エリートは、一九四五年以降、マーシャル・プランによって西ドイツと日本に対する屈辱の繰り返しを回避したのに、冷戦終結後、ロシアに対して（積極的にも、あるいは不注意によっても）屈辱を与えるという破滅的愚行を繰り返した。ロシアは、一九九〇年代の新自由主義的解決策の妥当性についてレクチャーを受けるよりも、マーシャル・プランのようなものを必要としていたし、またそれに値した。同じく、欧米帝国主義による一世紀半にわたる中国への屈辱（これは日本による軍事占領と一九三〇年代の悪名高い「レイプ・オブ・ナンキン」という屈辱へと受け継がれた）は、現代の地政学的闘争において重要な役割を果たしている。その教訓は単純である。屈辱を与えることは危険だということだ。たとえ噛まれないまでも、恨まれることになる。

もちろん、以上のいずれもプーチンによる行動を正当化するものではない。それは、四〇年にわたる産業の空洞化と新自由主義的な労働者抑圧が、ドナルド・トランプの行動や立場を正当化しないのと同じである。しかし、それと同じく、ウクライナにおけるこうした行動は、グローバル軍国主義の諸機関（NATOなど）を再活性化させることを正当化するものではない。それはむしろ問題の発生に大きく寄与するものだった。一九四五年以降、ヨーロッパ内の国家間競争が非軍事化される必要があったように、今日、権力ブロック間の軍拡競争をやめさせて、協力と協調のための強力な制度に取って代える必要がある。資本主義企業間や権力ブロック間の競争の強制法則に従うことは、将来における災いの元でしかない。たとえ――残念ながら――大資本が依然として、それを将来における無限の資本蓄積を支える手段だとみなしているとしてもである。

このような時期にきわめて危険なのは、どちらかの側の小さな判断ミスが、核保有国間の大規模な衝突に簡単にエスカレートしてしまうことだ。核兵器は、これまで圧倒的だったアメリカの軍事力に対してロシアが自力で対抗できる分野である。一九九〇年代に米国のエリートたちは一極集中の世界に住んでいたのだが、その世界はすでに二極化された世界に取って代わられている。そして、それ以外の多くのことは流動的である。

二〇〇三年二月一五日、世界中の何百万人もの人々が、イラク戦争の脅威に対して抗議するために街頭に繰り出した。『ニューヨーク・タイムズ』紙でさえ、これは世界の世論の驚くべき表現であると認めた。しかし、残念至極なことに、この抗議は失敗に終わり、二〇年間にわたり世界中で無駄で破壊的な戦争が繰り返されることになった。ウクライナの人々が戦争を望んでいないこと、ロシアの人々も戦争を望んでいないこと、ヨーロッパの人々も戦争を望んでいないこと、そしてまた北米の人々も新たな戦争を望んでいないこと、このことは明らかである。平和を求める民衆の運動に新たに火をつけ、再活性化させる必要がある。世界中の人々が、競争、強制、激しい対立ではなく、平和、協力、協調に基づく新しい世界秩序の創造に参加する権利を主張する必要がある。

Remarks on Recent Events in the Ukraine: A Provisional Statement (David Harvey, February 25, 2022). http://davidharvey.org/2022/02/%EF%BF%BCremarks-on-recent-events-in-the-ukraine-a-provisional-statement/

〔日本語版解説〕

資本主義の克服に資する民衆教育をめざして

大屋定晴

はじめに

本書は、David Harvey, *The Anti-Capitalist Chronicles*, ed. Jordan T. Camp and Chris Caruso (London: Pluto Press, 2020) の全訳である。本書はもともと二〇一八年から始まったインターネット上でのポッドキャスト音声配信番組“David Harvey's Anti-Capitalist Chronicles”の放送原稿をもとに執筆され、ジョーダン・T・キャンプとクリス・カルーソの編集によって一冊の本となった。なお同番組は、二〇二一年二月から第四期が始まり、現在（二〇二三年三月）、隔週で配信中である。

著書であるデヴィッド・ハーヴェイ（一九三五年〜）は地理学研究から出発した後、マルクス主義へと転換し、カール・マルクスの著書『資本論』についての研究やマルクス主義地理学の業績で知られる。近年では『資本論』体系の解説書を複数著すとともに、ポストモダニズム、現代帝国主義、そして「新自由主義」の世界的展開などを論じてきた。本書出版以降もその活動は衰えず、二〇二二年二月から四月にかけては新たなオンライン講座“The ABC of Contemporary Capital”（「現代資本論入門」）が開講され[◆1]、また「経済学批判要綱」（『資本論』体系へと至る理論構想を最初に展開したマルクスの未完の草稿）を解説する新著も二〇二三年二月に刊行された[◆2]。
八五歳を迎えたハーヴェイが出版した本書は「マルクス主義というレンズを通して現代資本主義を考察する」(二四頁)[◆3]と同時に、ハーヴェイ自身の「より広範な著述活動全体に対する手頃な新規入門書」にもなっている(二六頁)。加えて二〇〇五年に出版され(邦訳は二〇〇七年刊)、日本でも話題となった旧著『新自由主義』の改訂「最新版」という意義もある(一二頁)。

原書出版の二〇二〇年一〇月は、新型コロナウイルス感染症(以下、COVID-19)の流行のまっただなか、しかもドナルド・トランプが再選に失敗したアメリカ大統領選挙の一ヵ月前であった。この困難かつ決定的な時期にあって本書は、COVID-19流行前後の同時代史を診断し、そこに胚胎する社会主義的代替案《オルタナティブ》の諸要素を特定することで、アメリカ反資本主義運動の展望を描きだそうとする。

むろん、本書の議論はアメリカだけに限られるものではない。ハーヴェイは、中国をはじめとする資本主義の世界地理全体をその視野に入れようと試みる。そのこともあって本書の日本語版には「付録」として、彼の二〇二二年の論説「ロシアのウクライナ侵攻をどう見るか——暫定的な声明」[◆4]も収録した。同年二月二四日、ロシアは隣国ウクライナに侵攻した。この小論は、その直後に発表されたハーヴェイの所見である。

まずは本書の内容を整理しよう。ハーヴェイが述べるのは、第一に資本主義体制の問題点、第二に資本主義体制の新自由主義国家化(あるいは新自由主義的形態)の現局面、そして第三に社会主義的代替案《オルタナティブ》への移行の可能性についてである。

1……資本主義体制の問題点

ハーヴェイによれば「資本主義の新自由主義的形態には深刻な問題があり、その是正は必要」である。だが「新自由主義が決定的問題」なのではない。「問題は資本主義なのであり、その特殊な新自由主義的モデルではない」のである（三五頁）。そうであるとすれば、まず「資本主義」そのものの問題とは何か。本書は、これについて次の三点を指摘する。

第一の問題は、環境危機である。この点は近年さまざまな論者によっても指摘されている。[5] 本書でハーヴェイは、自らの従来の見解を変えるほどまでに、この問題に対する危機感を強めていると言う。つまり気候変動は、二酸化炭素排出率の国際規制などという対応では間に合わなくなっている。二〇〇八年の世界金融危機以降、資本主義体制の存続は、中国などの新興市場国の経済拡大に依存してきた。結果、大気中の二酸化炭素総量はすでに危険なまでに増大している。それゆえ二酸化炭素回収・貯留技術や農業技術などの抜本的革新とともに、環境危機の背後にある永続的資本蓄積の転換が必須となる（第13章）。

第二の問題は、資本蓄積に付随する多様な「略奪」活動である。これこそ今日の社会的不平等の内実にほかならない。一部のマルクス主義の議論では、こうした略奪は、賃金労働者階級の搾取、あるいは生産過程における剰余価値の生産・略奪として還元的に捉えられるのかもしれない。しかしハーヴェイは、資本の略奪の多面性を強調する。

そもそも剰余価値生産でさえも、マニュファクチュアから大工業へと単線的に移行するものではない。

◆1　David Harvey, "The ABC of Contemporary Capital," February 1 - April 27, 2022, http://davidharvey.org/2022/01/new-course-the-abc-of-contemporary-capital/ (accessed April 21, 2022).

◆2　David Harvey, *A Companion to Marx's Grundrisse* (London: Verso, 2023).

◆3　以下、本文の参照については、（　）内に、本訳書の頁数を漢数字で表わし、章番号については算用数字で記した。原書の頁などは省いた。

◆4　David Harvey, "Remarks on Recent Events in the Ukraine: A Provisional Statement," February 25, 2022, http://davidharvey.org/2022/02/%ef%bf%bcremarks-on-recent-events-in-the-ukraine-a-provisional-statement/#more-3598 (accessed April 21, 2022).

◆5　日本のマルクス学派でいえば次の文献がその一例である。斎藤幸平『人新世の「資本論」』集英社新書、二〇二〇年。

搾取に適合的な労働様式は、資本が展開する社会環境に応じて、その都度選択しなおされる。いわゆる途上国での労働集約型産業に見られる現代版マニュファクチュアは、労働者搾取における資本の柔軟性《フレキシビリティ》を示している（第8章）。他方で、生産された商品は、販売・消費されて初めて、増えた貨幣となる。したがって都市空間などでの人々の生活・消費様式もまた資本蓄積に適合させられる。資本は略奪採取様式《エクストラクティビズム》を促進するばかりか、消費活動での人々の自律性をも略奪する（第9章）。

しかし資本主義的蓄積様式の前提として賃金労働者階級と商品市場とがなくてはならないのだとすると、蓄積の進展は、この二つの前提条件の拡大を含意する。ここから資本主義体制は、非資本主義的社会領域の略奪をも並行させる。マルクスの言う本源的蓄積（賃金労働力の暴力的形成）、あるいはローザ・ルクセンブルク型の本源的蓄積（資本主義的市場の強制的創出）が、われわれの現実につきまとう（第10章）。

しかも今日の資本主義は、生産や消費とまったく無縁な蓄積活動さえも発達させた。これが「略奪による蓄積」である。たとえば資本集中、都市の高級化《ジェントリフィケーション》、土地争奪、年金負担義務の放棄、企業・富裕層に対する優遇税制、そして債務奴隷状態の強制である。これらは、分配されたはずの既存の価値を再度、略奪することで、巨大な資本を少数者の手に集約させる（第11章）。

そして、これらの多面的な略奪の最前線に置かれているのが、人種的、民族的、ジェンダー的差別構造とも関連する現代の「新しい労働者階級」である。一九七〇年代以来、脱工業化（産業の空洞化）が進展させられた地理空間（たとえばアメリカ）においては、この「階級」は、サービス産業や物流産業での不安定雇用労働者層の姿をとる（第12章）。

さて資本主義の第三の問題は、地政学的対立関係を促すその危険性にある。この論理の解明こそ、さまざまな著作で展開されたハーヴェイ独自の貢献だと思われるが、これを本書は簡潔に提示する（第7章）。資本の異なる形態には「さまざまな地理的可動性」が付随する。貨幣資本、商品資本、生産資本の順に、その可動性は減衰する。とくに生産資本（そして消費元本）は、都市空間を構成する建造環境として、一定領土内に固定されうる。ここから一部の資本は、人間集団の領土的社会組織の一種であった国家と融合する。この認識を前提にしてハーヴェイは、ジョヴァンニ・アリギの区分[6]に着想を得つつ、資本主義に内在する二重の権力の論理――権力の領土的論理と権力の資本主義的論理――を指摘する。そこに資本の傾向的な過剰蓄積危機も関連する。過剰蓄積を一時的に解消させる「空間的回避」は、一定地域に存在する余剰資本を別の地域へと移転させ、余剰商品向けの販売市場や固定的生産資本の集積地を新たにつくりだす。ただしこれは、擬制資本と信用制度とを介して債務の累積を生む一方、新たな資本蓄積中心地も形成する。こうして空間的回避は、新たな過剰蓄積と経済危機の火種へと再転化する。しかも経済危機と並行する蓄積中心地の地理的転換は、その地を統治する領土的組織（都市・地域自治体・国家）にも影響を及ぼさずにはいられない。ついには一部資本と国家との融合関係があるがゆえに、ある一国での資本の空間的回避は地政学的覇権闘争に転換する。これが資本主義の地政学である。

　この理解からすれば、利潤率均等化による資本集約型産業への移行競争もまた、資本蓄積を自国領土に確保しようとする地政学的闘争の一部をなす（第14章）。資本主義の地政学と切り離しては、二〇〇七～〇八年以降の中国の経済拡張も把握されえない（第6章）。

　以上が、本書で述べられる資本主義一般の三つの問題である。そして剰余価値の搾取――さらには価値の略奪――の量的増加と複利的増大（成長！）とを二面的に並行させようとする資本蓄積は、これらの問題のいずれをも悪化させる（四〇～四三、七四～八〇、一五九、一六五～一七〇、一八〇～一八三、二二五、二二七頁）。

◆6　ただしアリギは、領土的論理と資本主義的論理を国家政策の論理の違いと考えている。さらにアリギは、市場過程と資本主義的論理とを区別するのに対して、ハーヴェイは、市場過程と資本主義的論理とを一体視している。それゆえハーヴェイとアリギとでは、二重の論理の定義が厳密には異なっている。次を参照。Giovanni Arrighi, *Adam Smith in Beijing: Lineages of the Twenty-First Century* (London and New York: Verso, 2007), 212, Note 2（ジョヴァンニ・アリギ『北京のアダム・スミス――21世紀の諸系譜』中山智香子監訳、作品社、二〇一一年、二九九頁、原注2）。

2……新自由主義的資本主義の現局面

本書の第二の特色は、資本主義体制の新自由主義的形態——しかもその現局面——についての分析である[7]。

ハーヴェイによれば、新自由主義とは、まずもって資本主義的階級権力の回復・強化のための一つの政治的「階級プロジェクト」[8]である（四九頁）。本書には、一九九〇年代から二〇一〇年代にかけての——アメリカを中心とした——その展開が描かれている。

ハーヴェイの旧著『新自由主義』では、アメリカについては、一九八〇年代のロナルド・レーガン率いる共和党政権で確立するまでの新自由主義化の同意調達過程が論じられた[9]。これに対して本書が描写するのは一九九〇年代のアメリカ——共和党政権を下野させたビル・クリントン大統領のもとでの新自由主義の継承——である。クリントン民主党政権はアメリカ労働者階級への攻撃を事実上、続行した。福祉制度改革や北米自由貿易協定はその証左である。こうしてアメリカ型新自由主義国家は自己責任論を流布させつつ、住宅ローンなどの世帯債務を膨張させた。この帰結が、二〇〇七～〇八年の金融危機なのである（第1章）。

この新自由主義国家の諸政策は、第一に有効需要の縮小と労働者世帯での債務の増大、第二に国家介入を要する現実と反国家主義的イデオロギーとの乖離という二つの矛盾をもたらす（第2章）。第一の矛盾は二〇二〇年までには、新自由主義国家内部の権力の金融化に帰結した。有効需要の縮小を反転させる一解決策として、中央銀行の量的緩和政策に過度に依存したことは、投資運用を生産から乖離させる一方、債務奴隷状態をも蔓延させた（第3章）。第二の矛盾は、新自由主義国家のイデオロギー的脆弱性を意味している。それゆえ新自由主義国家の正当化には、民衆の同意を調達できる別種のイデオロギーが必要となる。だからこそ『新自由主義』ではアメリカでの新自由主義者と新保守主義者との同盟関係が示唆され

[10]だが、これが二〇一〇年代になると、極右ポピュリズム運動、あるいはネオ・ファシストと新自由主義者との同盟へと発展・拡大した。「ウォール・ストリートの党」の二大分派のうち、共和党寄りの新自由主義的資本家階級は、アメリカ社会に根深く残る白人優位主義、男性優位主義、そしてキリスト教原理主義といった「常識」を取り込むことで、そのイデオロギー的正当性を再建しようとした。こうして、さまざまな極右政権が世界各地で権力を握る。ブラジル・ボルソナロ政権、そしてアメリカ・トランプ政権の誕

◆7　ちなみに本書においてハーヴェイは、中国を、新自由主義化の度合いが小さい資本主義国家と示唆している（二七八頁）。つまり新自由主義的モデルを具体的にどのように採用するかは、各国の権力の領土的論理と資本主義的論理のあり方によって左右され、さらにはその地域での階級闘争、あるいは政治的、社会的、文化的諸要因などによっても変わる。

◆8　「階級プロジェクト」というハーヴェイの「新自由主義」理解は、日本では今も看過される。たとえば木村貴は、新自由主義を「小さな政府」論に還元して理解したうえで、ハーヴェイの『新自由主義』での議論を「苦しい説明」だと一蹴しつつ、ハーヴェイの立場は本来「大きな政府」路線なのに、自分の「政治的な敵」が「大きな政府」路線をとると、これを「新自由主義」として攻撃するものだと結論づける。木村貴「学校で教えない経済学「新自由主義」という謎の言葉～「小さな政府」という意味ではないの？～」、日経ＢｉｚＧａｔｅ、二〇一九年三月六日、https://bizgate.nikkei.co.jp/article/DGXMZO4170568025022019000000/（二〇二二年四月二一日、閲覧）。この説明に欠けているのは「階級プロジェクト」という規定である。大企業や金融業者や財界（経団連など）に代表される資本家「階級」という観点は——故意なのか無意識なのか——単なる「政治的な敵」という言葉にすりかえられて忘却される。しかし資本家「階級」は自らの利益のためであれば、時代と場所に応じて「小さな政府」路線（社会保障費の削減など）も「大きな政府」路線（防衛費の増大など）も柔軟に採用する。これがハーヴェイの議論のポイントである。「階級」という社会科学的に「明確な言葉を使うこと」を「欠」いた「新自由主義」理解では、日本の一部マスメディアにおいて「経済問題の本質について考えること」も「おぼつかない」のは言うまでもない。

◆9　David Harvey, *A Brief History of Neoliberalism*(Oxford: Oxford University Press, 2005), 43-55（デヴィッド・ハーヴェイ『新自由主義——その歴史的展開と現在』渡辺治監訳、作品社、二〇〇七年、六五～七九頁）。

◆10　Ibid., 81-86（同前、一一五～一二一頁）。

生もまたこの歴史の一コマである（第4章）。

新自由主義国家での金融権力の台頭と、権威主義的、ネオ・ファシズム的政治運動による正当化――これが陰鬱なる現状の脅威である。二〇二一年のアメリカ合衆国議会議事堂襲撃事件の後、その「暴力」を扇動したとしてトランプのツイッター・アカウントは永久凍結された。ところがこの措置をとったツイッター社は二〇二二年四月、「言論の自由」を掲げるテスラ社の大富豪イーロン・マスクによって買収されると、同年一一月二〇日、トランプのアカウントは復活された。マスクによるツイッター社買収の成否はともかくとして、この種の金融権力の行使は公然のものとなっている。その一方で冷戦崩壊後、資本主義体制へと転換したロシアのプーチン政権は、ロシア正教会をはじめとする土着の宗教勢力の支持を確保しつつ、同じ年の二月に「非ナチス化」を口実としてウクライナに侵攻した。これらは、本書で語られる事態が今も続いていることを暗示していないだろうか。

そこに訪れるのが、二〇二〇年から本格化したCOVID-19の世界的大流行《パンデミック》である。「四〇年にわたる新自由主義」によって人々は「公衆衛生危機」に無防備にもさらされることになった。一方では観光業など代償的消費様式にもとづく資本蓄積の最先端モデルは各地で打撃を被り、他方では「新しい労働者階級」は「エッセンシャル・ワーカー」として感染危機の最前線に配置される（第17章）。トランプの再選失敗によって「国民社会主義《ナチズム》」のアメリカでの導入は当面回避されたが、人々の疎外感がどこに向かうかは依然として不透明なままだ。

3……「民衆のための社会主義」への「きわどい道筋」

さて本書に対してはいくつかの書評が発表されている。そこには大きく二つの批判が見られる。第一に、利潤率の傾向的低下論を擁護する側からの批判であり、第二に、ハーヴェイの「改良主義」に対する非難である。

第一の批判によれば、二酸化炭素排出問題などに際して指摘された「率」だけでなく「量」も注視しなければならないという命題は、利潤率の傾向的低下論に対するハーヴェイの批判を含意するとされる。実際、本書でハーヴェイは、恐慌形成に関する「利潤率の傾向的低下」法則を「二面的な法則」と解し、利潤率だけでなく利潤総量にも着目すべきだとしている（一六七～一七〇頁）。この点が、利潤率の傾向的低下法則の過小評価を意味すると言われる。[11] たしかにハーヴェイの主張は、利潤率の傾向的低下を直接的に恐慌形成と結びつけようとはしないものなのだが、本書にはこれ以上の議論は展開されていない。[12]

しかし本書に関して言えば、より重要なのは第二の批判である。それは本書の第三の特色、すなわち「既存の社会に潜むものを明らかにし、社会主義的代替案《オルタナティブ》への平和的移行を見つけだす」という「課題」

◆11　James Bell, "Review: The Anti-Capitalist Chronicles by David Harvey," *Interfere*, 2, November 2021: 116-121; Jessica Walsh, "The Anti-Capitalist Chronicles," *Socialist Worker*, December 29, 2020, https://socialistworker.co.uk/socialist-review-archive/anti-capitalist-chronicles/ (accessed April 21, 2022).

◆12　なおマルクス主義経済学者のマイケル・ロバーツは、ハーヴェイの立場を、経済危機の過少消費説的解釈と見なし、また生産点における搾取に対するハーヴェイの軽視が、利潤率の傾向的低下論に対する軽視につながっていると主張する。Michael Roberts, "Marx's law of value: a critique of David Harvey," *Human Geography*, 13, Issue 1, March 20, 2020: 95-98. これに対してハーヴェイは、最近のオンライン講座「現代資本論入門」で反論している。――肺癌患者が心臓停止で亡くなったとしても、その死因は心臓停止とはならない。心臓の停止は、肺癌による身体の総体性の作用である。これと同様に、資本の個々の諸契機は他の契機をその総体性のなかで内在させる。つまり利潤率低下は肺癌患者の心臓停止のようなものであって、経済危機の原因ではない。それは過少消費からも過剰蓄積からも生じうる。その一方で、搾取による剰余価値の「量」的増大こそが大量消費様式を発達させる。こう考える余地も含む自説が過少消費説的恐慌論であるはずがない。――このようにハーヴェイは応じるのである。David Harvey, "The ABC of Capital: A Textbook - Session 5: The Rate and Mass of Profit," March 1, 2022, https://via.hypothes.is/http://davidharvey.org/wp-content/uploads/2022/03/ABC_of_Capital_Session_05.pdf (accessed April 21, 2022); id., "The ABC of Capital: A Textbook - Session 7: Masses in Motion," March 15, 2022, https://via.hypothes.is/http://davidharvey.org/wp-content/uploads/2022/03/ABC_of_Capital_Session_07.pdf (accessed April 21, 2022).

と直接関わるからだ（四六頁）。このハーヴェイの社会主義的代替案《オルタナティブ》は、社会民主主義的な「改良主義」だと非難されている。

そもそも本書序論のもととなったポッドキャスト番組が公開された際、ハーヴェイは「現在の資本は、日常生活の再生産にあまりに深く関わっているがために潰せないのかもしれない」（四四頁）という趣旨の発言をしていたが、これに対して、より「革命」的な立場を自称する人々からの反発が起きていた。◆13 にもかかわらず同じ主張が本書においても繰り返されたため、ハーヴェイは、資本主義の根本的転覆を避ける改良主義者だと批判されたのである。◆14

しかし資本が「大きすぎて潰せない」という命題は、それに続く「巨大すぎて存続できない」という反対命題と一対の矛盾として読まれるべきであろう（四三頁）。資本は、巨大な規模でわれわれの日常生活に浸透しているがゆえに何かの一撃で解消できるものではない。だが、その大規模な資本蓄積を永続させようとすると、環境危機を引き起こし、多面的な略奪を展開させ、ひいては地政学的対立を惹起させかねない。だからこそ資本主義体制の存続は、人類の脅威に転化する。この脅威に直面しながら、未来の社会主義社会の可能性を、どのように既存社会のなかに見いだし弁別するか――これがハーヴェイの問題提起なのである。◆15

ではこの問題提起から、ハーヴェイは具体的にどこに、社会主義的代替案《オルタナティブ》への移行の可能性を探しだすのか。本書は、グローバリゼーションにともなって大きく脱工業化されたアメリカ社会を念頭に、その可能性を、次のような四つの矛盾せる事態に見いだす。

第一に「新しい労働者階級」の台頭である。二〇〇〇～一〇年代にかけて、さまざまな社会的騒乱が世界各地で起こったが、こうした「大衆行動は制度化され組織化され、持続的な力」とならなければならない（三八頁）。アメリカではこの問題は、さしあたり「生活様式」や「社会的再生産」と連関する「新しい労働者階級」の組織化として提起される。この階級は一時雇用契約による労働様式ばかりか、人種・民族・ジェンダーによるアイデンティティの分裂もあって、依然として未組織である（第12章）。しかしその「きわどい道筋」が展望されながらも、彼・彼女らの組織化は反資本主義的プログラムの実現のために必須である。COVID-19が「階級的、ジェンダー差別的、人種差別的感染症流行《パンデミック》」の様相を呈している（二八一頁）以上、それはなおさら喫緊の課題である。◆16

第二に、資本の略奪の多面性に対応して、人々のなかに生じる多面的な疎外である。ハーヴェイは、「経済学批判要綱」での「疎外」論に着目することから、労働過程における疎外の深化、さらには代償的、瞬間的消費様式による日常生活での疎外を指摘し（第15章）、その一例としてゼネラルモーターズ社の工場閉鎖によって放棄されたオハイオ州ローズタウンの現実に触れる（第16章）。この疎外こそが革命の主体的条件の前提である。ただし客観的、主観的な複合的疎外は、権威主義的、ネオ・ファシズム的政治への同意にも帰結しうる（二五三〜二五六頁）。疎外への対処もまた「きわどい道筋」なのである。

◆13　Steve Ellner, "David Harvey's new thesis is that "capitalism is too big to fail". Is it?" *Links: International Journal of Socialist Renewal*, July 5, 2020, http://links.org.au/david-harvey-new-thesis-capitalism-is-too-big-to-fail (accessed April 21, 2022); Jorge Martín, "David Harvey against Revolution: the Bankruptcy of Academic "Marxism"," *Socialist Revolution*, June 25, 2020, https://socialistrevolution.org/david-harvey-against-revolution-the-bankruptcy-of-academic-marxism/ (accessed April 21, 2022).

◆14　Bell, op. cit.; Raymond Ó Dubhghaill, "Setting our sights low," *Socialist Voice*, November 2, 2020, https://socialistvoice.ie/2020/11/setting-our-sights-low/ (accessed April 21, 2022); Walsh, op. cit.

◆15　本書に好意的な書評も存在する。たとえば、Richard Kirk, "Book Review: The anti-capitalist chronicles," *Human Geography*, 14, Issue 1, December 3, 2020: 151-153. なかでもオースティン・ギャラスは、本書の前提に、第一に「グローバル資本主義は存続の危機にあり、その多くは資本の内的諸矛盾の産物である」、第二に「社会主義者は、反資本主義的プログラムの進行を妨げるものに対して、より総体的な見方に至らなければならない」という二つの命題があるとしたうえで、後者の命題から、本書の言う「維持と対決のはざまのきわどい道筋」が提唱されていると述べる。Austin Gallas, "Review of The Anti-Capitalist Chronicles by David Harvey (Pluto Press)," *Lateral: Journal of the Cultural Studies Association*, Issue 10.1, Spring, 2021, https://csalateral.org/reviews/anti-capitalist-chronicles-david-harvey-gallas/ (accessed April 21, 2022).

第三に、人工知能に代表される近年の技術革新である。この種の革新は、「生産過程から労働者を切り離」し（一三二頁）、生活の糧もなく失業者を放置させるとともに、その技術がもたらすはずの「自由に処分できる時間」は「剰余労働」に転化されて、「ブルジョアジーの私腹を肥や」している（二九六頁）。「諸個人を解き放ち、その望むことをさせる」ために、「高度な技術を」どのように「利用して、基本的に必要なものを満た」すのか（二九五頁）――これが問題となる。なおこれは、既存技術を無批判に受け入れるという意味ではない。気候変動への対応には、そもそも森林再生だけなく、農業技術・農法の変革、さらには二酸化炭素吸収・貯留技術などの全般的技術革新が必要である（二二三～二二四頁）。既存技術の機械的適用・拡大だけでは環境危機は解決できない。その一方で、資本主義体制そのものが変革されなければ、いかなる技術も「略奪」に応用される。社会主義的代替案《オルタナティブ》への移行にあたっては、技術の根本変革と体制変革とが同時に追求されなければならない。

第四に、「自由」の問題である。自由主義、そして新自由主義の「自由」概念には、人格上の「自由」と、生産手段・生活手段からの切断という意味での「自由」という二面性がある。だからこそ、社会主義者は「自由」の概念を奪還しなければならない（第5章、第18章）。「真の自由」とは、「何でも望むことのできる自由な時間がある世界」であり（一一〇頁）、そのためには「きちんとした適切な生活を万人が送るために基本的に必要となるもののすべてを現実に提供でき」なければならない（一〇九頁）。この可能性に向けた「きわどい道筋」をとる組織的運動、あるいは「集団的活動」が求められる。日本政府もまた、欧米先進資本主義諸国と共通する「普遍的価値観」として「自由」と「民主主義」を外交上、掲げているが、この日本に生きる者としても、ハーヴェイの言う社会主義的「自由」の提起は重要である。社会主義は集団主義ではない。「基本的必要」を満たして個々人の「自由に処分できる時間」を解放することが社会主義の目標である。「そのような社会を確実に構築可能にする」ために「集団的運動」が必要になる（二九七頁）。この集団的活動の例証こそが、ＣＯＶＩＤ-19に対応するためのロックダウンであり、距離を保つ行動であり、貧しい人や被災地域への基礎食品の無償提供であり、無料医療処置であり、インターネットを通じた別種の通信交流環境の試みではなかったか（二九八～二九九頁）――ハーヴェイはこのように問いかけている。

以上、矛盾する四つの事態は、「民衆のための社会主義」への移行を不可能にする危険性もともなう。だからこそ、ここには「きわどい道筋」が指し示される。しかし、これらの事態に対処しないかぎり、社会主義的代替案《オルタナティブ》へと移行する可能性も切り開かれない。

しかし、ここにおいて一つの疑問が浮かんでくる。それは先述の「自由」の議論にも関わるのだが、そ

◆16　そして「新しい労働者階級」の「潜在的政治力」が顕在化した場合、何が起こるかは海外に目を転ずれば推測できる。二〇二三年三月の時点でフランスでは年金改革に抗して、イスラエルでは司法改革に抗して、大規模なゼネラル・ストライキが行なわれているが、そればかりではない。たとえば本書でハーヴェイは、空港労働者のストライキを「空想」する（二〇九～二一二頁）。はからずも二〇二三年二月一七日、ロシアのウクライナ侵攻下での物価高に直面して賃上げを求めるドイツ統一サービス産業労働組合（ver.di）は、ドイツ国内の七つの主要空港の二四時間ストライキを決行した。その直前に起きたトルコ・シリア地震に対する支援物資運送以外には貨物航空便もすべて発着できなくなり、乗客約三〇万人が予約便変更などの影響を被った。さらに統一サービス産業労働組合は同年三月二七日、ドイツ鉄道交通労組とともに、空港、長距離鉄道、高速道路、港湾・船舶交通管理会社、そして一部都市での地下鉄・市電をも含む全面ストライキを敢行し、航空旅客約三八万人、全国で数百万人に影響を与えた。ドイツ財界や一部マスコミはストライキ権行使を非難しているが、これらは、空港労働者、さらには運輸労働者の運動の「爆発」が資本家階級にとっていかなる脅威となるかを示唆している。tagesschau, "Ver.di droht mit Streikausweitung: Nichts fliegt," tagesschau, 17 Februar 2023, https://www.tagesschau.de/wirtschaft/streik-flughaefen-105.html (accessed March 16, 2023); id., "Bundesweiter Arbeitskampf: Millionen Menschen vom Warnstreik betroffen," tagesschau, 27 März 2023, https://www.tagesschau.de/wirtschaft/warnstreik-verkehr-107.html (accessed March 28, 2023); ロイター「ドイツ七空港で大規模スト、約三〇万人に影響　ミュンヘン安保会議にも」、ＲＥＵＴＥＲＳ、二〇二三年二月一七日、https://jp.reuters.com/article/germany-airports-strike-idJPKBN2UR1JS（二〇二三年三月一六日、閲覧）; 同「ドイツで運輸産業が大規模スト、二大空港も停止　週明けの交通混乱」、ＲＥＵＴＥＲＳ、二〇二三年三月二七日、https://jp.reuters.com/article/germany-strike-idJPKBN2VT0F7（二〇二三年三月二八日、閲覧）。

れでは、社会主義的「自由」を実現させる「集団的運動」はどのようにつくりだせるのか。脱工業化された主要資本主義諸国であれば、「新しい労働者階級」はどのように組織化されうるのか。この問いへの答えは——せいぜいソーシャルメディアの活用が示唆される（二〇八頁）だけで——本書には述べられていない。それゆえ本書に対する書評の一つは「グローバルな労働者階級の成長と、危機に直面してのこの階級の自己組織的抵抗力を楽観主義的に描いている」と指摘する。[17] この評価は、本書のテクストに即せば妥当なのかもしれない。だが果たして「楽観主義」という一言で済むであろうか。この「集団的活動」の「組織化」の過程としてハーヴェイには、ソーシャルメディアの活用以外に何か言外に想定されるものでもあるのか。

ところで編者のキャンプは本書の「はじめに」で次のように示唆している。「われわれの出版意図は、社会主義への関心が高まるさなかにあって」、「労働者階級と社会主義運動での民衆教育における教材をも提供することだ」と（一二頁）。それでは、ここで言う「民衆教育」とは、いったい何なのか。

4……アメリカにおける民衆教育運動——テクストのコンテクストへ

ここで本書のもう一人の編者クリス・カルーソに注目しよう。「編者まえがき」にもあるように、彼は二〇〇八年のオンライン講座「デヴィッド・ハーヴェイとともにマルクス『資本論』を読む」[18] の共同編集者でもあるが、その経歴は興味深い。

カルーソは大学生時代の一九八九年からアメリカ・ペンシベニア州フィラデルフィア市のケンジントン地区福祉権連合、そして全国ホームレス連合に参加した。同連合は、ホームレスの生活支援とともに、住宅支援政策の履行を求めて未使用公有住宅を占拠する活動でも知られている。この活動のなかからカルーソは「民衆教育」家となる。その直接のきっかけは、ホームレスの生活実態やその運動に対する地元新聞社の偏向報道や無視であった。抗議に訪れたカルーソたちとの交渉の場で、新聞編集者はその報道姿勢について公然と居直った。そこでインターネット草創期に学生時代を迎えていたカルーソは、貧困当事者が自分の境遇を自ら世に伝えられるよう、彼自身が学んだウェブサイト作成技術や動画収録・配信技術を運動参加者に教えはじめた。全国ホームレス連合のモットーは「それぞれ一人ひとりが誰かを教える」というものであった。一九九〇年代には、フロリダ州のイモカリー労働者連合による低賃金農業労働反対闘争にも協力する。当時のファストフード業界は、下請農場での低賃金労働によって生産された大量の農作物を購入していた。そこでインターネットを利用して、大学生向け業界批判キャンペーンによって世論喚起を試み、各地の大学で下請農業労働者との交流企画を開催し、ついには現地の労働環境を改善させた。カルーソは、福祉権活動家ジョニー・ティルモンの運動論を模範としながら、専従主導の労働組合型運動スタイルに反対する。つまり福祉受給者は、専従組織者《オルグ》によって外部から――「家父長主義的《パターナリスティック》」に――組織されるべきではない。むしろ運動の目標は、福祉受給者自身の必要とする訓練と手段とを提供し、貧困当事者が自ら運動統率者となって分析し、戦略を立てられるようにすることにある。その後、カルーソは「ピープルズ・フォーラム」の教育責任者などを務めつつ、ハーヴェイの指導のもとニューヨーク市立大学で博士号を取得し、二〇二二年現在はニューヨークを本拠とするキリスト教系貧困撲滅運動組織「カイロス・センター」の実務責任者となり、全国規模の「貧者の行進」運動にも関わっている。◆19

ところで本書には収められなかった“Anti-Capitalist Chronicles”放送回には、カルーソとハーヴェイとの対談番組がある。そこでハーヴェイは「生産手段の私的所有が廃絶されたとしても、精神労働と肉体労働との分断（分業）があるかぎりは結局、階級社会が存続する」という議論を念頭に、大学教員として精神労働に特化してきたハーヴェイ自身の運動上の役割とは何であろうか、とカルーソに問うている。こ

◆17　Walsh, op. cit. 傍点は引用者。

◆18　David Harvey, “Reading Marx’s Capital Volume I with David Harvey – 2007 Edition,” Reading Marx’s Capital with David Harvey, June 12 - September 11, 2008, http://davidharvey.org/reading-capital#capital-v1-2007 (accessed April 21, 2022).

れに対してカルーソは、一夜で万事が平等になるといった「ロマン主義」を否定しつつ、あらゆる機会を見つけては精神労働と肉体労働との分断と闘うべきだと答える。ティルモンの組織論の文脈で運動してきたカルーソに強く求められたのは、インターネット技術をもった自分が現場の人々のネット上での代弁者になることではなく、中学校しか卒業できなかった人々に対してインターネット技術を訓練・伝達することであった。これによって運動集団全体の力を高め、一人ひとりが自らの現状をネット上で表現できるようになる。持続可能な社会運動の構築には、最も直接的な影響を受けている人々の統率力を尊重することが重要である。言い換えれば、さまざまなレベルの技能や経験を持っている人たちには、それらを運動内で社会化する責任がある。これを聞いてハーヴェイは、知的な表現手段をもつ者が運動に関わる際には、現場の人々の実相をきちんと表わし、また当事者が自ら表現できるようにすることが肝要だと応じる。そしてこの点は、表現することには長けていても現場の声を必ずしも信じてはいないような研究者にとっても、そして「民主社会主義者」を自称していても「何をなすべきか」を性急に誰かに教えはじめようとする最近のアメリカの学生活動家にとっても重要な教訓だ、と付け足す。[20] ここにハーヴェイの展望する「集団的運動」の一端が示されている。

さらに若きカルーソが関わったケンジントン地区福祉権連合の「教育」あるいは「民衆教育」を考察してみよう。

一九九一〜二〇〇五年にケンジントン地区福祉権連合の「教育」責任者であったウィリー・バプティストと、ニューヨーク・ユニオン神学校のヤン・レーマンは、貧困撲滅運動における「民衆教育」の意義を次のように論じる。

まずレーマンによれば、アメリカにおける「貧困」は、「黒人」といった特定人種や怠惰な「アンダークラス」に特有な現象と見られることが多く、また「貧困」自己責任論も根強い。それは「シンクタンク」によって入念に準備され、メディアその他のイデオロギー装置によってつくりだされた事態[21]なのだが、その帰結として当事者自身にさえ、「貧困」は社会構造の問題としては考えられなくなっている。そこで

バプティストは、ホームレス支援活動にあたってアントニオ・グラムシの「ヘゲモニー」論[22]に依拠しつ

◆**19** Chris Caruso, "Plight, Fight, Technological Insight: David Harvey & Chris Caruso on Digital Organizing," Kairos Center, March 25, 2019, https://kairoscenter.org/harvey-caruso-internet-podcast/ (accessed April 21, 2022); Kairos, "Chris Caruso," Kairos Center, 2022, https://kairoscenter.org/staff/chris-caruso/ (accessed April 21, 2022). また"Anti-Capitalist Chronicles"企画でのハーヴェイとカルーソとの次の対談記録も参照のこと。Democracy At Work, "Anti-Capitalist Chronicles: Social Media and the Internet as a Powerful Organizing Tool - Part 1," YouTube, April 11, 2019, https://www.youtube.com/watch?v=KO0zqz-WXQ8 (accessed April 28, 2022); id., "Anti-Capitalist Chronicles: Social Media and the Internet as a Powerful Organizing Tool - Part 2," YouTube, April 18, 2019, https://www.youtube.com/watch?v=rUA0xbNMCeQ (accessed April 28, 2022).

◆**20** Democracy At Work, "Anti-Capitalist Chronicles: Social Media and the Internet as a Powerful Organizing Tool - Part 2," April 18, 2019.

◆**21** Willie Baptist and Jan Rehmann, *Pedagogy of the Poor: Building the Movement to End Poverty* (New York and London: Teacher College Press), 51.

◆**22** なおレーマンは、グラムシの「ヘゲモニー」論は、パウロ・フレイレの民衆教育論、「解放の神学」運動、あるいはブラジルの「土地なし農民運動」（ＭＳＴ）にも影響を与えたと付言する（Ibid., 109-110）。この言及は、バプティストらの貧困撲滅運動とラテンアメリカでの民衆教育運動とのつながりを示唆している。たとえば本書「はじめに」でも言及されたＭＳＴは、一九八四年にブラジルで結成され、大土地所有を憲法違反の存在と見なし、大土地所有者の土地に対する直接的占拠活動で知られるラテンアメリカ最大の農民運動団体だが、それはまたグラムシやフレイレの影響を受けて、「民衆教育」実践を組織的に組み込んだ社会運動としても知られる。次を参照。Rebecca Tarlau, "The Social(ist) Pedagogies of the MST: Towards New Relations of Production in the Brazilian Countryside," *Education Policy Analysis Archives*, 21, no. 41, April 30, 2013: 1-23; Alessandro Mariano and Rebecca Tarlau, "The Landless Workers Movement's itinerant schools: occupying and transforming public education in Brazil," *British Journal of Sociology of Education*, 40, no. 4, 2019: 538-559. 民衆教育としての社会運動は、ブラジルで始まった「世界社会フォーラム」にも見られる特色である。大屋定晴「ラテンアメリカにおける批判的知の形成――パウロ・フレイレ、民衆教育から世界社会フォーラムへ」（『唯物論研究年誌第15号　批判的〈知〉の復権』、大月書店、二〇一〇年、一三〇～一五二頁）。

つ、当事者集団を統率できるような「知識人」――現場の宗教コミュニティや地域社会の統率者――の教育・訓練を、その実践的課題とした。[23] なおアメリカはきわめて宗教色の強い社会である。それゆえ、この教育・訓練には、「略奪された人々」の共通言語である宗教用語の学習さえ必要になる。[24]

バプティストによれば社会運動は、一方で「現状と齟齬の関係にあるような必要と欲求」にもとづいて社会の変革をめざすとともに、他方で運動統率者に対する体系的教育・訓練活動を展開しなければならない。[25] マスメディアに加えて、インターネットなど情報技術が発達した現代においては、何が正しく、何が間違っているのかを理解するのはむしろ困難になっている。この現状において「真に有効な認識論（真偽の判断）、倫理（正邪の判断）、専門技能（戦略・戦術・技術的能力）」をともなった社会運動の「統率力」を発展させるには、「思考の対象ではなく思考の仕方、模倣よりも独創、対価よりも献身に重きを置くような教育過程」が必須となる。[26] この意味で具体的には、困窮現場の当事者に対する対話型教育、集団教育、独習プログラム、二人組教育、文化活動やインターネット利用講習、ブラジルの「土地なし農民運動」でも行なわれているような統率者向け集中講習、他団体での実地見学・研修、個人誌の共有などが社会運動そのもののなかで行なわれなければならない。[27]

とくに注目すべきは、いわゆる対話型の「民衆教育」アプローチの有効性は教育実践の初期段階に限定され、教育プログラムの進行とともに「高等教育」へと移行する必要があると指摘される点である。[28] 換言すれば、対話において当事者の被抑圧状況を自覚させ、自ら行動できるようになる段階を経て、貧困に関連する資本主義社会の歴史地理的構造の認識へとプログラムはステップアップする。これによって貧困当時者自身に、貧困の背景としての社会構造変動――レーマンの言葉では「新自由主義的ハイテク資本主義」[29]――を理解させ、短期的、長期的解決策を自ら展望できるような「有機的知識人」を育成する。これがケンジントン地区福祉権連合の経験から導き出される「民衆教育」である。

このように見てみると、ようやくわれわれは、本書というテクストがつくられたコンテクストを理解できる。ケンジントン地区福祉権連合はアメリカの一つの社会運動でしかない。しかし、そこにこそハーヴェイの言う「集団的活動」の組織化の一例が現われている。そもそもハーヴェイによる二〇〇八年のオンライン講座「マルクス『資本論』を読む」そのものが民衆教育の一環にあって、資本主義の構造理解のための「高等教育」段階に当たる企画であったのではないか。本書の編集に携わったキャンプやカルーソが関わって二〇一八年に設立された「ピープルズ・フォーラム」は「民衆教育、文化活動、情報技術研究《メディアラボ》などの方法論を介して、草の根運動組織や個人がつながりあい、集団的活動のためのさまざまな思考を集約していく運動家向けインキュベーター」[30]だとされる。そしてハーヴェイの二〇二二年のオンライン講座「現代資本論入門」を主催したのも、このフォーラムであった。[31]それゆえ、彼の講座もまたニューヨークの民衆教育運動の一環にある。

こうして「労働者階級と社会主義運動での民衆教育における教材」としての本書は、精神労働と肉体労働との分断の克服を試みる社会運動のなかからつくりだされた。それは、困難な現場に置かれている人々（階級、社会集団）自身が自分たちの社会を認識し、自ら分析し戦略を考えながら、「集団的活動」をめざしていく運動である。ここには長期の教育運動が想定される。したがって「楽観主義」などあるわけもない。これが本書では直接言及されないものの、ハーヴェイの執筆の背景にあって展望される「集団的活

◆23 Baptist and Rehmann, op. cit., 131.
◆24 Ibid., 132-133.
◆25 Ibid., 161.
◆26 Ibid., 164.
◆27 Ibid., 165-168.
◆28 Ibid., 169.
◆29 Ibid., 66.
◆30 The People's Forum, "About," https://peoplesforum.org/about/#mission (accessed April 30, 2022).
◆31 David Harvey, "The ABC of Contemporary Capital," February 1 - April 27, 2022, http://davidharvey.org/2022/01/new-course-the-abc-of-contemporary-capital/ (accessed April 21, 2022).

動」の「組織化」なのである。

5……新たな地政学的対立関係の勃発――ロシアによるウクライナ侵攻を目の前にして

最後に本書に収録された付録「ロシアのウクライナ侵攻をどう見るか――暫定的な声明」について述べておこう。二〇二二年二月二四日にロシアがウクライナに侵攻すると、ハーヴェイは、アメリカ地理学会の年次大会に向けて所感を発表した。それがこの付録である。

この小論においてハーヴェイは、ウクライナに侵攻したロシア政府を批判しつつ、冷戦体制下でのアメリカをはじめとする資本主義国家の戦争志向の歴史――「軍事ケインズ主義」（経済の活性化のために莫大な軍事費を投じる「公共」政策）や「軍産複合体」の展開――に注意を促す。そして一方では、ソヴィエト連邦解体後、「西側」諸国と国際通貨基金（ＩＭＦ）に主導された新自由主義的ショック療法によるロシアの「屈辱」的な政治的、文化的、経済的影響、他方では、軍産複合体の存続を含意した北大西洋条約機構（ＮＡＴＯ）の東方拡大という「挑発」的アプローチ――この二つが現下の地政学的闘争の誘因になったと示唆している。今日の世界は、核保有国間での核戦争の脅威をはらみながら、資本蓄積にともなう大国勢力間競争によって二極化されつつある。これに抗うために、平和を求める民衆運動の再起が求められるとハーヴェイは締めくくる。

もちろんハーヴェイは、ロシア・ウクライナ関係の専門家ではないし、彼もそのことに自覚的である◆[32]（三〇七頁）。だがハーヴェイは少なくとも「西側」諸国に暮らす者として、ロシアのウクライナ侵攻を非難するだけでなく、自らの側の現実にも冷静に目を向けるべきだと主張する。この現実には資本主義諸国の地政学的利害と資本の内的論理とが介在する。

この侵攻を目の前にして、一九九〇年代以来のフランシス・フクヤマ的「歴史の終焉」の終焉、あるいは地政学的に分断された「新たなグローバリゼーション」の始まりという議論も見受けられる◆[33]。しかし、本書第7章を読んでわかるのは、グローバリゼーションによる世界の「平坦化《フラット》」なるものは、そもそも幻想であったということである。その現実の過程は、権力の資本主義的論理と領土的論理という二重の権力論理によって駆動される。そこに資本の空間的回避が関連することで、地政学的紛争さえも呼び起こされかねない。二〇〇三〜一一年のイラク戦争を頂点とするアメリカ主導の「グローバリゼーション」は、その一局面にすぎなかった。だが中国の台頭によって、資本主義的かつ地政学的な新たな対立関係も垣間見える。だからこそハーヴェイは、最新のオンライン講義でも、資本の総体性と国家との有機的関連を検討しなければならないと受講者に訴えている。◆34

顧みれば冷戦体制の崩壊前にあって、ハーヴェイはその主著『資本の限界』（一九八二年）で、過剰資本の吸収先となる軍事力の使用——戦争——こそ、価値喪失を引き起こし、過剰蓄積を緩和させる一つの手段になると記していた。そして、これ以上に「資本主義に去れ」と言うべき明白な理由があるだろうかと

◆32　たとえばプーチン政権下のロシアが、新保守主義的権威主義国家なのか、議会制民主主義さえ否定しかねないネオ・ファシズム国家の過程にあるのかは、議論の余地があろう。プーチン政権が「ファシズム」政権であるか否かは欧米圏の研究者のあいだでも議論が分かれている。次を参照。Timothy Snyder, *The Road to Unfreedom: Russia, Europe, America* (New York: Tim Duggan Books, 2018)（ティモシー・スナイダー『自由なき世界——フェイクデモクラシーと新たなファシズム』池田年穂訳、慶應義塾大学出版会、二〇二〇年）; Marlène Laruelle, *Is Russia Fascist?: Unraveling Propaganda East and West* (New York: Cornell University Press, 2021)（マルレーヌ・ラリュエル『ファシズムとロシア』浜由樹子訳、東京堂出版、二〇二二年）。

◆33　Branko Milanovic, "The Beginning of a New Globalisation," Social Europe, February 21, 2022, https://socialeurope.eu/the-beginning-of-a-new-globalisation (accessed April 21, 2022); id., "The End of the End of History: What Have We Learned So Far?," globalinequality, March 2, 2022, http://glineq.blogspot.com/2022/03/the-end-of-end-of-history-what-have-we.html (accessed April 21, 2022).

◆34　David Harvey, "The ABC of Capital: A Textbook - Session 11: The State-Finance Nexus and the Inter-State System," April 18, 2022, https://via.hypothes.is/http://davidharvey.org/wp-content/uploads/2022/04/ABC_of_Capital_Session_11.pdf (accessed April 21, 2022).

付け加えた[35]。それから四〇年を経た今日、この一文は改めて読まれるべきであろう。本書第7章は、そのことを想起させる一つの手がかりである。「地球規模の戦争」に落ち込まないためにも、われわれは今こそ「空間的回避の地政学」に取り組まなければならない（一五九頁）。

おわりに——日本の「民衆教育」への一寄与として

資本主義世界の一部である日本社会もまた危機のさなかにある。新自由主義的政治モデルの日本的現われは、COVID-19の大流行下における二〇二一年「東京オリンピック2020」の強行となった。それは代償的消費様式にもとづく資本蓄積の——汚職にまみれた——続行を意味し、この流れは二〇二五年の「大阪・関西万博」開催、そして「北海道・札幌2030オリンピック・パラリンピック」招致へとつなげられようとしている。他方で医療保健関係者、教育関係者、そして子どもたちは感染の危険性のあるなかで、中途半端な支援しか受けられていない。そのなかにあって、主要マスメディアはCOVID-19関連の報道を縮小し、スペクタクルを助長する。労働運動全国組織の一部指導者は、労働者・市民の生活防衛のためのストライキ闘争に打って出るどころか政財界有力者との関係づくりにいそしんでいるようだ。物価上昇が市民生活に影響を及ぼしたとしても、権力の金融化を前に、黒田東彦総裁のもとでの日本銀行は金融緩和政策に固執する。ロシアのウクライナ侵攻が起こると、岸田文雄首相の率いる自由民主党（自民党）＝公明党連立政権は、和平交渉など乗り出しもせずに、マスコミの「台湾有事」の連呼とともに、アメリカからミサイルを購入しようと防衛費の大幅増額を表明した。安倍晋三元首相をはじめとする自民党や日本維新の会などの一部政治家は、プーチン政権に対する自分たちの過去の礼賛もなかったかのごとくふるまい、今度は核共有論を吹聴し、日本国憲法「改正」の足掛かりにさえ事態を転化させようとした。

ついには二〇二二年七月八日、安倍元首相が殺害されたことをきっかけに白日のもとにさらされたのは、日本社会における冷戦体制以来の「精神的諸観念」の残存と変容である。「世界平和家庭連合」と名を変えたカルト宗教集団「世界基督教統一神霊協会」(以下「旧統一教会」)は第二次世界大戦後、日本では寄付名目で「信者」から資産を強奪する一方、「反共主義」を掲げて、安倍晋三の祖父であった岸信介をはじめとする日本の右派政治家との強固なつながりを形成した。安倍殺害事件が露呈させたのは、この歴史に深く侵された日本社会であった。旧統一教会に入信した母親が多額の献金を行なったことで家庭関係を壊された犯人は安倍を銃撃した。そのころには安倍は、旧統一教会との密接な関係を隠さなくなっていた。殺害の前年にあたる二〇二一年に安倍は、ビデオメッセージで旧統一教会の現指導者(韓鶴子)に祝辞を寄せたが、そこに同じく祝辞を寄せたのがドナルド・トランプであったことは示唆的である。[36] 日本でもまた新自由主義者とネオ・ファシストとの同盟が形成され、この三〇年にわたり、その独自の「権威主義的転換」が図られてきたのである。

◆35 David Harvey, *The Limits to Capital*, new and fully updated edition (London: Verso, 2006 [1982]), 445 (デイヴィド・ハーヴェイ『空間編成の経済理論——資本の限界』上・下巻、松石勝彦・水岡不二雄監訳、大明堂、一九八九〜九〇年、六四八〜六四九頁)。

◆36 安倍とトランプのビデオメッセージは、旧統一教会の関連団体「天宙平和連合」(UPF)のHPで公開されている。UPF International, "7th Rally of Hope - World Leaders Renew Call for Peace," Universal Peace Federation, https://www.upf.org/conferences-2/412-rally-of-hope/9738-world-leaders-renew-call-for-peace-on-the-korean-peninsula (accessed March 23, 2023). なお日本の大手マスコミは、たとえば当初、犯人の動機で示された旧統一教会を「特定の宗教団体」とのみ報じるなど、この問題についてのその報道姿勢は明らかに消極的である。さしあたり戦後自民党と旧統一教会、そしてアメリカ共和党系政治家との関係に関する海外での報道として下記を参照のこと。Marc Fisher, "How Abe and Japan became vital to Moon's Unification Church," *The Washington Post*, July 12, 2022, https://www.washingtonpost.com/world/2022/07/12/unification-church-japan-shinzo-abe/ (accessed March 23, 2023); Kana Inagaki and Eri Sugiura, "How Abe's killing exposes Japan's thin line between church and state," *Financial Times*, August 3, 2022, https://www.ft.com/content/d0656caa-2d56-484a-b7ef-fd1b96dddfb9 (accessed March 23, 2023).

この二〇二三年三月の日本にあって、本書は資本主義体制、新自由主義国家、そして社会主義的代替案《オルタナティブ》を論じるのだが、そのテクストはまた「反資本主義的プログラムの形成」の渦中に置かれる。

ところで本書でハーヴェイは、自分の社会認識方法論には、「資本主義の仕組みに関する別々の――ただし交錯しあう――二つのモデル」があると述べる。一つが「資本の流通・蓄積の内的諸矛盾」の分析と叙述であり、もう一つが「独自の社会構成体としてのグローバル資本主義」の「現実理解」である（二七二～二七三頁）。言い換えれば、われわれの社会は、資本主義体制の内的論理としての資本の流通・蓄積によって経済的に駆動させられているが、他方で、その論理の舞台となる歴史地理環境は、さまざまな諸条件・諸「契機」を前提に構成される。

そして、この後者の歴史地理環境の「現実理解」をモデル化しようとして、かつてハーヴェイは七つの「活動領域」（あるいは「契機」）の「共進化」の過程を提起した。社会構成体をつくりだす歴史地理的営みは、（1）技術と組織形態、（2）社会的諸関係、（3）社会的・行政的諸制度、（4）生産と労働過程、（5）自然との関係、（6）日常生活と種の再生産、そして（7）「世界に関する精神的諸観念」を、それぞれ一定程度、自律的に進化させつつ、これらを「状況依存的《コンティンジェント》」に相互作用させるかたちで進展する。◆[37] 資本の流通・蓄積という諸矛盾をはらんだ論理は、この社会構成体をつくりあげる営みのなかで成立・展開するとともに、逆にこの営みにも影響する。その過程で、当の社会構成体もまた資本主義的な――そして現代では政治的に新自由主義的な――ものへと変容する。

しかし資本主義体制という歴史地理環境が、七つの活動領域の共進化によって歴史的に成立したのであれば、反資本主義的な政治運動も同様に「ある活動領域から別の活動領域へと相互に強化しあう仕方で絶えず移動すること」◆[38] を求められる。そして、この理解を前提にして、人々の「精神的諸観念」あるいは「思想」の「革命」も反資本主義運動には不可欠だとされる。◆[39] だからこそ反資本主義運動においては、「疎外され不満を抱いた知識人部分」が、資本の流通・蓄積からの直接的影響を労働・生活現場で被る人々と「共同」しながら、「全員が直面している問題の深い根源を突き止めること」で、社会変革のための「討論」を進展させるべきだと、ハーヴェイは二〇一〇年に述べていた。[40]
本書のコンテクストにあたる民衆教育としての社会運動こそ、疎外された知識人と「略奪」にさらされた当事者たちとの「共同」と「討論」の一例にほかならない。本書では、社会構成体を構成する諸「契機」のなかで「知識や意味が渇望」されるとも書かれているが（二七三頁）、反資本主義的な知識と意味の渇望がどのように果たされるかは、民衆教育を想定して初めて理解できる。人々の思想の「革命」なくして、「集団的活動」の「組織化」もありえない。
「新しい資本主義」というスローガンが喧伝される現下の日本社会——ここに必要なのも、民衆教育としての社会運動である。本書が、そのささやかな一寄与となれば幸いである。
「革命とは長期の過程であって、一つの出来事ではない」（四六頁）——この言葉は、また日本に住むわれわれに向けてのものでもある。

◆37　David Harvey, *Cosmopolitanism and the Geographies of Freedom* (New York: Columbia University Press, 2009), 236-247（デヴィッド・ハーヴェイ『コスモポリタニズム——自由と変革の地理学』大屋定晴ほか訳、作品社、二〇一三年、四二三〜四四二頁）; id., *The Enigma of Capital: And the Crises of Capitalism*(London: Profile Books, 2010), 121-130（デヴィッド・ハーヴェイ『資本の〈謎〉——世界金融恐慌と21世紀資本主義』森田成也ほか訳、作品社、二〇一二年、一五六〜一六七頁）。
◆38　Harvey, *The Enigma of Capital*, 228（ハーヴェイ『資本の〈謎〉』二八四頁）。
◆39　Ibid., 237-238（同前、二九四〜二九五頁）。
◆40　Ibid., 241-242（同前、二九九〜三〇〇頁）。

訳者あとがき

訳者を代表して　大屋定晴

本書の翻訳は二〇二〇年春より始まり、二〇二一年初頭にはほぼ全体の統一も完了していた。しかしCOVID-19の流行などの諸事情により、出版は二年近く遅れることになった。訳者代表として、迅速に訳稿をそろえていただいた他の訳者のみなさまに深くお詫び申し上げる。

本書は入門書を意図したせいか、原注がほとんど付されていない。日本語版は読者の便宜のため、訳者の判断で、参照文献を訳注として記した。ただし参照文献のうち日本語訳のあるものについては、その日本語訳文献の書誌情報と頁数のみ記載している。参考文献については、訳注との重複を避ける意図から書誌情報を一部改めたうえで、それぞれの日本語訳文献も追記した。

また原書にはない写真や図表も掲載している。

なお以下の諸点は、訳者の責任で訂正した。

・第2章　六五頁六行目　原書では「二万ドル」となっているが、報道情報にもとづき「二〇万ドル」に訂正。

・第4章　八四頁本文の五行目　ブラジル大統領選挙の日付が、原書では「二〇一九年一〇月八日」になっているところを「二〇一八年一〇月七日」に訂正。

・第6章　一一九頁一二行目　アイルランドからアメリカへの移住者数が、原書では「三〇〇〇万人」とあるが、それを「三〇〇万人」に訂正。

・第6章　一二九頁一行目　孟晩舟の肩書として、原書には「ファーウェイの最高経営責任者」とあるのを、より正確に「最高財務責任者」に訂正。

・第8章　一六六頁五行目以降　「三〇〇〇ドル」、「三二万五〇〇〇ドル」と貨幣単位が「ドル」であったのを、文脈から、それぞれ「ポンド」に訂正。

・第14章　二三六頁　参考文献　原書には、マルクス「資本論 第三部」の第三篇第一三〜一五章の三つの章題が挙げられているが、文脈から判断して、同書第九章「一般的利潤率（平均利潤率）の形成と商品価値の生産価格への転化」に訂正。

・第16章　二六一頁一〇行目　原書には「パネル・バーゲニング」とあるのを、「パターン・バーゲニング」に訂正。

訳出・執筆の分担は次の通りである。

・はじめに、第6〜9章——中村好孝
・編者まえがき、序論、第1〜5章、第17章、本書について、著者および編者からの謝辞——大屋定晴
・第10〜14章——新井田智幸
・第15章、第16章、第18章——三崎和志
・付録「ロシアのウクライナ侵攻をどう見るか——暫定的な声明」——森田成也
・解説、訳者あとがき——大屋定晴

誤訳などの責任は、全体の点検・統一を行なった大屋にある。

なお「付録」は、これまで数々の翻訳作業や研究活動でご助言をいただいた森田成也氏によっていち早く訳出され、インターネット上で公開されたものである。ウクライナ情勢を受けて、森田氏に相談したところ、本書への訳稿転載をご快諾いただいた。これまでの個人的な感謝の意も込めて、森田氏には、とくにその名を記してお礼を申し上げる。

大屋弘美氏には最終校正にあたって全体を読んでもらい、日本語表現に関する助言をいくつもいただいた。また作品社の内田眞人氏には今回の翻訳にあたっても、さまざまなご配慮をいただいた。それぞれ深謝したい。

本書が、日本の民衆教育の教材資料として、「長期」にわたる「革命」の一助になることを期待したい。

二〇二三年三月二四日

［追記］
二〇二三年一〇月七日から一七日までに、イスラエルが封鎖するガザ地区の武装組織ハマスの攻撃と、その後のイスラエル軍のガザ空爆とにより三〇〇〇人以上が殺された。イスラエル軍の地上侵攻の可能性も報じられる。双方の市民が多数殺害され、この意味でハマスもイスラエル軍も正当化されえない。だが事態の背景には、一九四八年以来の数度の戦争とイスラエルによる軍事占領といった諸契機がある。アメリカに目を向ければ、キリスト教福音派と提携した広範な親イスラエル・ロビー活動があり、米国政府は毎年三〇億ドル以上の軍事支援をイスラエルに行なっている。宗教右派に支えられた権威主義的転換と、米国軍事企業の資本蓄積とが連関するように思われる。ウクライナに侵攻したロシアとハマスとの安易な同一視などにも警戒すべきだ。「平和、協力、協調」に基づく世界秩序の創造がいっそう喫緊に求められる。
（二〇二三年一〇月二四日）

［監訳者］

大屋定晴（おおや・さだはる）
北海学園大学 経済学部 教授。専攻：社会経済学、グローバリゼーション研究。主な著書：『21 世紀に生きる資本論』（共著、ナカニシヤ出版）、『共生と共同、連帯の未来』（編著、青木書店）、『マルクスの構想力』（共著、社会評論社）など。主な訳書：デヴィッド・ハーヴェイ『新自由主義』（共訳）、同『資本の〈謎〉』（共訳）、同『コスモポリタニズム』（共訳）、同『資本主義の終焉』（共訳）、同『経済的理性の狂気』（監訳、以上、作品社）など。

［翻訳者］

中村好孝（なかむら・よしたか）
滋賀県立大学 人間文化学部 講師。専攻：社会学史。主な著書：『社会学的想像力のために――歴史的特殊性の視点から』（共著、社会思想社）など。主な訳書：ウルリッヒ・ベックほか『個人化の社会学』（共訳、ミネルヴァ書房）、ジョック・ヤング『後期近代の眩暈――排除から過剰包摂へ』（共訳、青土社）、C・ライト・ミルズ『社会学的想像力』（共訳、筑摩書房）など。

新井田智幸（にいだ・ともゆき）
東京経済大学 経済学部 准教授。専攻：経済学史、経済思想。主な著書：「デヴィッド・ハーヴェイのマルクス主義経済地理学」（『歴史と経済』政治経済学・経済史学会）など。主な訳書：トーマス・セドラチェクほか『改革か革命か――人間・経済・システムをめぐる対話』(共訳、以文社)、デービッド・エジャトン『戦争国家イギリス――反衰退・非福祉の現代史』（共訳、名古屋大学出版会）など。

三崎和志（みさき・かずし）
東京慈恵会医科大学 医学部 教授。専攻：哲学。主な著書：『西洋哲学の軌跡――デカルトからネグリまで』（共編、晃洋書房）など。主な訳書：トーマス・セドラチェクほか『改革か革命か――人間・経済・システムをめぐる対話』(共訳、以文社)、マーヤ・ゲーペル『希望の未来への招待状――持続可能で公正な経済へ』（共訳、大月書店）、『社会主義の理念――現代化の試み』（共訳、法政大学出版局）など。

[著者紹介]

(本書のもとになったオンライン番組の一コマ)

デヴィッド・ハーヴェイ (David Harvey)

1935年、イギリス生まれ。ケンブリッジ大学より博士号取得。ジョンズ・ホプキンス大学教授、オックスフォード大学教授を経て、現在、ニューヨーク市立大学特別教授。専攻:経済地理学。都市研究分野の第一人者であり、「人文・社会科学で最も引用される著者の一人」として知られる。

2005年刊行の『新自由主義』は高い評価を得るとともに、アカデミズムを超えて話題となり世界的ベストセラーとなった。また同年、韓国で首都機能移転のため新たな都市"世宗"が建設されることになったが、その都市デザイン選定の審査委員会の共同議長を務めている。2008年には、『資本論』の講義動画をインターネットで公開し、世界中からアクセスが殺到。現在の世界的なマルクス・ブームを巻き起こすきっかけとなった。この講義は『〈資本論〉入門』および『〈資本論〉第2巻・第3巻 入門』として刊行され、世界で最も読まれている入門書となっている。2010年刊行の『資本の〈謎〉』は、『ガーディアン』紙の「世界の経済書ベスト5」に選ばれた。

現在も、ギリシャ、スペインから、中南米諸国、中東、中国や韓国まで、文字通り世界を飛び回り、研究・講演活動などを行なっているほか、エックス(旧ツイッター)のフォロワー数も本書刊行時点で18万人を超えており、コロナ禍でも、本書のもとになったオンライン番組の更新を続けるなど精力的に活動し、インターネット空間でも変革を求める人々を世代を超えてインスパイアし続けている。(エックスID:@profdavidharvey、ウェブサイト:davidharvey.org)

オンライン番組「David Harvey's anti-capitalist chronicles」はhttps://www.youtube.com/@PoliticsInMotionで配信中(2023年4月まではhttps://www.youtube.com/@democracyatwrk)。

[邦訳書]

『新自由主義――その歴史的展開と現在』(渡辺治監訳、森田成也・木下ちがや・大屋定晴・中村好孝訳、作品社)
『資本の〈謎〉――世界恐慌と21世紀資本主義』(森田成也・大屋定晴・中村好孝・新井田智幸訳、作品社)
『反乱する都市――資本のアーバナイゼーションと都市の再創造』(森田成也・大屋定晴・中村好孝・新井大輔訳、作品社)
『コスモポリタニズム』(大屋定晴・森田成也・中村好孝・岩崎明子訳、作品社)
『〈資本論〉入門』(森田成也・中村好孝訳、作品社)
『〈資本論〉第2巻・第3巻 入門』(森田成也・中村好孝訳、作品社)
『資本主義の終焉――資本の17の矛盾とグローバル経済の未来』(大屋定晴ほか訳、作品社)
『経済的理性の狂気――グローバル経済の行方を〈資本論〉で読み解く』(大屋定晴監訳、作品社)ほか多数。

反資本主義
――新自由主義の危機から〈真の自由〉へ

2023 年 12 月 5 日 第 1 刷発行
2024 年 3 月20日 第 3 刷発行

著　者――――デヴィッド・ハーヴェイ

監訳者――――大屋定晴
翻訳者――――中村好孝、新井田智幸、三崎和志

発行者―――福田 隆雄
発行所―――株式会社作品社
102-0072 東京都千代田区飯田橋 2-7-4
Tel 03-3262-9753 Fax 03-3262-9757
振替口座 00160-3-27183
https://www.sakuhinsha.com

本文組版――DELTANET DESIGN：新井満
装丁――――伊勢功治
印刷・製本―シナノ印刷 ㈱

ISBN978-4-86182-839-3　C0033

落丁・乱丁本はお取替えいたします
定価はカバーに表示してあります

デヴィッド・ハーヴェイの著書

新自由主義

その歴史的展開と現在

渡辺治監訳

森田成也・木下ちがや・
大屋定晴・中村好孝訳

いかにして世界は、再編されているのか？

21世紀世界を支配するに至った新自由主義30年の政治経済的過程とその構造的メカニズムを世界的権威が初めて明らかにする

渡辺治《日本における新自由主義の展開》収載。

新自由主義とは、「市場の公平性」こそが「倫理」であり、国家・社会の機能のすべて、人間の行為のすべてを導くことができる指針である、という教義である。1970年代以降、小さな政府・民営化・規制緩和・市場の自由化などを旗印にして、先進国から途上国までグローバルに浸透していき、思想的にも現実的にも21世紀世界を支配するものとなった。では、新自由主義とは、どうして発生し、どのように各国政府に取り入られ、いかに各国民の同意をも取りつけていったのか？それは誰によって、誰のために推し進められてきたのか？そして世界をいかなるものに再編しているのか？本書は、世界を舞台にした30年にわたる政治経済史を追いながら、その構造的メカニズム、その全貌と本質を明らかにするものである。